农业经济管理与可持续发展研究

宋 锴 于海侠 胡 赟 ◎ 主编

汕頭大學出版社

图书在版编目（CIP）数据

农业经济管理与可持续发展研究 / 宋锴，于海侠，胡赟主编. -- 汕头 : 汕头大学出版社, 2024. 8.
ISBN 978-7-5658-5396-8

Ⅰ. F322

中国国家版本馆 CIP 数据核字第 2024XZ3748 号

农业经济管理与可持续发展研究
NONGYE JINGJI GUANLI YU KECHIXU FAZHAN YANJIU

主　　编：	宋　锴　于海侠　胡　赟
责任编辑：	黄洁玲
责任技编：	黄东生
封面设计：	瑞天书刊
出版发行：	汕头大学出版社
	广东省汕头市大学路 243 号汕头大学校园内　邮政编码：515063
电　　话：	0754-82904613
印　　刷：	济南文达印务有限公司
开　　本：	710 mm×1000 mm　1/16
印　　张：	20.5
字　　数：	314 千字
版　　次：	2025 年 1 月第 1 版
印　　次：	2025 年 1 月第 1 次印刷
定　　价：	86.00 元

ISBN 978-7-5658-5396-8

版权所有，翻版必究
如发现印装质量问题，请与承印厂联系退换

《农业经济管理与可持续发展研究》编委会

主　编

宋　锴　烟台市牟平区农村经济经营管理服务中心
于海侠　吉林省通榆县兴隆山镇综合服务中心
胡　赟　青岛市即墨区田横镇人民政府

副主编

周灵爱　浙江省松阳县农业农村局
冯庆俊　昌乐县营丘镇人民政府
郑能友　中共新化县委党校
包伟方　浙江省松阳县农业农村局
靳建红　石家庄市农业技术推广中心
王占江　石家庄市农业技术推广中心
刘会云　石家庄市农业技术推广中心
贾剑麟　石家庄市农业技术推广中心
马洪元　平阴县农业农村局

前　言

农业经济管理与可持续发展，作为现代农业发展的重要议题，不仅关系到国家经济的稳定发展，更直接影响到亿万农民的生活质量。在全球化的背景下，如何将先进的农业经济管理理念与可持续发展的目标相结合，已经成为各国共同面临的挑战。

农业，作为国民经济的基础，其发展状况直接影响到国家整体经济的安全与稳定。随着工业化、城市化的快速推进，农业发展面临着资源紧张、环境压力增大等多重问题。传统的农业经济管理方式已经难以适应新形势的需要，亟须引入可持续发展的理念，以实现农业的长期、稳定发展。

可持续发展的核心思想是在满足当代需求的同时，不损害未来时代的需求。在农业领域，这一思想主要体现在资源的可持续利用、生态环境的保护以及经济效益的提升等方面。通过科学的农业经济管理，我们可以更好地协调人与自然的关系，实现农业的长期、健康、可持续发展。

全书共分为十章内容，由宋锴、于海侠、胡赟、周灵爱、冯庆俊、郑能友、包伟方、靳建红、王占江、刘会云、贾剑麟共同编写，具体分工如下：宋锴（山东省烟台市牟平区农村经济经营管理服务中心）担任第一主编，负责第一章至第三章及第七章内容的编写，合计10万字以上；于海侠（吉林省通榆县兴隆山镇综合服务中心）担任第二主编，负责第五章、第八章、第十章内容的编写，合计10万字以上；胡赟（青岛市即墨区田横镇人民政府）担任第三主编，负责第四章、第六章、第九章内容的编写，合计10万字以上；周灵爱（浙江省松阳县农业农村局）、冯庆俊（山东省昌乐县营丘镇人民政府）、郑能友（中共新化县委党校）、包伟方（浙江省松阳县农业农村局）、靳建红（石家庄市农业技术推广中心）、王占江（石家庄市农业技术推广中心)、刘会云（石家庄市农业技术推广中心）、贾剑麟（石家庄市农业技术推广中心）、马洪元（平阴县农业农村局）担任副主编，负责本书的统稿及校对。

在撰写过程中，我们力求内容的系统性与完整性，以期为相关领域的学者、研究人员以及政策制定者提供有益的参考。当然，由于农业经济管理与可持续发展的议题极为复杂，本书所涉及的内容未免管中窥豹，更多的深入研究与实践仍需我们共同努力。

感谢各位专家、学者对本书的关注与支持，也期待读者能够从中获益，共同为农业的可持续发展贡献智慧与力量。

目　录

第一章　农业与自然资源 1
　　第一节　农业与自然资源之间的关系 1
　　第二节　土地资源的开发利用与管理 5
　　第三节　水资源的开发利用与管理 18
　　第四节　农业与气候资源 23

第二章　农业生产要素组合与管理 27
　　第一节　农业劳动力要素 27
　　第二节　农业资金管理 37
　　第三节　农业科学技术管理 50

第三章　农业经济的微观组织 61
　　第一节　农业中的产权结构与经济组织形式 61
　　第二节　农业家庭经营 72
　　第三节　农业合作经济组织 82
　　第四节　农业产业化经营组织 86

第四章　农业的宏观调控 91
　　第一节　农业宏观调控的概念及其必要性 91
　　第二节　农业宏观调控的地位与作用 95
　　第三节　农业宏观调控的对象及功能 101
　　第四节　农业宏观调控的原则及手段 104

第五章　农产品市场 111
　　第一节　农产品市场供给与需求 111
　　第二节　农产品市场体系 124

第三节　农产品批发市场 129
　　第四节　农产品期货市场 136

第六章　农业产业结构与布局 141
　　第一节　农村产业结构 141
　　第二节　农业产业结构 144
　　第三节　农业生产布局 157
　　第四节　我国农业生产布局的调整与优化 161

第七章　农业发展中的劳动力 189
　　第一节　农村剩余劳动力的转移 189
　　第二节　未来农业劳动力的发展方向 197

第八章　农业绿色发展 203
　　第一节　农业绿色发展的概述 203
　　第二节　农业绿色发展的主要实践模式 210
　　第三节　农业绿色发展的保障体系 249

第九章　农业可持续发展 255
　　第一节　农业可持续发展的内涵与特征 255
　　第二节　农业可持续发展的目标、原则与内容 266
　　第三节　农业可持续发展的模式与路径 273
　　第四节　我国农业可持续发展的规划 280

第十章　可持续发展的绿色农业经济政策 294
　　第一节　农业政策的定义与特点 294
　　第二节　绿色农业政策的目标与内容 296
　　第三节　绿色农业经济发展政策支持 301
　　第四节　绿色农业科技发展政策 313
　　第五节　绿色农业产品对外贸易政策 315
　　第六节　绿色农业支持政策 316

参考文献 318

第一章　农业与自然资源

第一节　农业与自然资源之间的关系

一、自然资源的概念及特征

农业与自然资源和环境的紧密关系是不可忽视的。尽管农业应用了现代技术，但土地、水和气候仍是关键的自然资源。农业的发展与环境相互依赖，而这也对环境产生影响。人们逐渐认识到自然资源和环境的稀缺性，迫切需要对其进行有效的管理。

自然资源是文明的基石，是人类生存和发展的物质基础。然而，由于对自然资源理解角度的差异，人们对自然资源的定义存在深度和广度上的差异。联合国环境规划署对自然资源的定义为"在一定的时间和技术条件下，能够产生经济价值、提高人类当前和未来福利的自然环境因素的总称"。2000年，《中国资源科学百科全书》给出的自然资源的定义为"自然资源是人类可以利用的、自然生成的物质和能量"。环境问题和自然资源问题在经济学领域中被视为两个独立但相关的议题。尽管自然资源和环境密不可分，但将它们分开有助于深入研究它们所涉及的不同经济行为和解决方案。环境经济学聚焦于分析经济行为对他人的影响，并探索利用经济规律来解决环境污染问题；而自然资源经济学则专注于研究以生产能力为价值的自然资源资产及其管理。

自然资源有狭义和广义之分。其中，狭义的自然资源是指具有生态或经济价值的实物性资源，而广义的自然资源则包含实物性和舒适性资源。按照形态的不同自然资源又分为有形自然资源和无形自然资源，前者是指如土地、矿产、森林、水等的具体物质资源，后者则包括气候、光和热量等。

自然资源的特征主要有：

（1）共生性和整体性。自然资源系统中，各类资源之间相互联系、相互作用。人类对某一资源进行数量或成分的改变不仅影响其周围环境，还会对其他资源产生连锁效应。资源之间的共生性和整体性决定了对自然资源进行综合、合理利用的必要性。

（2）分布的地域性。自然资源的分布并非均匀，在空间上存在一定的规律性。气候、土地、水资源等展现出不同经纬度和海拔的差异。

（3）功能多样性。无论是单一类型的自然资源还是复杂的自然资源组合，它们都具备多方面的功能、效益和用途。

二、农业自然资源的概念及分类

农业生产作为人类生存和发展的基石，依赖于农业自然资源，这些资源构成了农业生产的物质基础。土地、水、气候、生物和农用矿物等自然资源参与了农业生产的各个环节。农业自然资源不仅为农事活动提供原料，还为农业生产注入必要的能量。因此，认识和有效管理农业自然资源对于实现农业可持续发展至关重要。

农业自然资源分为两大类，一是作为经营对象的可更新生物资源，包括森林、草地、农作物、动植物、水产渔业和遗传资源；二是为农用生物提供生存环境的非生命体资源，如土地、水和气候。前者通过生长发育满足社会需求，后者则是农业生产的基础条件。在农业生产中，土地、水和气候资源起着关键作用。

三、农业与自然资源之间的关系

农业生产和自然资源在自然界中相互共存，它们之间的关系复杂多样，既存在相互依存，又涉及相互竞争。农业生产的本质是通过利用动植物的生理机能转换物质能量,其中自然资源既是直接被吸收和转化的养分,也是提供环境和支持生长的载体。农业生产不仅依赖于自然资源,同时随着农业的发展,也能够创造出对自然资源和环境有益的效果。

在传统农业时期,为了满足需求,人们采取了资源置换的方式,通过毁林、围湖、扩大耕地等方式促进了农业的发展,但同时也导致了自然环境的损害,如林草和淡水资源减少。随着社会的发展和生态环境危机的出现,人们开始认识到自然资源对永续生存和发展的关键性。为此,实施了一系列控制措施,如退耕还林还草、退田还湖,以修复和强化自然资源系统。然而,这些措施也对农业生产系统产生了一定的限制。

四、农业自然资源管理及其重要性

农业自然资源管理旨在实现农业的可持续发展,涉及对农业自然资源进行全面的调查、监测、评价、区划和规划,以协调和监督其开发、利用和保护。随着人口增长和生活水平提高,对农产品的需求不断增加,这促使人们提高了对农业自然资源的利用强度,但同时也导致了各种重要的农业自然资源日益减少和退化。因此,平衡农业自然资源的利用和保护关系成为农业可持续发展和人类社会持续生存的关键问题,也是农业自然资源管理中的核心挑战。

五、农业自然资源的开发利用

农业生产的自然再生产过程与农业自然资源密切相关,农业生产离开了自然环境和资源的支持就无法存在。资源的数量、利用效率和管理水平直接影响农业生产的发展水平。中国的农业自然资源呈现出资源总量丰富但人均资源占有量少、时空分布不均衡、质量低劣资源比重较大、开发强度大且后备资源不足等特征。因此,实现农业的可持续发展必须迈向资源的节约、合理利用和经营的集约化道路。

（一）我国农业自然资源开发利用中存在的问题

（1）我国经济发展模式长期以来一直依赖于资源消耗型的发展路径。这种模式在推动经济增长的同时，也带来了资源利用率低、浪费严重的现象。

（2）中国农业生产中，特别是在森林和草地的经营中，存在重用轻养、经营粗放的问题，这导致了生产效率的低下。

（3）资源数量减少，退化严重。自20世纪50年代末起，中国农业自然资源遭遇衰退，尤其是耕地总量急剧减少，质量也显著下降。1958—1985年期间，全国年均净减少50万公顷，80年代中期至末期净减少幅度超过年均60万公顷。截至2022年底，全国耕地面积为191792.79万亩，质量普遍下降，平均质量等别为4.76等，低等耕地占比22%。

（4）农业环境污染严重，资源质量降低。工业废物排放、过度使用农业化学物质以及不合理利用农业资源，对农业环境产生了严重的负面影响。包括化肥和农药引起的土壤污染、秸秆焚烧导致的环境问题、畜禽粪便对水体的污染，以及温室农业产生的废弃物对环境的污染。这些污染不仅削弱了农业自然资源的质量，导致生产损失，还对人体健康构成潜在威胁。

（二）农业自然资源开发利用的原则

1.保持生态平衡的原则

在生态系统中，为了维持平衡，生物资源的开发利用应当控制在生长更新量以下。一旦开发超过这个界限，生态系统就可能失衡，资源将面临衰退。为了合理利用和有效保护自然资源，我们需要建立相关法规，确保资源的开发和保护在法律框架内进行，以确保资源的不断更新和永续利用。

2.兼顾经济、社会和生态效益的原则

经济效益关注如何以较少资源创造更多财富，而生态效益则着眼于资源利用对生态系统的影响，以保护生态系统为行为准则。在农业自然资源的集约经营中，应提高资源利用效率，实现低成本高产出，同时兼顾环境效益。即使某项开发具有高经济或社会效益，若对生态环境影响较大，也应谨慎考虑，避免不可逆的生态破坏。

3.因地制宜、合理布局的原则

农业自然资源的经济利用价值受多方面因素影响,包括数量、质量、时空分布和组合特点。为提高农业生产力,必须保持农作物与环境的最佳组合,充分发挥资源和环境的优势,实现资源合理利用的目标。在此过程中,因地制宜至关重要,需要根据自然资源的布局,善用资源优势,使之转化为生产的优势。

4.综合利用的原则

农业自然资源形成一个有机的整体,各资源相互关联、相互制约。过度单一的开发不仅导致资源浪费,还破坏生态平衡。因此,不管是区域性还是个别资源的开发利用,都应遵循资源综合利用的原则。综合利用既能带来巨大经济效益,也能产生良好的社会和生态效益,同时减少资源浪费和环境污染。

5.优化配置的原则

农业自然资源的优化配置有两个重要方面:区域化配置和时间优化配置。区域化配置涉及区域内企业、产业和国际经济活动的资源配置优化,考虑了资源的属性和特点。而时间优化配置则根据资源的动态特征,在不同时段实现最优的资源分布。

第二节 土地资源的开发利用与管理

一、土地资源的概念

土地作为重要的自然资源和生产资料,在人类社会生产活动中扮演着至关重要的角色。除了其固有的自然属性外,土地资源还拥有可供人类生产发展的社会经济特性,表现为自然属性与社会经济属性的双重性。

土地的自然属性表现为它是地球的一部分,但人们对土地构成的认知长期存在差异。随着社会生产力和土地利用范围的扩大,人们对土地的认知也在逐渐发展和深化。实际上,绝大多数土地经过了人类的长期开发与利用,形成了由土壤、岩石、矿藏、水文、大气和植被等要素构成的自然—经济综合体，蕴含了人类的正反面活动成果。

二、土地资源的基本特征

土地作为自然经济的综合体，蕴含着自然属性和经济属性的双重特征。其自然属性凸显土地作为自然资源的一部分，而经济属性则强调土地作为社会资产的重要性，代表了人类通过劳动对土地资源加以利用而创造的社会财富。

（一）土地资源的自然特性

土地资源不仅具备一般自然资源的共性特征，如区域性和动态性，还具有生产性、位置的固定性、区域性、动态性和多功能性等独特特性。这些特性使得土地在社会经济中扮演着不可替代的角色，对于人类生产生活具有重要意义。

土地资源的本质特征在于其具有生产性、固定性、区域性、动态性和多功能性。生产性体现了土地作为支持生物生产的能力，固定性则表现为其空间位置不可移动。区域性受地带性和非地带性规律的影响，呈现出明显的空间分布特征。动态性体现在土地在时间和季节变化中发生的改变。最后，土地的多功能性表现为其可用于各种不同的用途和选择不同的利用方式，使其成为人类社会不可或缺的资源。

（二）土地资源的经济特性

土地不仅是自然资源，更是社会资产，是经济发展的重要基础。随着社会经济的不断发展，土地的经济特性越来越凸显，表现为供给稀缺、利用方式多样、利用方向变更困难、报酬递减可能以及土地利用后果具有社会性等特点。这些特性影响着土地资源的有效利用和社会经济的可持续发展。

1.土地供给的稀缺性

随着人口的增加和社会经济文化的快速发展，对土地的需求与日俱增。

然而，可供利用的土地是有限的，这使得土地供给呈现出明显的稀缺性。这一问题不仅在总量上存在矛盾，更在城市、人口密集区和某些特定用途的土地上表现得尤为突出。

2.土地利用方式的相对分散性

土地因其位置固定性而导致了土地利用的相对分散。在农业生产中，由于需要广阔土地面积来满足种植业的生产需求，农业活动不得不分散在大面积土地上进行。即便在非农产业中，由于土地无法移动，人们只能相对集中或按照产业分类加以利用，但相对来说仍然表现出分散的趋势。

3.土地利用方向变更的相对困难性

土地的多功能性使其具有适应多种用途的潜力，但一旦土地被用于某一用途，改变其利用方向将面临较大困难和经济损失。这主要受土地自然条件的限制和专项开发所需的巨额投资、劳动的影响。在决定土地用途时，需谨慎考虑其长期性和投资保值问题，以避免不必要的资源浪费和经济损失。

4.土地报酬递减的可能性

土地投入存在着报酬递减规律，即过度投入土地可能导致产出递减。为克服这一问题，人们需要在投资时谨慎选择适当的技术水平和投资结构，同时不断改进技术，以提高土地利用的经济效果。

5.土地利用后果的社会性

土地的不可移动性和互联性使得各区域的土地利用行为对生态环境和经济效益具有深远的影响。在土地利用决策中，必须考虑到其社会后果，避免对邻近区域或整个国家造成不可逆的损害。

三、土地资源的功能

土地作为农业生产的关键要素，不仅是不可替代的物质基础，也是人类社会生活和多个生产部门的必需条件。土地的开发利用对整个社会有深远的影响，其功能多样化体现在农业以外的多个领域。

（一）养育功能

土地的肥沃程度对农作物的生长发育至关重要，因其提供了必要的营养和环境条件。人类对农用地的需求实质上是对土地养育功能的需求，因为这直接关系到农畜产品的生产，进而影响着人类的生存和发展。

（二）承载功能

土地不仅在农业中发挥着不可替代的作用，同时在建筑、交通、工业等非农业领域也是不可或缺的基础。它为人类修建的各种建筑和构筑物提供了稳固的支持，为人们提供了生活和工作的场所。居民点、交通、水利等具体领域则是土地多重承载功能的具体体现，凸显了土地在人类社会多方面发展中的不可或缺性。

（三）仓储功能

土地承载着丰富的矿产财富，被视为矿产仓库，不仅仅是资源的储存之地，更是一个支持资源全生命周期的特殊利用区域。这些地区不仅提供了储存矿产的仓库功能，还为资源的开发、加工、运输，以及采矿结束后的复垦和再利用提供了必要的空间和条件。

（四）景观功能

土地孕育着多样的自然景观，如山川、江河和沃野，为人类创造了丰富的风景资源，带来舒适和美学享受。在这一背景下，风景旅游用地和自然保护区用地成为凸显土地景观功能的特定土地利用方式。这种利用方式既满足了人们对美丽风光的追求，同时也保护了自然生态系统，实现了可持续的土地利用。

（五）保值增值功能

鉴于土地供给的限制和社会经济对土地需求的不断增长，土地作为一项资产正长期保持上升的价格趋势。因此，投资土地不仅成为一种有效的资产保值手段，更是一种可获得增值效益的投资策略。

四、土地资源的利用

土地资源利用本质上是人类通过劳动与土地的有机结合，以实现物质产品和服务的获取。这一经济活动体现为人类与土地之间物质、能量、价值和信息的交流与交换。在这个过程中，人类的劳动赋予土地以新的功能，实现了资源的有效利用，同时也构建了人与土地之间复杂而密切的关系。

（一）我国现行的土地资源利用类型

根据2007年颁布的《土地利用现状分类》国家标准，中国当前的土地利用类型可分为多个类别。

第一，耕地。是指经过翻耕、改良和施肥等农业措施，用于种植农作物的土地。

第二，园地。园地是指为种植蔬菜、水果、花卉等特定植物而经过布局、围栏或其他园艺手段处理的一块地区。

第三，林地。林地是指主要由各种树木组成，形成密集的植被覆盖的土地区域。这些地区的植被主要由树木构成，但也可能包括其他植物层次，如灌木、草本植物和地被植物。

第四，草地。草地是指以草本植物为主要植被的土地区域。这些地区通常被茂密的草本植物所覆盖，包括各种野草、草本植物和地被植物。

第五，建设用地。建设用地可分为商服用地、工矿仓储用地、住宅用地、公共管理与公共服务用地、特殊用地和交通运输用地等六大类。商服用地服务于商业和服务业，工矿仓储用地用于工业和仓储，住宅用地为人们提供居住场所，公共管理与公共服务用地满足机关团体、科教文卫等需求，特殊用地包括军事、宗教、监教等，交通运输用地支持各类运输通行。

第六，水域及水利设施用地。水域及水利设施用地是指用于水体及与水利设施相关的土地。这包括河流、湖泊、水库、水渠等自然水域，以及用于建设水利设施如水坝、水泵站、引水渠等的土地。

这类用地的功能主要涉及水资源的管理、调配和利用。水域及水利设施用地在保障水源供应、防洪排涝、灌溉农田等方面发挥重要作用。此外，水域及水利设施用地还涉及生态保护、水域治理、水生态系统的维护等方面，对维持水资源的可持续利用和生态平衡具有重要意义。

第七，其他土地。通常指除了已列明的各类具体用途土地外，无法明确划分到特定类别的土地。这可能包括一些特殊情况下的土地用途，或者是因为土地性质、规划用途等原因而暂未被明确定类的土地。

为综合考虑土地利用对生态环境的影响，通过结合2007年《土地利用现状分类》国家标准和《土地管理法》，我们对土地进行了重新划分，主要分为农用地、生态用地和建设用地三大类。农用地包括耕地、以提供林产品或牧产品为主的相应土地；生态用地包括湿地、生态林地、生态草地等，强调发挥生态功能；建设用地则涉及建造建筑物和构筑物的土地。

（二）我国土地资源利用变化的类型

1.农用地利用的变化

我国土地利用变化主要表现为农用地向非农建设用地的大规模转变，这是城市化和工业化推进的结果，导致农用地面积急剧减少。建设用地主要用于建筑和构筑物，与土壤肥力关系相对较小，因此农地向建设用地的转变相对容易。相较之下，农用地内部的转变相对较小，各用途可以相互转换，但仍需遵循法律法规的管制。这种土地利用变化反映了经济发展对土地资源的需求，需要在管理和规划中寻求平衡，确保土地可持续利用。

农用地向生态用地的转变旨在保护和增强土地碳汇，特别是在部分农用地由于不合理开发导致生产能力受到限制时。由于人类活动引起的水土流失和土壤盐碱化等问题，一些农用地需要进行生态修复，为土地提供喘息的机会。这种转变不仅满足了生态环境建设的需求，也有助于保护农用地的生态系统质量。我国"退耕还林"政策是在这一背景下推动部分农用地向生态用地转变的实践。

2.生态用地向建设用地的变化

生态用地以提供生态服务和产品为主要目的，其中土地上的植被是生态服务功能发挥的重要因素。然而，将生态用地转变为建设用地会导致生态服务功能的减损，这种转变具有不可逆性，可能对土地生态系统产生长期影响。

3.未利用土地利用类型的变化

未利用土地根据生态环境条件可分为多种类型，包括宜农的荒草地、改良后的盐碱地、生态脆弱地、生态承载地和建设用地。这些土地具有不同的利用潜力和生态功能，其中一部分可作为农业后备资源，一部分需要保护作为生态用地，还有一部分可用于建设。相较于农用地和建设用地，未利用土地的利用类型变化缺乏有效的管制，需要在土地管理中更加注重对这一领域的规划和监管。

五、土地资源的管理

（一）土地资源管理的任务及原则

土地资源的可持续利用对农业经济的可持续发展至关重要，为此，国家需要采取有效的土地管理措施。土地管理是综合运用行政、经济、法律、技术手段的一系列综合性活动，旨在提高土地利用的生态、经济和社会效益，同时维护土地所有制，调整土地关系，监督土地利用。

1.土地资源管理的基本任务

我国土地资源管理的核心任务是维护社会主义土地公有制，保障土地所有者和使用者的权益，促使土地的保护、开发、利用更合理。具体而言，当前土地管理要重点实现耕地的保护，确保总量平衡；进行科学的土地资源调查评价和规划；建设土地资源信息系统，实现信息服务社会化；深化改革，建立适应市场经济的新管理体制和机制；完善法制，通过依法行政实现土地管理秩序的根本改善。

2.土地资源管理的原则

（1）正确处理国家、集体、个人之间关系的原则。土地利用涉及国家、集体和个人的利益，虽然它们的根本利益是一致的，但在具体问题上往往存在不一致。例如，在占地盖房的问题上，单位和个人倾向于选择交通便利、离城镇较近的耕地，而国家要求节约用地，尽量利用荒地、劣地、旧宅基地。因此，土地管理需要在确保国家和全局长远利益的前提下，平衡十几亿人口的吃饭用地需求和各项建设用地的方针，正确处理国家、集体、个人之间的土地分配和利用关系，以实现土地利用的最佳总效益。

（2）生态、经济、社会三效益统一的原则。虽然从全局和长远的角度来看，这三个效益是一致的，但在土地利用中常常出现只重视当前经济利益的行为，其严重后果可能在较长时间后才显露。因此，土地管理工作应以长远利益为出发点，坚持生态、经济、社会三效益统一的原则，以避免潜在的不可逆转的环境和社会问题。

（3）依法、统一、科学的原则。土地是国家和社会的重要财富，只有依法管理土地，才能保障社会主义公有制和土地的合理利用。为避免管理上的混乱，应实行统一管理，协调各部门和行业之间的土地利用关系，提高管理效率。同时，应根据土地利用的自然规律和经济规律，采用先进的科学技术进行管理，以实现土地资源的可持续利用和社会经济的健康发展。

（二）土地资源管理的内容

1.地籍管理

地籍管理是国家为获取地籍信息、科学管理土地而采取的一系列综合措施。其中，土地调查是核心内容，旨在查清土地的位置、利用类型、数量、质量和权属状况。土地调查涵盖了土地利用现状、地籍、土地条件等多个方面，为土地管理提供了基础数据。

土地分等定级是地籍管理的重要组成部分，其目的在于对土地的自然和经济属性进行综合鉴定，并将结果等级化，以获取土地质量状况和基准地价。其中，农用土地分等定级估价则是根据农用土地的质量、综合生产能力以及在社会经济中的地位和作用进行评定，以确定农用土地的等级和基准地价。

土地登记是国家按照法定程序记录土地权属关系、用途、面积等情况的制度，通过颁发土地证书确认土地的所有权或使用权。而土地统计则是国家对土地数量、质量、分布、利用和权属状况进行调查和统计分析的制度，旨在提供土地统计资料，为土地资源管理提供依据。

2.土地权属管理

土地权属管理是国家依法对土地所有权和使用权进行科学管理的重要举措。在我国，虽然实行土地公有制，但农村却普遍实行土地承包制，农户通过承包获得土地使用权。农村集体土地承包经营管理则着重于监督检查承包方的土地使用和合同履行情况，以确保土地合法利用和承包合同的有效履行。

农村集体土地承包经营管理涉及对承包方的多方面管理。首先，发包方依法监督承包方的土地使用情况，奖励良好经营者，惩罚不当行为，并有权收回土地以保障土地资源的合理利用。其次，转包和转让方面，承包方需经过发包方同意，并接受审查，以确保合同规定的合法性。最后，在履行合同义务方面，发包方有权对承包方的行为进行监督，对违约行为采取相应措施，以维护合同的有效性和农村土地经营秩序的稳定。

农村集体土地使用权流转涉及多种形式，如转包、租赁、拍卖等。其管理原则应当因地制宜，根据具体情况采取不同方式；遵循依法自愿的原则，确保各主体在流转过程中的权益受到保护；同时，坚持平等有偿的原则，保障交易过程的公平公正。

3.农地利用管理

农用地在土地资源中占据重要地位，涵盖了耕地、林地和草地等关键领域。

（1）耕地利用管理。维护耕地供需平衡是土地利用管理的一项艰巨任务。为实现这一目标，采取了多重措施，如"耕地总量动态平衡"政策，确保省级行政区内耕地总量不减少；基本农田保护制度，规定一定时期内不得占用和改变特定耕地；提高耕地利用集约度，合理利用提升耕地质量；建立耕地预警系统，对未来状态进行预测，提出防范措施。

（2）林地利用管理。在土地利用的战略中，因地制宜地扩大森林覆盖面积是一项关键措施。这包括在荒山、荒地、铁路、公路两侧、江河两岸和田间空地大规模植树造林，以提高森林覆盖率，充分发挥林地的多重效益。同时，对森林采伐实行管理监督，确保采伐量低于生长量，以保护和维护森林资源。

（3）草地利用管理。草地资源管理方面，实行草地产权股份化、多方式保护利用、发展草地林业等一系列措施是至关重要的。这包括促进生产方式和经营方式的现代化，保障草地资源的可持续利用；加强法治建设，严禁破坏行为，确保草原生态系统的健康发展；同时，科学管理畜牧业，实施禁牧舍饲，减轻对草地的压力；加强科研工作，推动草地资源的科学利用和保护；同时，建设各类自然保护区，治理退化草场，助力草原生态环境的改善和保护。

（三）农用土地市场管理

1.我国农地市场现状与问题

中国农地所有权转移存在两大主要形式，国家征用和农村集体之间的流转。国家征用在实践中引发了一系列问题，包括不公平的利益分配、高昂的操作成本以及土地利用不合理。其中，国家以行政手段实现农地转移导致征地价格低廉而转让价格高昂，政府获利颇丰，而农民和集体得到的却甚微。这不仅损害了农民权益，也导致了土地利用的不合理现象。与此相对，邻村之间的土地流转规模较小，主要为生产或生活方便而进行的实物交换。

尽管中国在农地使用权市场化改革方面有所尝试，但改革进程缓慢。这主要归因于土地使用权市场的不完善和不规范，以及缺乏健全的交易组织和中介服务机构。许多地方尚未建立起农地使用权交易场所和规范的中介服务，导致交易缺乏透明度和公平性。

2.我国农地市场体系的建立与完善

市场化配置农地不仅有助于提高农地的利用效率、降低交易成本，还能促使农地保值增值，有效调整各方利益关系。更为重要的是，这一市场化机制能够推动农业劳动力的流动，加速农业现代化、农村工业化和城镇化的发展步伐。为此，我国有必要根据各地实际情况建立包括农地所有权市场、使用权市场和金融市场在内的相互联系的完整市场体系，以更好地适应现代农业和农村发展的需要。

（1）农地所有权市场。农地所有权市场的转移是实现农地利用高效高值转化的关键，因此相关建设至关重要。首先，需要适度开放农地所有权市场，建立农村集体与国家、集体与集体之间灵活的流动关系。其次，在规范政府征地行为方面，应完善审批制度，合理确定"转用价格"，并通过加强监督与管理来避免农地征用后的闲置问题。最后，为促进土地所有权交易，必须培育健康的土地产权交易组织，为市场提供有力支持。

（2）农地使用权市场。农地使用权市场包括两个层级，一级市场和二级市场。在一级市场，农地所有者让渡土地使用权，对于耕地使用权的让渡应遵循"公平优先、兼顾效益"的原则，受到国家的监管；而荒地和农田水利使用权的让渡可以通过拍卖在集体成员内部和社会范围内进行。在二级市场，农地使用权获得者将其让渡给其他使用者，重要任务是建立高效的流转机制，需要规范交易行为并由政府监管，以确保市场的健康运行。

（3）农地金融市场。农地金融市场，即农民将土地产权作为抵押获取贷款的情况。当前中国农业发展面临资金短缺的挑战，因此建议允许农民以土地所有权（股份）和土地使用权作为抵押，以解决资金需求。

（四）"三权分置"土地制度改革

1. "三权分置"改革的背景

近年来随着城镇化进程，农业人口向城市转移，农村土地流转规模扩大。为解决土地承包权与经营权分离的问题，中共中央和国务院发布了《关于完善农村土地所有权承包权经营权分置办法的意见》，确认"三权分置"制度。2018年，通过修订《农村土地承包法》，强调国家将依法保护农村土地承包关系的稳定性，延长耕地承包期限，并确立了农村土地的"三权分置"，以保护农民权益，特别是妇女的土地承包经营权，为土地制度改革提供了基本纲领。

2. "三权分置"的内容及意义

三权分置是为了优化农村土地资源配置和促进农业现代化而提出的重要举措。通过科学界定土地的所有权、承包权和经营权，并建立规范高效的运行机制，保障各项权利的完整和流转顺畅，为农村基本经营制度的巩固和完善提供了坚实保障。在实施过程中，放活经营权成为重点，明晰赋予经营权应有的法律地位和权能是关键所在。三权分置的实施将有助于培育新型经营主体，推动农业适度规模经营发展，为建设社会主义新农村奠定基础。

现阶段深化农村土地制度改革，顺应农民保留土地承包权、流转土地经营权的意愿，将土地承包经营权分为承包权和经营权，"三权分置"并行，着力推进农业现代化，是继家庭联产承包责任制后农村改革又一重大制度创新。"三权分置"是农村基本经营制度的自我完善，符合生产关系适应生产力发展的客观规律，展现了农村基本经营制度的持久活力，有利于明晰土地产权关系，更好地维护农民集体、承包农户、经营主体的权益；有利于促进土地资源合理利用，构建新型农业经营体系，发展多种形式适度规模经营，提高土地产出率、劳动生产率和资源利用率，推动现代农业发展。

3."三权分置"改革的基本原则

中央提出完善农地"三权分置"四原则，强调坚守"四不"政策底线。

在农村土地制度改革中，尊重农民意愿、守住政策底线、坚持循序渐进、因地制宜成为关键原则。通过尊重农民的选择权，维护其主体地位，同时保持农村基本经营制度的稳定性，不仅守住了政策的底线，也确保了农民权益不受损害。坚持渐进式改革，审慎推进，将实践经验逐步上升为制度安排，有助于应对改革的长期性和复杂性。在考虑各地差异的同时，鼓励实践探索和制度创新，形成适合不同地区的"三权分置"路径和办法，更好地适应各地资源和经济社会发展的实际情况。

4.完善"三权分置"办法，逐步形成"三权分置"格局

（1）在农村土地管理中，坚持农村土地集体所有权的根本地位至关重要。农民集体是土地集体所有权的主体，应当依法享有土地的占有、使用、收益和处分权利，并充分行使土地管理的各项权能，如发包、调整、监督、收回等。有利于维护农村基本经营制度的稳定，发挥土地集体所有权的优势，促进农村经济社会的持续健康发展。

（2）农户的承包权是农村基本经营制度的重要组成部分，应得到严格保护。无论土地承包关系如何变化，农民家庭对土地的承包权利应保持稳定且长久不变。农户享有的占有、使用和收益权利不容侵犯，任何组织和个人都不能替代农民家庭的承包地位，也不能非法剥夺或限制农户的承包权。保护农户的承包权不仅有利于维护农村经济稳定，也有助于促进农村经济社会的可持续发展。

（3）加快放活土地经营权，对于完善农村基本经营制度至关重要。在保护集体所有权和农户承包权的前提下，应平等保护经营主体依据流转合同获得的土地经营权，以保障其具有稳定的经营预期和权益。

（4）逐步完善"三权"关系。农村土地集体所有权作为基础，农户承包经营权是其实现形式，通过土地流转形成土地经营权。鼓励积极探索农民集体合法行使集体所有权、监督承包农户和经营主体规范利用土地等方式，同时推崇多元化经营方式如土地股份合作、土地托管、代耕代种等。重要的是深入研究集体和承包农户在土地承包和流转中的权利边界和相互关系，通过实践和理论创新逐步完善"三权"关系，为"三权分置"提供有力支持。

在农村土地制度改革中，关键是实施集体所有权、稳定农户承包权、放活土地经营权，使"三权"在各自功能和整体效用上充分发挥。通过逐步完善"三权"关系，构建起层次分明、结构合理、平等保护的格局，从而为农村经济社会的健康发展提供有力支持。

5. "三权分置"改革实施程序

（1）农村土地确权登记颁证工作至关重要。通过建立承包合同网签管理系统和完善确权登记制度，多种方式确认土地经营权，如流转合同鉴证、交易鉴证等，有助于确保土地承包关系的稳定性和权利的明晰性。

（2）为促进农村土地资源的有效利用和确保各权利主体的合法权益，需要建立健全土地流转规范管理制度。这包括规范土地交易、加强市场建设、提高服务水平、引导合同使用等方面的综合措施。同时，对工商资本租赁农地监管和风险防范机制进行完善，加强农村土地承包经营纠纷调解仲裁体系建设，以及基层农村土地承包调解机制的完善，能够有效化解纠纷，确保土地流转合法、有序进行，实现农村经济可持续发展。

（3）构建新型经营主体政策扶持体系。包括在财政、信贷、保险、用地和项目等多个方面进行政策完善，以为新型经营主体提供全方位的支持。同时，倡导积极创建示范家庭农场、农民专业合作社示范社、农业产业化示范基地、农业示范服务组织，以加速培育、推广和发展新型经营主体，推动农业现代化和可持续发展。

（4）完善"三权分置"法律法规。通过积极推进试点项目，例如土地承包权有偿退出、土地经营权抵押贷款、土地经营权入股农业产业化经营等方面，总结形成可推广的经验和做法，并在此基础上，进一步完善法律制度，以推动农地流转和经营方式的创新，实现农业可持续发展。

第三节 水资源的开发利用与管理

一、水资源的概念

水资源作为可再生的经济利用资源，包括地表水、土壤水和地下水，主要通过大气降水进行恢复和更新。尽管水属于可再生资源，但在一定时空范围内存在限量，特别是对人类可用的淡水资源，易受污染和破坏。随着经济发展和人口增加，对水资源的需求不断攀升，水资源短缺问题成为全球社会经济关注的焦点，被视为与粮食、能源等同等重要的挑战。

水是农业的生命之源，不仅是构成农业生物的不可或缺的要素，也在物质和能量转化中发挥着重要作用。同时，水的分布和利用情况直接影响着农业生产所依赖的自然环境，包括地貌、植被、土壤等，具有决定性的影响，直接影响着农业的布局、生产结构以及未来的发展方向。

二、水资源的经济特征

（一）水资源可以自然循环、重复利用

水资源以自然循环的方式，如降雨、降雪等，进行补充。尽管水资源的总量会随时间波动，但只要地区的水文、地质、大气状况保持不变，水资源就不会枯竭。这表明水资源具有自然循环补充和重复利用的可持续特性，其经济价值可以在时间轴上无限延续，为人类提供稳定的资源支持。

（二）水资源只能以自然状态被利用

水资源与其他矿产资源相比，存在着本质的差异。水只能以自然状态利用，无法通过人工提炼实现体积或经济价值的浓缩。与化石能源等矿产资源不同，水资源在市场流动中无法经过浓缩处理，导致其运输成本相对较高。水的利用主要限于满足水源区域内的生存需求，与矿产资源不同的是，其最初的利用目的并非经济利益，而是为了生物与人类在水源区域内的生存。

（三）水资源既是生产对象的主体，又是生产对象的载体或媒介

矿产资源和生物资源在生产过程中充当了从资源到最终产品的主体角色。水资源不仅是生产对象的主体，例如在自来水、矿泉水的生产中扮演关键角色，同时也是生产对象的载体或媒介，参与动植物生产、水能、航运等多个方面。

（四）人类在水资源自然循环上不能实施完全有效的人工控制

水资源在给人类带来经济正效应的同时，也伴随着经济负效应。由于水资源的供给存在不规则性，往往会出现供需不平衡的情况，导致干旱或洪涝等灾害，人类很难完全有效地控制。这种情况不仅限制了水资源的有效利用，还可能对其他经济资源造成不利影响。

（五）水资源的自然供给无弹性，需求呈刚性

水资源的自然供给独立于市场需求和价格之外，不受人们主观意愿的影响。尽管如此，人类的生存和经济活动对水的依赖不可忽视，水资源的缺乏将限制矿产和生物资源的开发，对经济活动产生阻碍。因此，水资源的开发利用既涉及经济问题，也涉及社会和生态问题。这一特性要求在人口数量、经济规模和农业生产等方面必须考虑水的可供性，过大的无弹性需求可能导致整个经济系统的崩溃。

三、中国水资源状况及农业用水面临的挑战

（一）中国水资源状况

中国季风气候影响下，水资源年际变化大。2023年，全国水资源总量为31605.2亿立方米，同比增长8.83%，地表水资源量为30407亿立方米，地下水资源量为8553.5亿立方米，不重复量为1198.2亿立方米。我国水资源总量全球第六，但人均占有量仅2200立方米，仅为世界平均的四分之一，属于缺水国家。

中国的水资源分布存在明显的不平衡现象。夏秋多雨、春冬少雨雪的气候特点导致了降水在时间上的集中分布，尤其在北方更为突出。空间上，受季风气候影响，东南沿海地区年降水量较多，而西北内陆地区则偏少，一些地区甚至不足200毫米。与此同时，水资源与土地、耕地的分布也存在明显不协调，南方水资源多而土地相对较少，北方则相反。这种不协调状况对工农业发展都带来了不利影响。

（二）中国农业用水面临的挑战

1.水资源严重短缺，农业用水缺口大

农业是地球淡水资源的主要消耗者，而中国作为世界上水资源紧缺的国家之一，面临着严峻的水资源挑战。随着工业化和城镇化的不断推进，我国城镇化率持续攀升，非农业用水需求急剧增加。与此同时，我国农业用水量近年来略有下降，但未来农业用水量只能趋于稳定甚至减少，这将进一步加剧农业水资源的供需矛盾。

2.农业生产和用水之间的区域不平衡

我国的水资源分布受季风气候和地形条件的影响，呈现极不均衡的时空分布。此外，农业生产中也存在着区域间水资源利用的不平衡现象。近年来，北方地区旱灾频发，加之工业用水大幅增加，过度采用地下水，导致地下水位急速下降，地表下降、下流河水断流以及海水倒灌等严重环境问题。

3.水资源生态环境恶化,加剧了农业用水短缺

中国农业在取得辉煌成就的同时,也面临着严峻的环境挑战。粗放的农业发展方式导致了农业面源污染等问题的加剧,严重影响了江河湖泊的水质。农田化肥、农药过量使用以及畜禽养殖业的废水排放成为导致水体富营养化和地下水硝酸盐超标的主要因素,威胁了水生态环境和人民健康。这一问题不仅加剧了农业水资源短缺,也对农产品安全造成了严重影响,迫切需要加强农业生产方式的转变和环境治理工作,以保障水资源的可持续利用和人民健康安全。

四、水资源的合理配置与利用

水资源的重要性不仅体现在自然资源层面,更涉及国家经济和民生的方方面面。为了实现水资源的合理配置和有效利用,不能依赖于单一的解决方案,而应采取综合治理的策略。这包括建立水资源市场机制、进行利益调节和补偿、实施国家宏观调控、推动技术创新和普及等多方面的机制运作。

(一)完善管理体制和管理组织机构,加强水资源的统一管理

为有效地管理水资源,应将一定范围内的水及其周围陆地视为一个整体,根据水循环规律和水资源的功能特性建立统一的管理机构。这旨在解决目前分散管理的"多龙治水"格局,强化对水资源的整体管理。建议设立国家级统一管理机构,负责组织和协调相关部门进行全面管理。同时,可以在水系、流域或地理区域设立区域性水资源管理区,负责监督和保护该区域内的水资源开发利用、水质和水量,以实现对水资源的系统管理和综合保护。

(二)完善水资源有偿使用机制,促进节约用水

水资源在经济中的重要性不言而喻,应当充分利用市场机制来合理配置和利用。随着城市化和工业化进程,城市居民和非农产业对水的需求不断增加,因此,水价应根据供给成本和平均利润进行制定,以价格机制调节需求。政府可以通过收取水费的方式来调节农村和农业用水量,推动节约用水理念的践行。收取的水费应该用于补贴节水灌溉设施,以促进农业的可持续发展

和节水技术的推广应用。

（三）对水资源配置和利用进行利益调节或补偿

中国水资源存在明显的地区和季节不均衡，为了充分利用这一宝贵资源，需要进行水资源的重新配置。通常情况下，水资源的重新调配在用水区带来了经济收益，但成本主要集中在水源区，导致不同地区之间的经济得失差异。为了实现水资源的合理利用，可以通过利益调节或补偿来实现水资源的均衡配置，这对农业的可持续发展具有积极意义。

（四）防治污染，保护水资源

为了有效保护水资源，应该以"预防为主"的原则为指导。这包括加强水质监测，深入了解水污染的发展趋势和规律，以便及时查清污染源。同时，需要全面实施排放水污染物总量控制，并推行许可证制度，实现对水量和水质的双重管理。对于严重排污又无法达到治理要求的企业，应采取关闭或转型等严厉措施。调整现有的水污染防治经济政策，同时实施多学科、多途径的水资源综合开发利用和治理，有助于全面提升水环境质量，保障水资源的可持续利用和生态环境的健康发展。

（五）加强水利工程建设，积极开发新水源

面对水资源时空分布不均衡的挑战，必须采取有效的水利工程建设措施，例如修建水库、实施人工回灌等，以解决水资源在年际变化和年内分配上的不均问题。同时，国家层面也需要进行宏观调控，确保在地域上合理调配水资源的利用，以满足各地区的需求，保障水资源的可持续利用，促进经济社会的健康发展。

（六）推广使用农业高效用水技术

在推动节水农业发展过程中，除了经济、行政、法律等方面的措施外，推广农业高效用水技术也应重点关注。采用喷灌、滴灌、微灌等先进技术，同时培育耐旱高产作物，是实现农业水资源有效利用和节水的关键。

第四节 农业与气候资源

一、农业气候与农业气候资源

农业气候是指影响农业生产的气象因素,包括温度、湿度、气压等,是农业生态环境的重要组成部分。农业气候条件可以分为两类:一类是仅属于生态环境条件而非某种物质或能量的农业气候要素,如温度、湿度、气压,以及各种天气现象;另一类是属于某种物质或能量的农业气候要素,直接参与农业生产过程,如太阳辐射、二氧化碳等。农业气候条件既有有利的一面,也可能成为灾害,如大风、暴雨等。

农业气候资源是指那些属于某种物质或能量的农业气候要素,能够直接参与农业生产过程,为农业生产对象所利用。农业气候资源包括太阳辐射(光能)、二氧化碳、氧气、水分等。这些资源对植物的生长发育、产量和质量具有重要影响,是农业生产中不可或缺的因素。然而,农业气候资源的过量或不足都可能导致问题,如水分过多可能引发雨涝,水分过少则可能导致干旱。

农业气候与农业气候资源密切相关,共同影响着农业的生产环境和产出效果。在农业管理中,科学合理地利用和管理这些气候条件和资源是确保农业可持续发展的关键。

二、农业气候资源的利用方式

农业气候资源的充分利用至关重要,涉及多方面的策略。

1.温室技术

温室技术是一种通过建造具有透明覆盖层的建筑结构,利用太阳辐射产生温室效应,以提供适宜的气候条件,促进植物生长和增加农作物产量的先进农业技术。温室通常由金属或塑料制成的骨架和透明的覆盖材料(如聚乙烯薄膜或玻璃)构成,这些材料能够传递太阳辐射,并阻挡热量的散失。

温室技术的工作原理是太阳辐射穿过透明的覆盖材料进入温室内,被土壤和植物吸收后转化为热能。然后，这些物体释放的热能被阻挡在温室内，形成温室效应，使温室内温度升高。这种控制温度的能力使得在寒冷季节或寒冷地区，农户可以创造出适宜的生长环境，提前或延长植物的生长季节，有助于培育更多的作物。该技术广泛用于蔬菜、水果等农作物的栽培，为农业生产提供了一种更加稳定和可控的环境，有助于提高产量、质量，并对气候变化和极端天气条件做出应对。

2.二氧化碳和氧气的调控

在农业生产中，有效调控二氧化碳（CO_2）和氧气（O_2）是至关重要的。在受控环境中，通过 CO_2 增施、CO_2 储罐系统和良好的通风系统，可实现对 CO_2 的精准调控，提高植物的光合作用效率。对于氧气，通过通风系统、空气循环和良好的植物管理，保持适宜的氧气含量，防止二氧化碳积聚，确保植物正常呼吸。监测设备和自动控制系统的应用有助于实时监测气体浓度并进行及时调整。同时，了解植物的生长状况，避免过度密植，有助于根据植物需求调整气体供应。这些综合措施使农业生产者能够创造出适宜的气候环境，提高作物产量和质量，为农业可持续发展提供关键支持。

3.水分供给调节

（1）灌溉系统的优化。采用高效的滴灌、喷灌系统，能够减少水分的浪费，实现对植物根系的精准供水，提高灌溉效率；利用土壤水分监测技术，实时监测土壤湿度，根据植物需求调整灌溉水量，避免过量灌溉。

（2）节水灌溉技术的应用。推广节水灌溉技术，如地膜覆盖、雨水集中利用等，减少蒸发损失，提高土壤保水能力；采用定量灌溉，根据植物生长阶段和水分需求，合理确定灌溉水量，避免过量供水。

（3）土壤改良和保水措施。通过土壤改良措施，如添加有机物质、施用覆盖物等，提高土壤保水能力，减缓水分流失；通过合理的耕作方式，如梯田、植被覆盖，有助于减少土壤侵蚀，维护水分的稳定性。

（4）作物选择和种植结构调整。选择适应当地气候和水资源条件的耐旱作物，降低对水分的依赖；调整种植结构，采用轮作休耕等方式，有助于减少单一作物对水分的过度需求。

（5）雨水收集和储存。利用雨水收集系统，将雨水储存起来，作为灌溉的补充水源；采用地下水储存设施，使得水资源能够在需要时进行合理利用。

（6）科技支持和决策辅助系统。运用现代科技手段，如无人机、遥感技术等，监测农田水分状况，提供及时的数据支持；建立决策辅助系统，通过模型预测和分析，提供科学的灌溉决策，优化水分供给。

三、农业与气候变化

农业气候资源具有显著的时空变化特点，不仅表现为不同地区之间的差异，还包括同一地区在不同时间的气候多样性。中国大部分地区属于季风气候，使得农业气候资源呈现更为明显的地区差异和季节变化。值得关注的是，农业活动本身也在一定程度上对气候产生影响，形成了相互影响的复杂关系。

农业生产对温室气体排放产生显著影响，占全球温室气体排放总量的10%～12%。规模化种植、不合理的耕作方式导致土壤固碳能力下降，有机碳流失加剧温室效应。作物和畜牧生产导致二氧化碳、甲烷、一氧化二氮排放增加，其中甲烷和一氧化二氮的温室效应分别是二氧化碳的20倍和310倍。农业用地扩张，特别是在热带、亚热带地区，森林被大规模砍伐变成农业用地。每年热带、亚热带地区消失的森林面积，大多由农业扩张引起。

农业不仅在气候变化中扮演着重要的"贡献者"角色，也是最直接的"受害者"，其天气依赖性使其特别容易受到异常气候的冲击。特别是对于发展中国家，农业占据国民经济重要比重，却在气候适应能力上相对脆弱。气候变化引起的农产品市场波动、作物质量和病虫害等问题成为全球关注的焦点，使农业成为应对气候变化的国际议程中备受重视的领域。

在面对气候变化和全球人口增长的巨大压力下，可持续农业管理成为解决之道。培育高效作物、采用保护性免耕和抗高温作物培育等方法，不仅能够减少温室气体排放，还有助于缓解全球饥饿问题。此外，精准农业管理和土壤肥力综合管理等策略有助于提高土壤质量，减少有机碳流失，从而对气候变化产生积极影响。最新的全球土壤碳储量数据表明，土壤中蕴含的碳量庞大，呼吁采取可持续农业措施，为全球农业的可持续发展和气候变化的缓解作出更积极的贡献。

保护国际基金会（the Conservation International）致力于通过生态系统的气候变化适应方法（EBA）来协助全球社区适应不断变化的气候条件。EBA的独特之处在于其通过保护、修复和管理生物多样性与生态系统功能，构建健康的生态系统，以自然调节功能适应气候变化，并同时促进农业生产，确保粮食安全与农户生计。除此之外，推广气候智慧型农业、低碳农业、保护性农业等方法也成为促进农业可持续发展的重要途径。农业作为应对气候变化的独特优势领域，具有巨大的发展潜力。

第二章　农业生产要素组合与管理

第一节　农业劳动力要素

劳动力的两大类别，农业劳动力和农村劳动力，在我国扮演着特殊的角色，既是生产的要素，又是消费者。尽管我国农业劳动力庞大，但整体素质相对较低。随着农业生产效率的提升，农业劳动力数量将减少，非农劳动力将增加，农业剩余劳动力逐渐呈现多元就业的趋势。这一变化不仅反映了农业劳动力结构的演变，也使得我国农村就业格局日益多元化。

一、农业劳动力的概念及特征

（一）劳动力与农村劳动力

劳动力概念涵盖了广义和狭义两个层面，前者包括全部人口，后者则特指具有劳动能力的人。国家统计局定义了劳动力为16周岁及以上、具有劳动能力并参与或寻求参与社会经济活动的人口，包括就业人员和失业人员。就业人员为从事社会劳动以获取报酬或经营收入的个体，而失业人员则指那些在劳动年龄内有劳动能力但目前没有工作并正在积极寻找工作的人员。

农村劳动力概念涵盖了两种定义，一是指参与集体经济组织或家庭副业劳务的16岁以上乡村人口，另一种则特指具备劳动能力的男性16～60岁和女性16～55岁的农民。在实际统计中，通常采用后者的定义，排除了16岁以上在校学生和国家支付工资的职工。

（二）农业劳动力

1.农业劳动力的概念

农业劳动力是指从事农业生产的广泛人口群体，他们直接参与农田劳作、养殖业、渔业等农业活动，为农业生产提供体力或脑力劳动。这一概念涵盖了农民、农村工人以及其他直接从事农业生产的人员。农业劳动力不仅包括在田间地头从事耕作、种植、收割等工作的人，也包括与整个农业产业链相关的从业者，如农产品加工、运输、销售等环节。他们是农村就业的主体，其生计和经济活动与农业密切相关。农业劳动力的状况直接关系到农村社区的生计、社会经济的稳定，对于农业可持续发展、农产品供应以及粮食安全等方面都具有重要影响。

2.影响农业劳动力数量和质量的因素

（1）人口结构。人口结构对农业劳动力产生广泛而深远的影响。第一，年龄分布。年轻人口比例的增加通常意味着更多的劳动力。第二，性别比例差异。在某些社会中，男性更多地参与农业劳动。第三，劳动力参与率。高就业率有助于增加农业劳动力总量。第四，教育水平。教育水平的提高提升了农业劳动力的质量，使其更具备适应现代农业需求的能力。第五，家庭结构和城乡分布。随着农村人口向城市的流动，可能导致农村劳动力的减少，影响到农业生产。

（2）农业政策。农业政策在很大程度上塑造了农业劳动力的数量和质量，其具体影响体现在以下几个方面：①农业投资。农业政策的投资方向直接关系到农业劳动力的数量和质量。农业基础设施投资、技术创新和农业生产手段的提升，能够提高农业生产效率，从而影响到就业需求和劳动力素质的提升。②农业补贴和激励。农业政策中的补贴和激励措施，如价格支持、生产补贴等，直接关系到农业生产者的收益水平。较高的收益可能会吸引更多人从事农业劳动，提高农业劳动力的数量，同时也可能激发对农业技能和管理水平的追求，提高农业劳动力的质量。③土地制度和农业结构调整。农业政策中的土地制度和农业结构调整措施影响到农民对农业从业的态度。有利于土地流转和农业结构调整的政策可能导致农业规模化，影响到农业劳动力的数量和素质需求。④农业技术推广。农业政策是否鼓励和支持先进的农业技术对提高生产效率和劳动力素质具有直接影响。通过技术创新和推广，农业政策可以提高农业从业者的技能水平，从而影响到农业劳动力的质量。⑤农业培训和教育。农业政策中是否有针对农业从业者的培训和教育项目，对提升农业劳动力的质量起到关键作用。培养具备现代农业知识和管理能力的劳动力，有助于提高整体农业劳动力素质。⑥农业保障和社会福利。农业政策中的社会保障和福利政策，如农民养老保险、医疗保障等，直接影响到农业从业者的生活水平和对农业劳动的持续性。良好的社会保障措施可能有助于留住农业劳动力，提高其质量。

3.农业劳动力的供给与需求

农业劳动力供给是指在农业领域中，可用于从事农业生产的劳动力总量。这包括参与耕种、种植、养殖、收割等农业活动的人口。农业劳动力供给的特点包括以下几个方面：①季节性波动。农业生产的性质决定了农业劳动力需求存在季节性波动。在种植和收获季节，农业劳动力需求通常会增加，而在其他季节可能会减少。②农村集中。大多数农业劳动力集中在农村地区，因为这些地区主要是农业生产的中心。农民和其家庭成员通常是主要的农业劳动力。③低技能水平。在一些发展中国家，农业劳动力的技能水平相对较低，主要是因为传统的农业方式和技术的使用。但随着农业现代化和技术进步，一些地区的农业劳动力也在逐渐提高技能水平。④家庭劳动力。农业劳动力往往以家庭为单位，包括农民本人、配偶和子女。这种家庭劳动力的组织形式在农业生产中很常见。⑤易受气候和自然条件影响。农业劳动力供给受气候和自然条件的影响较大，自然灾害、气候变化和其他不可控的因素可能导致农业劳动力的供给波动。⑥农业结构变迁。随着农业结构的变迁，一些地区可能出现农业劳动力的减少，因为农业规模扩大、机械化程度提高，导致对人力的需求减少。

（2）农业劳动力需求可以分为数量需求和质量需求，这两者反映了农业生产对劳动力的不同方面的需求。

农业劳动力数量需求：①季节性需求。在种植、耕种、收割等不同季节，农业劳动力的需求量会发生波动。这是由于不同农业活动在不同季节需要不同数量的劳动力。②农业规模。农业企业的规模和种植面积的扩大通常会导致对更多劳动力的需求。大规模的农业生产需要更多的人力来执行各种任务。③技术水平。使用现代农业技术和机械化程度的不同也会影响到农业劳动力的数量需求。高度机械化的农业可能需要较少的人力，而传统农业则可能需要更多的人力。

农业劳动力质量需求：①技能水平。随着农业技术的不断发展，对于掌握现代农业技能的农业劳动力的需求也在增加。农民需要具备一定的技术和管理能力，以适应现代农业的要求。②教育水平。农业劳动力的质量需求还与教育水平相关。更高水平的教育通常会提高劳动力的适应能力，使其能够更好地应对农业生产中的挑战。③专业化需求。随着农业的现代化和多样化，可能会出现对特定专业技能的需求，例如农业经济学、农业工程等领域的专业人才。

4.新型职业农民

新型职业农民是指在农业现代化和产业结构调整背景下，从事农业生产的农民群体中，具备一定的农业技能、现代农业经营理念和管理能力，致力于提高农业生产效益、推动农业科技进步、实施农业可持续发展的农民。他们不仅具备传统的农业生产知识和技能，还在适应市场需求、采用新技术、实施农业可持续发展方面有所创新。

新型职业农民的特点包括：①专业技能：具备较高的农业技术水平，能够熟练运用现代农业技术，包括精准农业、智能农业、生态农业等方面的知识和技能。②经营管理：具备一定的农业经营和管理能力，能够进行科学规划、生产组织和市场营销，追求农业经济效益的最大化。③创新意识：具备创新意识，不断引入新技术、新品种、新模式，积极适应市场需求和农业发展的新趋势。④多元经营：不仅仅局限于传统的农业生产，还可能涉足农业产业链的各个环节，如农产品加工、农业旅游等，实现多元化经营。⑤环保理念：具备环保意识，注重农业可持续发展，采取措施减少农业对环境的负面影响，关注生态平衡。

（三）农业劳动力在农业发展中的作用

劳动是社会发展的动力源泉，农业劳动作为劳动的重要形式，承载了农业生产和国民经济发展的基本任务。它体现了人类与自然的相互关系，对于农业乃至整个社会的生存和发展都具有不可替代的基础性意义。

农业劳动力不仅在农业中具有关键性作用，其特有的能动性也成了推动农业发展和社会经济增长的引擎。随着农业劳动者的劳动能力不断提高，在科技进步的推动下，农业得以不断创新发展，为社会提供更多丰富的物质产品。同时，农业劳动者的双重身份使其在提高农业效益的同时，也成为拉动整体经济增长的重要力量。

劳动力在我国农业中扮演着关键的角色，既是重要的生产要素，也是农业消费者。有效利用这庞大的农业劳动力规模对促进农业发展至关重要。然而，若未能充分合理地利用这一劳动潜力，可能成为农业和整个国民经济发展的沉重负担。因此，解决农业劳动力的充分合理利用问题应成为重要研究和实践的任务。

二、农业劳动力资源利用

（一）农业劳动力资源利用上的特征

1.劳动力总量过剩

随着人口增加，城镇对农村劳动力的吸纳减缓，使得农村积累了大量剩余劳动力。这种剩余劳动力在实际经济条件下供给超过了农业生产的需求，表现为常年性和季节性两种情况。这凸显了农业劳动力的过剩状况，需要通过合理的政策和发展手段来解决。

中国的农业劳动力现状呈现出两个主要特点：一是地区分布不均，集中在中西部地区，特别是粮棉主产区和欠发达地区；二是劳动力结构性和季节性短缺并存，即使整体上存在大量的农业剩余劳动力，但在某些地区或时间段仍可能出现劳动力相对不足的情况。此外，农业剩余劳动力以体力劳动为主，缺乏文化层次较高、技术与业务能力较强的劳动力，这也成了当前农业发展面临的挑战之一。因此，未来需要通过加强技术培训和教育提升农业劳动力的整体素质，以适应农业生产的现代化需求，实现农业劳动力的结构性转型和升级。

2.农业劳动生产率低

我国长期以来存在着大量劳动力滞留在农村从事农业劳动的现象，然而，这部分劳动力所创造的产值相对较低，导致农业劳动生产率极为有限，仅占国内生产总值的20%左右。尽管通过改革，一部分农业劳动力转向非农产业，农业劳动生产率有所提高，但仍然明显低于其他非农产业水平。这表明农业领域仍需深入改革，以促使更多的劳动力从农村转向非农产业，提升整体农业劳动生产率，实现农业现代化的可持续发展。

（二）评价劳动力资源合理利用的指标

农业劳动力的利用情况主要通过劳动力利用率和劳动生产率两个指标来反映。劳动力利用率是评估农业劳动力实际参与农业生产的重要标志，其高低直接影响社会对农产品的产量。在特定的劳动力资源和劳动生产率条件下，高劳动力利用率意味着更多的农产品能够为社会生产所贡献。

劳动生产率在农业领域的意义重大，它反映了劳动者的生产效率和农业生产的效益。通过提高农业劳动生产率，可以有效降低生产成本、提升农产品质量和数量，从而实现农业可持续发展和农民收入增长的目标。

三、农业劳动力资源的管理

（一）发展农业集约经营，提高农业劳动力的利用率

一是加强农业农村基础设施建设，增加农民就业机会。为推进美丽乡村建设，政府应不断加大对农村的基础设施建设投入，包括"六小工程"和文化生活服务设施，并注重因地制宜开展小型设施建设，如雨水集蓄、河渠整理等。生态工程方面的天然林保护、退耕还林还草和湿地保护也是重要内容。通过以工代赈的方式，政府可动员农民参与这些工程，提高农业劳动力的利

用率，促使农村全面发展。

二是发挥资源优势，依赖农业科技，大力发展劳动密集型农产品。农业在土地稀缺、劳动力丰富的背景下，需要根据资源和市场需求制定发展规划，重点培育劳动密集型农产品。随着国际市场的开放，面临着外来优质廉价农产品的竞争压力，因此必须加强科技含量，推动绿色精品农业发展，实现由粗放式到精细经营的转变，更加注重产品质量。这样的转变不仅可以提高农业效益，还能增加农民收入，有利于农村经济的可持续发展。

三是加快发展农业产业化经营，拉长产业链条，吸纳更多的农业劳动力。各类龙头企业，能带动农户、建立合理利益联结机制的，应获得财政、税收、金融支持。

（二）加快农业剩余劳动力的转移

1.我国农业剩余劳动力转移的特点

改革开放前，我国农业劳动力转移就业规模相对较小。然而，近年来随着经济发展和城乡结构变化，农业富余劳动力转移就业逐渐成为一个显著特点。截至2022年底，转移就业人数已达1565.99万人，凸显出我国农业劳动力流动的新态势。

（1）转移就业规模不断扩大，增速有所放缓。2022年我国农业劳动力转移就业呈现出规模不断扩大、但增速减缓的趋势。全国农民工总量达29562万人，同比增加311万人，增长1.1%。其中，本地农民工增速相对较高，达2.4%，而外出农民工的增长仅为0.1%。

（2）农民工从事第三产业比重逐年上升。2022年，99.5%的农民工从事二、三产业，其中第三产业占比51.7%，同比提高0.8个百分点；第二产业占比47.8%，同比降0.8个百分点。

（3）农业富余劳动力转移就业的组织性增强。近年来，部分地区实施订单式培训，结合培训与就业；另一些地区建立输出地与输入地联系，创造劳务品牌，降低外出务工盲目性。

2.农业富余劳动力转移就业面临新形势

我国经济转型升级关键期，增长放缓，质量提升。农业富余劳动力转移就业面临新形势，三个问题突出。

（1）农业富余劳动力在城镇能否得到充足的就业机会。我国城镇化进程中，农业富余劳动力的就业问题愈加凸显。虽然他们转移到城市的速度有所放缓，但由于基数庞大，就业压力仍然显著。随着经济结构和产业升级，传统岗位减少，劳动者数量需求减弱，劳动力质量要求升高，农业富余劳动力在城市将面临更为严峻的就业挑战，失业风险也在增加。

（2）农业富余劳动力在面临就业压力时，还需面对劳动技能和素质不适应新形势的困境。随着企业结构转型的深化，低附加值行业的淘汰使得部分劳动者面临失业风险。由于这些劳动者学历较低，技术相对单一，他们难以适应新兴产业对高技能人才的需求，因此在新兴产业中找到就业机会变得相对困难。

（3）农业富余劳动力在转移就业过程中面临诸多质量问题。由于户籍和其他制度的限制，他们无法享受与城镇职工同等的福利待遇和权益保障，这导致了他们在城市就业时与城市社会的脱节，就业稳定性受到影响。目前，农业富余劳动力的转移就业仍呈现候鸟式模式，大多数人仍与农业生产相关，这使得他们始终是产业工人中的"游击队"，难以融入城市生活。

农业富余劳动力面临的根本问题是户籍制度。尽管该制度曾在某个时期对社会管理起到一定作用，但已不适应当前社会经济的发展需求。户籍制度的存在将城市和农村划分开来，妨碍了生产要素的合理流动。尽管进行了一些改革，城市逐渐放宽了落户条件，但城乡二元机制仍未完全破除，户籍仍附带不平等的福利待遇，严重制约了农业富余劳动力的有序转移。

3.加快农业剩余劳动力转移的途径

加快农业剩余劳动力转移是一个综合性的社会问题，涉及政策、教育、产业、社会保障等多个方面。

（1）户籍制度改革。深化户籍制度改革，逐步取消城乡二元户籍制度。建立统一的社会保障制度，确保农村居民在城市就业时享有与城镇居民相近的福利待遇，消除制度差异对农业剩余劳动力转移的障碍。

（2）教育与技能培训。提升农村居民的教育水平，加强职业技能培训，使其更适应现代产业的需求。开展农村技能培训项目，促使农业剩余劳动力掌握更广泛的就业技能。

（3）农业产业升级。通过政策引导和金融支持，推动农业产业升级。鼓励发展高附加值、技术密集型的农产品生产，提高农业剩余劳动力在农村就业的机会。

（4）农村社会服务体系建设。加大对农村社会服务设施的投资，包括建设更完善的医疗、养老、子女教育等服务体系。提高农业剩余劳动力在城市就业时的社会保障水平，减轻其家庭负担。

（5）支持农村企业和专业合作社。鼓励和支持农村企业和产业合作社的发展，为农业剩余劳动力提供更多的就业机会。通过提供财政支持、税收优惠和创业培训，激发农村创业的积极性。

（6）基础设施建设。提升农村基础设施水平，包括道路、交通、通信等。加强城乡连接，减少农村居民到城市就业的交通障碍，提高农业剩余劳动力的流动性。

（7）建立完善的就业服务机构。建立健全的农村就业服务体系，包括提供职业规划、技能培训、招聘信息等服务。帮助农业剩余劳动力更好地了解城市就业市场，提高其找工作的成功率。

（三）提高农业劳动生产率

1.提高农业劳动生产率的重要意义

提高农业劳动生产率对一个国家或地区具有深远意义，包括经济、社会和环境等多个方面。

（1）经济效益。①增加农业产值。提高农业劳动生产率直接导致单位劳动力能够生产更多的农产品，从而增加农业总产值。这有助于提升农业在国家经济中的比重，推动农村经济的发展。②提高农民收入。农业劳动生产率提高会使农业从业者的劳动创造更多的价值，从而提高农民的收入水平，促进农村居民脱贫致富。

（2）社会稳定。①减少贫困率。农业劳动生产率的提升有助于减少贫困率，改善农民生计。这可以促进社会的稳定，降低社会动荡的可能性。②就业机会增加。虽然农业劳动生产率提高可能减少农业从业者的数量，但通过农村产业和服务业的发展，会创造更多多样化的就业机会，促进就业结构的优化。

（3）环境可持续性。①降低土地压力。业劳动生产率的提升可以通过提高单位面积的产量，减少对土地的过度开发压力。这有助于保护农地生态系统，减缓土地退化的速度。②可持续农业发展。高效的生产手段更容易与可持续农业原则相符。科学的农业管理有助于减少对化肥、农药等资源的过度依赖，推动农业的长期可持续发展。

（4）粮食安全。有利于增加粮食供应，农业劳动生产率的提高直接关系到粮食产量的增加，对于国家和全球粮食安全至关重要。高效的农业生产方式有助于保障国家的粮食供应。

（5）科技与创新。有利于促进农业科技创新，提高农业劳动生产率需要引入和应用新技术、新方法。这促使整个农业领域进行更广泛的科技创新，推动农业现代化的进程。

2.提高农业劳动生产率的途径

（1）为提升农业生产效率，改进劳动力使用的物质技术装备至关重要。这包括采用现代化机器、设备以及化肥、农药等，以节约劳动力、提高产量。然而，我国农业面临劳动力过剩的挑战，因此在引进机器设备时需谨慎选择地区和作业项目，确保机器的替代效果能够降低必要劳动部分，并要合理安排被取代的劳动力，以实现农业生产的可持续发展。

（2）农业生产的可持续性发展离不开对自然资源和环境的合理利用与保护。自然条件对农业劳动生产率有着直接的影响，因此，我们需要深刻认识和善于利用自然规律。在农业生产中，我们应当因地制宜地进行规划和布局，建设适应当地环境的基础设施，积极改善生态环境，保持生态平衡的同时，也要通过人的劳动来进一步改善自然条件，以提高农业劳动生产率。

（3）提高农业劳动生产率的核心在于科技水平的提升，而这不仅仅需要农业科技的先进，更需要农民掌握这些科技。由于我国农民普遍教育水平较低，整体素质有待提高，为实现大幅度的农业生产率提升，必须着力加强对农民的智力投资，提高其科学文化素质。只有农民在实际生产中能够熟练运用先进的科技，农业科技的先进性才能真正转化为切实的生产力，从而实现农业劳动生产率的可持续提高。

（4）农民的生产积极性是提高农业劳动生产率的基础。为此，国家和地方政府应该不断完善和贯彻各项农业政策，以激发农民的工作热情和创造力。只有在农民自身积极性得到有效调动的情况下，农业生产才能取得更大的进步，为国家粮食安全和农民收入增长提供坚实保障。

（5）在稳定农业家庭承包经营的基础上，为促进生产的专业化发展，提倡适度扩大经营规模。相较于"小而全"的农业家庭经营，农业专业化生产和规模经营更有利于引入先进科学技术和农业机械，推动其在生产过程中的广泛应用。因此，为适应自然规律和经济规律的要求，必须强化劳动管理，改进劳动组织形式，以实现农业自然资源和生产工具在当前条件下的最佳协调，从而实现提高农业劳动生产率的目标。

第二节　农业资金管理

一、农业资金的概念与分类

（一）农业资金的概念

农业资金是指在农业生产经营中流动、周转的各类资产，包括货币、实物和无形资产。它被分为广义和狭义两种，狭义关注社会各投资主体在农业领域的货币投入，而广义则包括了各种形式的资金，覆盖了国家、个人和其他社会部门。目前，制约农业发展的主要问题在于狭义农业资金的不足，解决这一问题将是促进农业可持续发展的关键之一。

（二）农业资金的本质特征

1.农业资金的运动具有周期性和季节性

农业生产受季节和生物周期的影响，农业资金运动呈现出明显的季节性和周期性。在中国，农时特点决定了农业资金在生产季节大量投入，在收获季节集中回收，导致资金使用存在时间上的不均衡。

2.农业资金的提供具有政策性

在发达经济中，农业被视为关键产业，政府采取一系列措施保护和支持农业发展。这些措施主要通过农业资金实施，涉及农业补贴、公共投资和服务等形式，旨在推动农业现代化、提高农民生活水平，并确保国家粮食安全。因此，农业资金与政策密不可分，构成国家农业发展的重要支撑。

3.农业资金的使用具有分散性

我国农业生产的特点是规模小、数量众多、分布广泛、项目繁杂，导致农户和农业企业对资金的需求在空间和内容上都呈现出较大的分散性。为应对这一状况，农业相关部门在提供公共服务、建设农业公共设施以及农业财政资金投放方面也采取了相应的分散性措施。

4.农业资金的流通具有不完全性

农产品的独特之处在于其具备双重用途，可以同时充当生活资料和生产资料。以小麦为例，成熟后可作为粮食供个人食用、销售到市场，同时还可作为再生产的生产资料。这导致农业资金中的货币和实物资产在生产经营中的流通呈现出一种不完全性，反映了农业经济中的多元化和循环利用特点。

5.农业资金的运动具有低收益性

农业作为传统产业在现代经济中遭遇相对劣势。其项目投资回报水平通常低于工业等领域，且由于与自然条件密切相关，农业资金投资的周期较长，同时还需要承担更多的自然风险。

6.农业资金的投入收益具有外部性

农业生产不仅仅是农产品的创造者，还产生了显著的生态和社会效益，使农业资金的投入收益具备外部性。在完全市场条件下，这种外部性可能导致农业资金的私人投入低于社会最优水平，强调了农业对整体社会和生态系统的积极贡献，需要考虑其在经济中的特殊价值和作用。

（三）农业资金的分类

农业资金的分类涵盖了多个方面，主要分为货币资金、实物资产、农业贷款、政府投资、社会资金和国际援助资金六大类。这些资金在不同层面、不同阶段对农业生产和发展发挥着重要作用。

货币资金，如现金和银行存款，是直接的支付手段，用于购买生产资料、支付费用。实物资产包括农田、农具、农畜等，直接参与生产过程，是农业经营的实质基础。

农业贷款分为短期和长期，用于满足农业生产的资金需求，支持季节性的经营和基础设施建设等。政府投资则通过农业补贴和公共投资，推动农业现代化，提供必要的经济支持。

社会资金涵盖了农业合作社的资金和企业的投资，促进了农业集体经营和产业链的延伸。国际援助资金由国际组织和外国政府提供，用于支持我国农业的发展和减贫项目。

这些不同类型的农业资金相互交织，形成了庞大而复杂的资金体系，支撑着农业的各个方面。这种多元化的资金来源和投入方式，为农业的稳健发展提供了坚实的经济基础，确保了农业在现代社会中的持续进步。

二、农业资金的来源

（一）农户自有资金的投入

自我国实施家庭承包经营制度以来，农业生产资金主要依赖农户自身的投入，而这种投入与农民的收入息息相关。为了增加这一资金来源，需通过多方面努力提升农民的收入水平，并引导他们正确处理生产发展与生活改善之间的关系。在此基础上，应鼓励农民将收入增长的一部分更多地用于增加生产投入，从而促进农业生产的持续发展和农民生活水平的提高。

（二）财政资金的投入

农业财政资金是政府专门为农业发展而下拨的款项，包括科研、基础设施、公共服务以及各类农业补贴。这些资金通常是无偿的，直接来自政府的财政预算。尽管随着农村收入和农民自身资金投入的增加，政府对农业的财政支持并未大幅增长，但依然是农业资金中一个重要的支持来源。

（三）信贷资金的投入

农业资金来源中的信贷资金主要来自金融机构或个人，为农业生产者提供各类贷款。这包括商业性金融机构（如中国农业银行）、政策性金融机构（如中国农业发展银行）、合作性金融机构（如农村信用合作社）以及其他非正式的民间金融组织和个体信贷供给者。

这些信贷资金可以用于农业生产的公共投资领域，如农业科研、基础设施建设，也可以用于农业私人投资领域，包括购买种子、化肥、农具等生产资料，以及农业经营和发展的资金需求。

尽管农业信贷资金提供了重要的支持，但其使用一般是有偿的，即到期后农户需要按照约定的条件还本付息。这种形式的资金帮助农业生产者满足短期和长期的资金需求，推动了农业现代化和增加农民收入的进程。

（四）企业或其他经济组织的投入

在中国，乡镇企业、农村集体经济组织以及农业合作组织扮演着重要的角色，为农业资金提供支持。曾经，乡镇企业的发展为农业生产注入了活力，但近年来，由于其效益下滑，导致对农业的支持不足。同时，农村集体经济组织的实力相对较弱，许多曾经集体拥有的企业被转让给了私人，导致集体资金投入的能力受限。

（五）国外资金的投入

随着全球经济开放和资本国际流动，我国农业资金迎来了来自国外的新来源。这涵盖了国际经济组织、政府援助、农业项目投资以及外国金融机构、公司和个人的资本。在农业中，外资主要以贷款、援助和外商直接投资的形式存在。自20世纪90年代以来，我国农业外资利用总体上呈现增长趋势，为农业发展提供了更为广泛的资金支持。

三、我国农业资金使用中存在的问题

我国各地农业资金使用存在多方面问题。

第一，农业投入总量仍然不足，尽管近年来有增长但不足以满足农业现代化建设需求。

第二，投入结构不合理，偏向生产经营性项目，基础性设施投入较少，政府在竞争性投资领域未完全退出。

第三，项目安排上存在"胡椒面"现象，小项目多而大项目少，整体效益不佳。

第四，缺乏统筹协调，导致资金难以集中使用，存在对一些项目重复投入的问题。

第五，监督检查不够，挤占和挪用资金现象仍然存在。

第六，农村金融体制不合理，四大国有商业银行普遍吸储、轻放贷，农村金融合作社未发展成为真正的合作金融组织，导致农村资金流失，民营中小企业和农民的贷款备受困扰。

四、农业财政资金的管理

（一）农业财政资金投入的原则

1.效率原则

财政农业资金配置效益原则强调在使用农业财政资金时，财政部门应采取有效的管理措施，使有限的资金得到最大的产出和效益。这一原则不仅关注经济效益，还注重社会效果和生态效果，旨在实现社会资源的有效配置。

2.公平原则

公平原则强调政府在农业财政资金的分配上要综合考虑各方面利益，平衡发达和欠发达地区的需求。与平均分配不同，公平原则旨在通过对市场机制造成的地域或人群不公平状况进行调整，以达到真正的公平。

3.稳定原则

农业财政稳定增长原则要求农业财政资金投入稳定增长，以满足农业发展的需求，并同时发挥其在农业经济波动中的稳定作用。

4.持续原则

农业财政资金的可持续发展要求包括两方面，一方面是确保资金投入能够支持农业的可持续发展，另一方面则是要求财政支出本身也能保持可持续性。在WTO框架下，各种农业财政资金的支出必须遵守WTO农业协议的规则和国际惯例。

（二）农业财政资金管理的措施

农业财政资金管理的关键在于政府的高度重视和有力的实施措施。

第一，政府需确保农业投入的持续增长，并通过法规的贯彻执行来保障支农资金的稳定投入。

第二，通过规划和统筹，加强项目管理，提高资金利用效率，确保农业发展的重点得到充分支持。

第三，强化财政监督，确保农业资金的准时到位，从而提升整体农业财政管理的透明度和有效性。

第四，政府还应主动运用各种经济手段，如税收、贴息、补助等，激发社会资本对农业的投资热情，促进农村经济的可持续发展。

五、农业企业资金的管理

农业企业在管理所拥有的农业资金时，主要关注提高经济效益的目标。为实现这一目标，关键在于提高资金的周转速度，确保相同的资金在一年内能够多次用于生产。需要采取以下具体措施来优化农业资金的使用，以提高企业的生产效率和经济效益。

（一）加快固定资金的周转

第一，要避免增加不必要的固定资产，确保购置设备符合实际需求，实现经济效益最大化。

第二，要尽可能提高固定资产的利用率，尤其要应对农业生产季节性限制，以加速固定资产的周转。

第三，需要合理平衡生产性与非生产性固定资产的比例，确保资源配置的合理性和效率。

（二）加快流动资金的周转

一是缩短生产周期，采用短周期品种和技术，提高生产效率。

二是合理储备，规定原材料储备定额，充分利用流动资金。

三是节约原材料消耗，包括种子、化肥、农药等。

四是合理确定农业生产结构，协调专业化生产和多部门经营，确保全年收支均衡。

五是防止资金占用用于基建等目的。

六是根据市场需求生产适销对路产品，强化推销，缩短产品流通时间。

六、农村金融

（一）农村金融的概念

农村金融是为农村经济服务的一系列经济活动，涉及农户、合作社、涉农企业等主体，与农村货币流通和信用活动密切相关。

1.农村金融是具有促进农村经济发展功能的金融

农村金融的形态和组织体系是为了满足农村经济发展的金融交易需求而逐渐建立的。其有效性并非仅仅取决于金融机构的多寡、规模的大小和现代化程度，更关键的是要看金融体系对农村金融交易功能的发挥程度。

2.农村金融是农村经济系统与整体金融系统的交叉系统

农村金融作为农村经济系统的一部分，既是其子系统，同时也是整体金融系统中的一个独立单元。其运动既具备一般金融特征，又呈现出与农村经济系统需求相一致的独特形态。这反映了在宏观经济环境下，农村金融既受农村经济系统影响，又在整体金融系统中发挥独立的双重作用。

3.农村金融是内部功能和结构复杂多样的系统

农村金融在理论上应该涵盖多种金融产品和服务，并建立相应的组织体系。然而，实际中农村金融是为适应农村经济发展需求而不断演化的金融结构，呈现出动态的特点。

（二）农村金融制度改革

自1979年，中国农村金融制度改革以农行恢复为标志展开。

中国农村金融制度改革经历了三个阶段：1979—1992年的起步与恢复阶段，1993—2003年的整合完善阶段，以及2004年至今的深化调整阶段。改革的主要举措包括实施中国农业银行商业化经营、完善农村信用社管理体制、健全政策性农村金融体系和探索农业风险保障机制。总体来看，中国农村金融制度改革主要具有以下特征。

第一，农村金融组织的支农功能更加完备。农村信用社在中国农村金融组织中具备更加完备的支农功能。成立于1979年的农村信用社曾作为中国农业银行的基层机构，经历多轮改革逐步具备了"三性"经营原则，1996年脱离行政隶属关系，成为独立法人，被定位为金融支农主力军。2004年开始兑付票据、置换不良资产，推动农业产权制度改革，建立现代银行企业制度，最近的方向是商业化，目标是成为股份制商业银行，致力于成为专职服务农村地区和农业领域的地区性农村银行。

第二，中国的农村金融制度创新主要由政府主导，是自上而下的制度变革，而非基于农村金融内生需求的变迁。这种方式以机构调整为主，却忽视了金融的资源配置和风险管理功能。尽管这种方式能够降低时滞和成本，但存在着可能脱离农村经济实际需求、资源配置效率不高以及导致金融抑制、寻租行为和腐败的风险。

第三，中国农村金融制度变革采用了渐进的方式，具有稳健的特点。在速度上，改革主要表现为现有机构的整合、经营模式的改变和新型机构的发展，但并未触及制度的核心或改变利益分配格局。在推行方式上，新制度通常先在地区进行试点，然后再全面推广，虽有助于控制风险，但可能导致地区发展不平衡。

第四，农村金融制度的发展与农村经济体制演进存在明显脱节，且金融改革的效果远远低于农村经济体制的变迁。在中国农村经济发展的历程中，两次重要的变革——家庭联产承包责任制和乡镇企业兴盛，彻底改变了农村生产关系和经济结构，推动了农村经济的快速发展。然而，与此相比，农村金融制度的改革却滞后且效果不显著，未能满足农村经济的需求，反而加剧了民间借贷和高利贷的兴起。

（三）农村金融机构

我国农村金融机构主要分为正规和非正规两大类。农村正规金融机构以银行、农村信用社、农村资金互助社为主，而农村非正规金融机构则包括个人借贷、企业融资、各类有组织但无机构的金融会，以及政府未认可的有组织有机构的融资方式等。

我国农村金融领域经历了多次变革后，仍未能解决农村资金外流问题。为此，国家金融监督管理总局于2006年12月发布政策，着力解决农村金融服务供给不足等问题。政策放宽了农村地区金融机构的市场准入门槛，鼓励各类金融资本在农村投资设立村镇银行、小额贷款公司和农村资金互助社，以实现农村资金的回流。这一举措旨在通过新型农村金融机构的发展，支持"三农"事业，提高金融资源配置效率，从而促进农村经济的发展。这不仅是对农村金融问题的有力回应，也为农村地区提供了更加多元化的金融服务。

我国新型农村金融机构在近年取得迅猛发展的同时，仍面临一系列挑战，如资金规模小、风险复杂、基础设施滞后等问题。其中，创新能力不足被认为是发展问题的重要原因。为实现新型农村金融机构的可持续发展，应加强在金融产品、融资渠道、金融体制和服务等方面的创新，提升新型农村金融机构的综合实力，促使其更好地支持现代农业发展，从而为农村经济注入更大的活力。

（四）农村金融服务的发展

1.农村金融服务发展取得的成就

自2003年起，中国政府在农村金融领域实施了一系列重要改革，着眼于提升农村金融服务的质量和效率，以支持"三农"事业的发展。这些改革措施包括深化农村信用社改革、出台扶持政策等，使得农村金融服务体系逐渐完善，服务能力明显增强，同时也改善了农村金融生态环境。这些举措为推动农业生产、促进农村经济发展和提升农民收入发挥了至关重要的作用，为建设美丽中国、实现乡村振兴目标贡献了重要力量。

近年来，我国农村金融领域持续创新，致力于满足农村金融服务需求的不断变化。农村金融机构通过积极探索，不断推出新的产品和服务方式，如拓展抵押担保范围、运用微小贷款管理技术、扩大信用贷款和联保贷款的范围等。这些努力带来了一系列创新产品的涌现，如集体林权抵押贷款、大型农机具抵押贷款，以及"信贷＋保险"产品等，取得了显著成效。与此同时，农村融资环境持续改善，融资方式逐渐由间接向直接转变，农业保险的覆盖面也在稳步扩大，风险保障能力不断提高。

2.农村金融服务发展中存在的问题

（1）随着现代农业规模和产业化的快速发展，农村金融面临着适应性不足的挑战。传统的小额、短期、分散的金融服务已无法满足现代农业的需求，而现代农业的特点包括对规模化支持、多元化服务和更先进的信息技术的渴望。农业金融需要不仅仅关注融资，还要拓展到保险、期货、证券等领域，以更全面地支持农业产业链的各个环节。同时，信息化和网络化的金融服务也成为现代农业发展的必然趋势，以提高金融服务的效率和精准度，促进农业经济的持续增长。农村金融体系需要迅速调整和创新，以适应并促进现代农业的持续发展。

（2）我国农村金融体系尚待完善。政策性金融的涵盖范围和深度有限，商业性金融机构缺乏多样性，合作性金融的规范化发展尚需探索。尤其是农村中小型金融机构不足，市场竞争不充分，这限制了农村金融服务的供给和效率。

（3）我国农村金融服务体系面临多样性不足的挑战。正规金融机构和民间金融机构共存，但服务种类相对单一。农村融资需求涵盖规模化和小额分散，同时涉及银行贷款、直接融资、融资租赁、信用贷款、抵押担保等多种方式，但目前服务体系还未充分匹配这种多元需求。农村金融服务的多样性需要进一步提升，以更好地满足农业经济的多层次、多元化需求，促进农村经济的全面发展。

（4）农业保险在我国仍面临覆盖面和保障水平不足的问题。大灾风险的处理主要依赖于保险机构的再保险和准备金制度，缺乏国家层面的更全面支持。

（五）农村金融的新发展

1.理念层面：普惠金融的发展

"普惠金融部门"的概念于2005年首次提出，旨在构建一个能够让所有社会成员受益的金融服务和产品体系。世界银行的扶贫协商小组（Consultative Group to Assist the Poor，CGAP）则进一步完善了这一理念，强调每个发展中国家都应该在完善的政策、法律和监管框架下实现普惠金融的目标。普惠金融的理念不仅是一种金融服务的创新，更是一种社会公平与包容的体现。

普惠金融体系的构建涵盖了宏观、中观和微观三个关键层面，按照CGAP框架的划分：宏观关注法律与政策框架，中观包括支持性金融设施和服务中介组织，微观则涵盖各类金融服务提供者。这个多层次的结构旨在建立一个全面而有机的体系，以降低交易成本、扩大服务规模，并促进金融服务的透明度。

我国农村普惠金融经历了四个关键阶段：公益性小额信贷试点，公益性小额信贷与商业性小额信贷并重，小额信贷、微型金融与普惠金融并重、推行建立普惠金融体系。从试点开始，逐步实现了公益性小额信贷向普惠金融的演变。当前，我国正致力于建设乡村普惠金融体系，通过宏观政策、中观基础设施和微观服务提供者的有机结合，推动普惠金融在农村地区的全面建设。2015年发布的规划更是为此设定了明确的目标，强调建立与全面建成小康社会相适应的普惠金融服务和保障体系。

互联网金融的兴起为普惠金融开辟了新的道路。在这一发展潮流下，农村金融和互联网金融机构开始加强线上服务，利用大数据分析技术拓展了普惠金融服务的广度和深度。通过线上线下相结合的方式，这些机构能够更有效地发放贷款，并通过加盟商网络覆盖更广泛的客户群体和实施风险控制，从而实现收益的分享。

2.技术层面:"互联网+金融"服务"三农"

互联网与各行业的融合已成为当今中国经济发展的一大特征,推动了新兴产业的创新和传统产业的转型。在这个背景下,国家提出了"互联网+"战略,将互联网与各领域深度融合,为经济发展注入新动力。在新常态下,利用互联网金融开拓县域市场,对于推动农业升级、促进农民增收致富、促进农村全面发展具有重要意义和深远影响。

当前农村金融市场呈现多元化的业务类型,主要包括传统金融互联网服务、涉农电商与金融服务、产业链与在线金融服务,以及新兴网络金融服务。这反映了不同主体在农村金融领域的多样化探索与实践。传统金融机构通过互联网化服务"三农",互联网巨头通过"涉农电商+金融"服务,农业龙头企业通过"产业链+在线金融"服务,新兴网络金融服务如P2P、众筹则带来了更加创新的金融形式。

(1)传统金融机构。以商业银行为代表,正在积极进行农村金融互联网化服务,特别是关注"三农"领域。这一转型以农业银行、邮储银行等为代表,由传统的1.0重资产模式逐渐向"线下网点+在线金融服务平台"联动的2.0轻资产模式演进。核心发展方向包括利用移动金融改善农村支付环境,通过涉农电商平台提供综合金融服务,以及依托大数据支持网络贷款服务。

(2)"涉农电商+金融"服务。由互联网巨头如阿里巴巴、京东等引领,为农村地区提供综合的县域电商服务,涵盖产品展示、交易、营销、配送和资金结算等环节,并在其中嵌入了金融服务,如小额信贷、投资理财等,为农民和农业企业提供更便捷、高效的金融支持。阿里巴巴的千县万村计划以及京东的"3F"战略是这一模式的典型案例,通过整合电商和金融资源,推动了农村地区的经济发展和农业产业升级。

(3)"产业链+在线金融"服务模式。以农业龙头企业为主导,通过互联网技术对产业链进行整合,从而缩短流通环节,为整个产业链上的各环节提供更便捷的金融服务。这不仅为企业带来了新的利润增长点,也促进了农业产业的升级和优化。以大北农公司为例,通过猪联网、农信商城、农信互联三大平台的构建,形成了一个完整的农业产业链互联网金融生态圈，为农业龙头企业提供了更为全面、高效的金融支持，推动了农村经济的可持续发展。

（4）新兴网络金融服务。以 P2P（peer-to peer，P2P）、众筹等模式为代表，正逐步涉足农村金融领域，为农业发展提供了新的融资渠道。这些服务不仅包括面向贫困农户的公益型产品，也有针对农民生产和发展需求的产品。例如，一些农产品众筹平台通过科技手段进行产品推广和销售，解决了农场资金短缺和销售渠道不畅的问题，同时为投资者提供多重投资收益。这些平台成为"互联网＋农业＋精准扶贫＋科技金融"的典范，为我国农村经济的发展注入了新的动力。

第三节 农业科学技术管理

一、农业科学技术管理概述

（一）农业科学技术概念

农业科学技术涵盖了农业科学和农业技术两个方面，其中农业科学关注于对农业生产和经济再生产过程规律的认知，而农业技术则是在科学原理指导下形成的操作方法和技能。这两者既有着明显的区别，农业科学着眼于认识，而农业技术注重实际应用，又有着密不可分的联系。农业技术是农业科学进步的基本前提，二者共同构成了农业科学技术体系，推动着农业的不断发展和现代化。

农业科学技术在农业生产中扮演着至关重要的角色，从种植、养殖到贮藏加工，以及生产资料的鉴别，无一不受其影响。其不断进步和应用不仅能够推动农业结构的优化，还大幅度提高了农业效益，为农民创造了更多收入机会。同时，农业科学技术的发展有助于改善和保护农村生态环境，实现了农业和农村经济的持续稳定发展。

当前，全球正经历着一场新的农业科技革命，发达国家依托雄厚科技实力在国际农业竞争中占据主导地位，与发展中国家之间的科技差距不断拉大。在这紧迫的背景下，中国农业发展面临着重大挑战，但也蕴含着巨大的潜力和机遇。为了迎接这一挑战，中国需大力推动科技创新，实现农业科学技术的飞跃进步，以确保农业在新一轮科技浪潮中保持竞争力，实现可持续发展。

（二）农业科学技术管理概念

农业科学技术管理是指在农业领域中，通过科学、技术和管理手段，对农业生产过程进行规划、组织、协调和控制，以提高农业生产效益、可持续发展和农业产业的竞争力。这一概念涵盖了科技创新全过程的规划、监督、指导和评估，旨在确保农业科技的高效利用、推广和应用，从而提高农业生产的效益、可持续性和农民的生活水平。农业科学技术管理是为了更好地整合、运用和发展农业领域的科学技术，推动农业现代化和可持续发展而产生的一项关键管理实践。

（三）现代农业科技发展的任务

在21世纪，我国农业科技的主要任务包括为农产品增产提供可靠技术支持，特别是保障粮食安全；为调整农业和农村经济结构、提高整体效益、增加农民收入提供强有力技术支撑；为生态环境建设提供全面技术服务；为提高我国农业的国际竞争力奠定坚实技术基础。

（四）现代农业科技发展的重点

第一，作物良种科技行动的实施应聚焦于培育和产业化优质高产作物新品种，推动种植业结构的战略性调整。通过开发成本效益高的增效技术，促使种植业向优质高产高效的方向发展，进而实现生产和产品标准化、区域化布局，最终达到种植业经营的产业化目标。

第二，为推动畜牧水产业的现代化发展，应实施优质高效畜牧水产科技行动的战略。通过在品种选育、饲料开发、设备研制、疫病防治等方面进行技术研究，加速实现畜牧水产业的专业化、规模化生产。建立质量检测体系则有助于提升产品标准，推动整个产业向更高水平迈进。最终目标是全面发展畜牧水产业，积极开拓国际市场，使其在全球范围内取得更大的竞争优势。

第三，为促进农村经济发展和提升农民收入水平，农产品加工科技行动的实施至关重要。通过加速农产品加工业的科技进步，不仅可以提高生产效率和产品质量，还能推动农业产业结构优化和提升附加值，从而培育新的经济增长点。此外，加工原料基地的建设和技术装备的现代化也是关键，它们有助于提高资源利用效率，降低生产成本，促进农产品加工业的可持续发展。同时，继续建设星火技术密集区，为农业产业提供更多的技术支持和创新动力，推动农业产业升级，进一步巩固和拓展农村经济的发展基础。

第四，在面对生态和农业可持续发展的挑战时，充分利用生物的遗传潜力成为关键。通过专注于研究和开发天然林保护与恢复、水土保持、退耕还林还草以及节水灌溉技术和设备，可以为改善生态环境创造有力的技术支撑。

第五，通过实施农业高新技术研究与产业化科技行动，推动传统农业技术的转型升级，从而提升整体农业科技水平。着眼于生物技术和信息技术的发展，加强了相关研究与开发工作，培育了一批具有自主知识产权的农业科技企业。这一举措不仅带动了农业产业的升级，还显著提升了我国在国际农业领域的竞争力。

第六，农业区域发展科技行动着眼于开发区域优势产业和推动特色农业的发展，为不同地区的农业发展提供有针对性的支持。尤其在西部地区，强调加速农业结构的调整，运用先进科技促进资源的合理开发和深度加工，从而稳定农村经济的发展。建立具有西部特色的农业科技产业示范基地和区域性支柱产业成为推动西部经济发展的关键措施。通过科技的引领和产业的培育，不仅实现了农业的现代化发展，同时也为西部地区经济的全面提升打下了坚实基础。

第七，为增强我国农业科技的实力和未来可持续发展的后劲，国家正在积极实施农业科技能力建设行动。通过多途径的支持，包括国家基础性重大项目计划、攀登计划、国家自然科学基金等，加强农业基础研究和基础性工作。这一系列措施不断提高了我国农业科技的自主创新能力，推动农业领域更好地适应和引领时代潮流。

第八，为提升农业领域的人力资本，国家实施了人才培养科技行动。该行动旨在加速培养各类农业科技人才，包括学术领域的带头人、农业技术推广人员、农业科技企业家、高素质农民以及农业科技管理人才等。

（五）农业科学技术管理的内容

1.农业科学技术管理的主要特征

（1）综合性和系统性。农业科学技术管理需要综合考虑整个农业生产过程，包括种植、养殖、农产品加工等多个环节，形成系统性的管理策略，确保农业产业链的高效协同运作。

（2）科技前瞻性。农业科学技术管理必须具备前瞻性，及时引入和应用最新的科技成果，以适应不断变化的市场需求和环境条件，保持农业生产的竞争力。

（3）灵活性和适应性。管理策略应具备灵活性，能够因地制宜地制定，以满足不同地区和农业生产环境的需求。同时，在考虑多种因素的情况下做出智能决策，适应多变的条件。

（4）信息化和数字化。利用信息技术实现对农业科技的信息管理、数据分析和智能决策，进而提高管理效率，降低生产成本，推动农业的数字化转型。

（5）产学研结合。促进产业界、学术界和研究机构之间的合作，实现产学研相互支持，以推动科技成果更好地转化为实际生产力，促进农业产业链的发展。

（6）可持续发展性。强调环境友好和资源合理利用，确保农业生产在长期内能够稳健发展，从而防止对生态环境造成不可逆转的损害，注重可持续农业的发展。

2.农业科学技术管理的内容

（1）科技研发规划。制定农业科技发展规划，明确研发方向、目标和重点领域。规划中应考虑不同地区、作物和养殖品种的差异，确保科技研发的全面性和适应性。

（2）科技成果转化。推动科技成果向实际生产力转化，促进科技创新在农业领域的应用。建立科技成果转化机制，加强科技与产业的衔接，提高技术的实用性。

（3）农业科技推广。设计和实施农业科技推广计划，将研究成果传递给广大农户。制定培训计划，提升农民对新技术的接受和应用能力。

（4）信息化建设。建设农业科技信息平台，整合、存储和分享农业科技信息。运用先进的信息技术，实现数据分析和智能决策，提高管理水平和效率。

（5）人才培养与管理。实施人才培养计划，加速培养农业科技人才，包括学术带头人、农业技术推广人才、农业科技企业家等。建立科技人才管理体系，激励人才的创新和团队协作。

（6）政策支持与引导。制定和实施相关政策，支持农业科技的发展和创新。提供财政和税收激励，鼓励企业和研究机构参与农业科技工作。

（7）国际合作与交流。加强与国际组织、外国科研机构的合作，共享科技资源和经验，参与国际农业科技交流，推动我国农业科技与国际先进水平接轨。

（8）监测与评估。建立科技成果的监测和评估体系，定期对农业科技的应用效果进行评估。根据评估结果，及时调整和优化科技管理策略，提高管理的科学性和实效性。

二、农业科学技术创新

农业发展的关键在于农业科技的不断进步与创新。农业科技创新被定义为一个包括科学技术知识创造、流通和应用的全过程。要实现农业科技理论与知识的不断创新、推动农业新技术的应用，关键在于建立健全的农业科技创新体系。这一体系的完善将为加速农业技术进步提供必要支持。

（一）农业科技创新的主要任务及方向

1.农业科技创新的主要任务

该任务的核心在于不断加快关键技术的研发与推广，特别是要充分整合信息技术、生物技术和传统农业技术，重点突破优良品种培育和旱作节水农业等关键领域，以提升农业生产效率和质量，实现农业可持续发展。

2.农业科技创新的方向

第一，促进从种植、养殖、加工到销售的全产业链一体化发展，通过科技手段提升每个环节的效益，推动农业全产业链的智能化和高效化。第二，建立数字化农业生态系统，整合信息、智能设备和数据分析，实现全方位、全过程的智能农业管理，推动农业向数字经济转型。第三，关注全球农业可持续性发展，推动绿色农业、有机农业和生态农业的国际合作与发展，共同应对全球性的农业挑战，包括气候变化、资源稀缺等问题。第四，推动农业与新兴技术的深度融合，包括人工智能、区块链、大数据等，促进农业生产、管理、销售等方面的全面创新。第五，强调农业与生态环境的协调发展，推动农业生产方式朝着更为环保、生态友好的方向演进，维护生态平衡。第六，通过科技手段加强全球农业食品安全监测体系，提高农产品质量与安全水平，确保全球食品供应链的可持续性。

（二）加快农业科技创新体系建设的途径

1.创新机构

（1）建立协同创新机制。设立联合研究中心、实验室或平台，整合不同领域的创新机构，包括科研机构、高校、企业等，促使资源共享、信息交流，形成协同创新的氛围。

（2）鼓励跨学科合作。建立多学科合作机制，鼓励农业、生物学、信息技术等领域专家和研究人员进行深度合作，促进不同领域知识的交叉融合。

（3）推动技术转移机构建设。设立技术转移机构，将科研成果快速转化为实际生产力。这些机构可以协助科研机构与企业对接，促进科技成果的商业化应用。

（4）加强产学研用衔接。鼓励创新机构与农业企业建立密切联系，通过合作研究、人才交流等方式，促进科研成果更好地服务于实际农业生产。

（5）建设示范基地。在农业科技创新机构周边建设示范基地，用于验证和展示新技术、新模式，为农民提供实践经验，推动农业科技的快速推广。

（6）设立创新资金支持。提供资金支持，鼓励创新机构进行农业科技创新研究。这包括政府拨款、科研项目支持、产业资本等多渠道的资金支持。

（7）建设数字平台。建立农业科技创新的数字平台，用于数据共享、信息传递，提高科研效率，促进科技创新的全面发展。

2.创新机制

（1）建立联合研究平台。设立跨部门、跨领域的联合研究平台，整合政府、高校、科研院所和企业等资源，促进协同创新，加快科技成果转化。

（2）设立创新基金和激励机制。政府可以设立农业科技创新基金，鼓励企业和科研机构投入资金，支持农业科技创新；同时建立激励机制，奖励在农业科技创新方面取得突出成果的个人和团队。

（3）促进技术转移与转化。建立技术转移机构，加强科技成果的推广和转化，引导企业将先进技术应用于农业生产，并提供相应的政策支持和奖励。

（4）加强科技成果评价和监管。建立科技成果评价体系，加强对农业科技创新成果的评估和监管，确保科技成果的质量和实用性。

（5）加强人才培养和流动。加大对农业科技人才的培养力度，鼓励人才流动和交流，促进不同地区、不同领域的科技人才相互借鉴、合作，推动科技创新。

（6）关注农民需求和反馈。建立农民参与农业科技创新的机制，听取农民的需求和反馈，引导科技创新更贴近农民生产实践和市场需求。

3.创新资源

（1）设立创新基金和孵化器。政府可以设立农业科技创新基金，吸引企业和社会资本参与，用于支持农业科技创新项目。同时，设立创新孵化器，提供创业支持、技术转移等服务。

（2）推动科技创新券制度。引入科技创新券制度，通过政府发放创新券，鼓励农业企业购买科技服务，激发企业参与科技创新的积极性。

（3）加强资金支持。提供更多的资金支持，包括政府拨款、企业投资、风险投资等，用于支持农业科技创新项目的开展，推动农业科技创新。

（4）引入风险投资。吸引风险投资机构参与农业科技创新，提供资金支持，降低科技创新的财务风险，推动更多的创新项目落地。

（5）发展农村创客空间。在农村设立创客空间，鼓励农民、科研人员和企业家共同参与创新项目，促进本土农业科技创新。

4.创新环境

创新环境对于农业科技创新的重要性不言而喻，从法律、政策、市场、服务等多个方面入手，有助于推动农业科技的产业化、商品化，并将科技成果转化为实际财富。同时，政府需要在宏观调控的同时加强市场引导作用，促进科技活动更快地融入市场。在管理制度方面，需要加大调整力度，建立公正、公平的评审、验收和奖惩制度，以激励科技人员的创新活力。此外，农业科技创新也需要站在国际化的高度，积极参与国际合作，拓展技术贸易，增强国际竞争力。

三、农业技术推广的管理

（一）农业技术推广管理的概念

农业技术推广管理是指在农业领域中，组织和协调各种资源，运用一系列科学、合理、有效的手段，促使农业技术得到广泛应用和推广的管理过程。该过程旨在确保农民更广泛地了解、接受和采用先进的农业技术，以提高农业生产效益、保护环境、促进农村可持续发展。

（二）我国农业技术推广管理存在的主要问题

我国农业技术推广管理面临多方面挑战，包括资金短缺、推广体系不够健全、农民对新技术的接纳能力差等问题。随着加入WTO，农业领域的矛盾更加显著，同时技术市场和科技企业发展较为缓慢。为了促进农业发展，提高科技成果转化率，必须着力改善和强化农业技术推广管理工作。

（三）我国农业技术推广管理的主要任务

农业技术推广管理的主要任务是在宏观层面促进和引导农业技术的广泛应用，以提升整个农业生产体系的效率、可持续性和现代化水平。

一是确保足够的资金投入和政策支持，以推动农业技术推广活动。通过政府、农业部门等渠道提供资金，制定激励政策，鼓励科技企业、农民和农业机构积极参与技术推广。

二是构建健全的农业技术推广体系，包括完善的信息传递、培训体系和服务网络。建立科技示范基地，推广成功的先进农业技术，形成科技创新的示范效应。

三是加强农民培训，提高他们对新技术的认知水平和操作能力。通过农技人员的指导，使农民更好地理解、接受和运用现代农业技术，提高农业生产水平。

四是加强农业技术人才的培养，确保有足够高素质的专业人员参与推广管理工作。与科研机构建立紧密合作，促进科研成果快速转化为实际应用。

五是制定相关政策法规，明确科技推广的方向和目标，为推广管理提供制度保障。及时调整政策，以适应农业发展的新需求和新变化。

六是强调市场导向，促使农业技术推广更好地适应市场需求。同时，积极开展国际合作，吸引国外先进农业技术，推动我国农业技术与国际接轨。

七是建立科学的监测与评估体系，对推广效果进行定期评估，及时发现问题并加以解决，确保推广管理的有效性和可持续性。

（四）农业技术推广的程序

1.识别推广对象和需求

首先，确定推广的具体对象，可能是特定地区的农民、某一农业产业或特定的农业技术。同时，识别目标群体的实际需求，以确保推广活动的针对性。

2.技术筛选与评估

从科研成果中筛选出适用于推广的农业技术进行科学评估，考察技术的先进性、实用性、经济性和环境友好性等方面，确保选用的技术是可行且具有实际效益的。

3.制定推广计划

基于识别的推广对象和技术，制定详细的推广计划。计划中应包括推广的时间表、地域范围、推广手段、预期效果等内容。

4.培训和教育

为农民、农业从业者和相关人员提供培训和教育，使其了解并掌握新技术的操作方法、优势和风险。培训可以通过课堂教学、现场示范等形式进行。

5.示范推广

在特定地区建立农业技术示范基地，展示新技术的实际效果。农民可以通过参观示范基地，亲身体验和学习新技术的应用。

6.推广宣传和传播

利用各种媒体和渠道进行广泛的宣传和传播，包括电视、广播、报纸、社交媒体等。通过有效的传播手段，提高农民对新技术的认知度和接受度。

7.建立反馈机制

建立有效的反馈机制，收集农民在实际应用中的问题和建议。通过反馈信息，及时调整推广策略，提高推广效果。

8.评估与调整

定期对推广效果进行评估，分析推广活动的成效和存在的问题。根据评估结果，及时调整和优化推广计划，确保推广活动的持续改进。

（五）农业技术推广的管理措施

1.加强政策法规建设，保证农技推广事业健康发展

《中华人民共和国农业法》和《中华人民共和国农业技术推广法》是我国农业推广工作的重要法律依据，为保障农业技术推广机构的稳定运作和农技推广体系的完善起着关键作用。为进一步加强农业科技产业的发展，还需要制定一系列规定，并将其与相关的法律法规体系相配套，逐步实现农业科技产业化发展的法治化进程。

2.加大政府财政支持力度，增加农技推广资金投入

政府应继续组织并强化"丰收计划"等国家重大推广项目的实施，通过建立农业技术推广专项基金、增加财政农资投入等措施，逐步提高资金支持力度。同时，利用信贷资金、社会集资和农业部门经营收入等多种渠道筹集资金，为农技推广提供更多支持。

3.加强推广体系建设，更新观念和鼓励创新

农技推广体系的重要性在于其社会公益性职能以及对科教兴农战略和农村经济结构调整的支撑作用。政府应建立公益性的农技推广队伍，根据市场经济发展的要求，更新观念并进行机制创新，将服务范围由产中向产前、产后延伸，由单项向综合服务延伸，利用技术和信息引导农民参与农业产业化经营，从而推动农业的现代化发展。

4.加大科学普及和宣传力度，利用多种方式加快人才培训

农业广播学校发挥着重要的作用，通过深入农村进行科普宣传，提升农民科技素养。同时，学校组织技术推广示范基地之间的相互观摩和交流，促进农业技术的传播和应用。为进一步推动农村发展，学校开办农民科技企业

家培训班和不同层次的农业专业技术人才培训班，为农业领域培养具备实践经验和理论水平的专业人才。

通过与高等农业院校和中等农业学校的合作，农业广播学校采用定向招生方式，培养基层技术推广人才。这一举措旨在为农业推广专业注入新鲜血液，培养一批具备理论水平和实践经验的高级农业推广专家。

5.发展和引导农业技术市场，规范农业技术推广市场行为

加强农业技术市场建设是推动农业现代化的关键一环。通过为技术转让提供便利条件和措施，促进科研成果的市场化，可以加速农业技术的应用和推广。同时，通过发布技术信息、鼓励企业参与推广活动，并规范市场行为，可以有效防范坑农害农等问题，促进农业技术的良性循环和可持续发展。

第三章 农业经济的微观组织

第一节 农业中的产权结构与经济组织形式

一、产权与产权结构

(一)产权

产权是指对于一种资源、资产或财产的拥有权和使用权。拥有产权意味着对特定资源或财产享有一定的支配权,可以决定如何使用、转让或处置这些资源。

在经济学和法学领域,产权被认为是经济体系中的重要制度,直接关系到资源的配置和经济活动的进行。不同的产权制度会影响市场经济中的激励机制、资源分配效率以及经济主体的行为。良好的产权制度有助于鼓励创新、提高生产效率,而不完善或不清晰的产权制度可能导致资源浪费和经济不稳定。产权包括财产的所有权、使用权、收益权和处置权。

1.所有权

所有权是指对某种资源、财产或权益拥有最高支配权和控制权的权利。拥有所有权的人或组织有权使用、转让、租赁、抵押或销毁该资源,同时也有权享有该资源所产生的收益。所有权是一种最基本的权利形式,它赋予了持有者对特定资产的最终掌控和支配权,使其能够在法律框架内对这些资产进行自主决策。

2.使用权

使用权是指在特定范围内,个人或组织对某种资源或财产的使用和享有的权利。使用权通常是由所有权人或其他相关法定权利人授予的，并受到法律和契约的规范。

使用权的范围可以涵盖多个方面，包括资源的利用、占有、收益等。使用权的具体内容和期限可以通过契约或法律规定来界定，以确保权利人在使用资源时的权益和义务得到明确。使用权并不转移资源的所有权，仅仅是赋予了权利人在一定条件下使用和享有资源的权利。

3.收益权

收益权是指个人或组织在特定资源、投资或资产上享有经济利益的权利。持有收益权的人可以在一定条件下获得相应资产所产生的收益，这些收益可以包括利息、股利、租金、特许权使用费等。

收益权通常是在特定的协议或契约下确立的，这些协议规定了权利人在一定时间内或特定条件下可以获得的经济回报。在金融领域，股票、债券、基金等证券的持有者就具有相应的收益权。在房地产领域，租赁协议赋予房东租金的收益权。

4.处置权

处置权是指对某一资产、财产或权益进行处理、转让或处分的权利。持有处置权的个人或组织有权在一定条件下决定该资产的用途、转让方式，以及取得的收益。这一权利通常受到法律和合同的规定，确保在合法范围内行使。

处置权的范围可以涵盖多种形式，包括不动产的出售、动产的转让、知识产权的许可、股权的转让等。这一权利的行使可能受到一些限制，例如法律法规的规定、合同中的条款，或者其他相关方的同意。

所有权和使用权被认为是主要的权能，而收益权和处置权则在其基础上衍生。产权的属性体现在其经济实体性、可分离性和流动独立性等方面。产权不仅具有激励和约束的功能，还在资源配置和协调方面发挥重要作用，是经济体系正常运作和市场有效运转的基础。

（二）产权结构

产权结构是指在一个经济体系或社会中，不同主体对于资源、资产或权益的所有权、使用权、收益权和处置权的分配和组合情况。这涵盖了对特定财产或权益的各种权利形式的组合，反映了社会经济关系中各方之间的权利和责任分配。

在一个复杂的经济系统中，产权结构可能涉及多个主体，包括个人、企业、政府等。这些主体之间的产权关系会影响资源的配置、生产关系、市场运作等方面。产权结构的合理性和清晰性对于社会和经济的稳定和发展至关重要。现阶段我国农业的产权结构，按照所有权的不同划分为以下类型。

1.国有产权

农业中的国有产权指的是土地和农业资源等在国家所有、控制和管理下的产权形式。在一些国家，特别是在计划经济体制下，国家通常拥有对农业土地和一些关键农业资源的所有权。这意味着农地等资源的使用、配置以及农业经济活动都受到国家的直接监督和管理。

国有农业产权在某些国家可能表现为农地的国有、农业生产资料的集体所有等形式。这种产权结构下，政府通常有权制定土地政策、农业生产计划，并对农业资源进行分配和管理，以促进农业生产、保障粮食安全以及实现国家的农业发展目标。

然而，随着一些国家经济体制的改革，农业产权形式也可能发生变化，逐渐向农业土地流转、农业企业化等方向发展。在这个过程中，农业中的国有产权可能会发生调整，以适应市场经济的需要和提高农业效益。

2.集体产权

农业中的集体产权指的是农村集体经济组织或农民集体对土地和其他农业资源的共同所有权或使用权。这种产权形式在一些国家或地区的农业体制中相当常见，尤其是在社会主义国家或传统农业社会中。

在集体产权制度下，农村集体组织（如农村集体经济组织、农业合作社等）或农民集体通常共同拥有或使用一定范围的土地、水源、林地等农业资源。这种制度旨在强调农村集体的合作和共享精神，促进资源的合理利用和农业生产的协同发展。

集体产权在农业中可以表现为农村集体土地所有制、农业合作社的资产共有等形式。农民通过集体组织，共同参与农业生产，共享资源和收益。

3.个体产权

农业中的个体产权是指个体农民对土地、农业生产资料以及其产生的农产品等的独立所有权或使用权。在个体产权制度下，农民拥有对其耕地、牲畜、农具等农业资产的直接支配和控制权，可以自主决策如何种植、养殖、经营等农业活动。

这种产权形式强调了农民的个体经营权和私有产权，为农民提供了更大的自主性和激励，使其能够根据市场需求和个人经验做出农业经营决策。在这种制度下，农民通常有权自由买卖、租赁或抵押自己的土地和农业资产。

个体产权制度在一些国家和地区中是市场经济体制下农业的主要组织形式。这种制度有助于提高农业生产的效率，激发农民的生产热情，促进农业的现代化和可持续发展。在一些农业改革中，推行个体产权制度通常被视为提高农业生产力和促进农村经济发展的一项重要举措。

4.私营产权

私营产权在中国农业中体现为农户租赁大规模土地，尤其是对于较大面积的荒地进行农业生产。这种产权形式以私人所有为基础，通过雇佣劳动实现规模化生产，为提高农业生产效益和推动农村经济发展提供了一种有效的组织方式。

5.联营产权

农业中的联营产权是指两个或多个经济主体共同拥有、控制和管理农业资源、生产资料以及生产活动的产权形式。这种产权结构下，各方之间存在一定的合作关系，共同分享资源、责任和收益。

在联营产权中，各参与方可以是农业企业、合作社、农户等，它们共同参与农业生产经营，分享风险与收益。这种形式的产权合作通常以合同或协议形式确立各方的权利和义务，以便更好地组织和协调农业生产活动。

联营产权制度的优势在于能够集聚不同主体的资源和技术，提高生产效率，共同应对市场风险。此外，联营产权还有助于推动农业现代化和可持续发展，通过合作形式实现资源的优化配置。

6.其他产权

除上述产权类型外的其他类型，如中外合资等。

二、现代农业产权结构的基本特征

（一）产权主体多元化

农业中的产权主体多元化是指在农业经济体系中，参与产权关系的主体呈现出多样化的特征，包括个体农户、农业企业、合作社、政府等多种组织形式。这种多元化反映了不同层面和角度参与农业生产、经营和管理的各种主体。

（二）产权关系明晰化

农业中的产权关系明晰化是指通过承包、租赁合同等方式，使农业生产资料的所有权、使用权、收益权和处置权等权利关系变得清晰、透明、有序。减少潜在的纠纷，提高农业资源的有效配置效率，促进农业可持续发展。

（三）收益权实现多样化

在现代农业中，随着生产资料所有权与使用权的分离，收益权的依据发生了变化。不仅所有权者在收益分配中发挥着关键作用，也使得使用权者成为重要的收益参与者。此外，劳动、资本、技术和管理等要素根据其在生产经营中的贡献，也获得相应份额的收益权。

（四）产权交易市场化

在市场经济背景下，现代农业通过产权市场实现生产资料的所有权和使用权的交易。这一公开、公平、公正的交易机制不仅保障了各方的正当权益，还为农业生产资源的合理配置和有效利用提供了良好的条件。

三、农业经营组织的形式

农业经营组织是指为实现农业生产、经营、管理等目标而组成的特定机构或团体。这些组织包括农业企业、农业合作社、农业经济组织、农业协会等形式,其目的是更有效地组织和管理农业生产活动,提高农业生产效益,满足市场需求。

(一)农业集体经济组织

农业集体经济组织是以社区农用土地和全体农户为基础构建的政府主导型合作经济组织。通过实行"统分结合、双层经营"方式,它在土地集体所有和农户承包经营的基础上形成了一种特殊的合作模式。其独特之处在于既不同于企业法人、社会团体,也不同于行政机关,具有独特的法律性质和政治性质。因此,农业集体经济组织也被称为社区集体经济组织,在农村经济发展中扮演着重要角色。

社区集体经济组织作为农民联合与合作的一种形式,在发展中遭遇多方面问题。其中,行政色彩强、合作属性淡化、基层政府和自治组织职能不清晰、封闭性强、排他性显著等问题,制约了其适应市场和有效服务农户的能力。这些弱点使得社区集体经济组织难以有效组织农业生产,引导农民进入市场,需要在发展中加以解决和改进。

1.农业集体经济组织的产生与演变

我国传统的农业集体经济组织起源于新中国成立后的合作化运动。在这一历史背景下,个体农户在政府引导下,通过将生产资料(土地、较大型农具、耕畜)交出,形成了高级农业合作社。1958年8月,中共中央发布《关于在农村建立人民公社问题的决议》,提出将高级农业合作社合并为人民公社,实行"政社合一"体制,使人民公社既成为农村社会的基层单位,又兼具生产组织和基层政权的功能。人民公社的特征在于"政社合一"和集体统一经营,成为当时计划经济体制下农村政治经济制度的主要代表。这一时期的农业集体经济体制构建了集体所有制和农业社会主义的框架,是中国农村发展历程中的重要组成部分。

1958年底,我国基本实现了一乡一社的人民公社建设。初期,人民公社实施全社统一核算、分级管理,其中生产大队和生产队层级分明。1962年9月,《农村人民公社工作条例修正草案》的颁布,正式确立了生产队作为基本核算单位的地位。按照"三级所有,队为基础"的原则,生产资料划分为公社、生产大队和生产队三个级别所有,而生产队则成为基础单位。在这一体制下,除了公社和生产大队拥有一些大型农业机械和水利设施外,土地、耕畜和农具都归属于生产队所有。生产队实行独立核算和自负盈亏,直接组织生产,进行收益分配,采用按劳动工分计酬的方式,同时保留了社员的自留地权利。

生产队作为集体经济活动的主体,在人民公社体制中扮演着核心角色。其拥有农村大部分耕地、基础设施和生产资产,是农业经济活动的基本单位。相较于人民公社和生产大队,生产队拥有更广泛的资产,包括土地、农具等主要生产资料。因此,一般所说的集体经济组织通常指的就是生产队。生产队作为集体经济组织,在农村承包地、林地以及其他生产资料方面具有实际控制权和所有权。

2.集体经济组织的现状

在党的十一届三中全会后,随着改革开放的推进,我国农村开始逐步实行家庭联产承包责任制。原先由集体统一经营的牲畜、大型农具、耕地等生产资料被分配给个体农户,导致农业经营模式由集体集中统一转变为一家一户的形式。1982年《中华人民共和国宪法》规定:"将人民公社原来政经合一的体制改为政社分设体制,设立乡人民政府和乡农业合作经济联合组织;在生产大队的地理基础上,设立自然村,在村设立村民自治组织——村民委员会。"

自1984年底我国完成由社到乡转变后,农村集体经济组织面临重大变革,原有的集体生产经营模式基本消失,村级经济组织演变为服务型组织,失去了生产功能。2013年,中央文件提出探索多种有效的集体经济形式,以壮大集体经济实力。随之,出现了村办集体企业、村办股份合作企业、农民专业技术协会,以及农户与公司联合体等多种形式,这些组织在盘活集体资产、创新农业经营模式等方面发挥了重要作用。

2015年的"二号文件"明确了发展农村集体经济的关键举措,即推动农村集体产权制度改革。其核心理念在于赋予农民更广泛的财产权利,通过清晰定义产权归属、完善集体资产权能,从而激发农村各类生产要素的潜能。这一改革旨在建立一个更符合市场经济要求的农村集体经济运营新机制,为农村经济的可持续发展创造更有活力的环境。

3.农户

改革开放前,中国农村采用人民公社制度,农户家庭成员被视为公社的一部分,在集体生产队的指挥下从事农业生产。而今,在双层经营体制下,农户不仅是农业集体经济组织内部的成员,同时也作为相对独立的经营单位存在。这种体制下,农户家庭直接构成了农业双层经营的基本层次和核算单位,体现了农村经济体制的深刻变革与适应市场需求的调整。

(二)农业合作经济组织

农业合作经济组织是由农业小生产者组成的互助性组织,其目的在于通过自愿互助和平等互利的方式,共同从事特定的经济活动,以改善各自的生产和生活条件。这些组织在农村家庭承包经营的基础上形成,包括农产品的生产经营者、农业生产经营服务的提供者和利用者,具有自愿联合和民主管理的特色。

中国社会中,农民作为初级农产品生产者,是最庞大的弱势群体之一。为了提升农民的组织化水平,成立了有效的农业合作经济组织。这些组织不仅承担了政府和社会的职责,还为农村社会的繁荣和稳定做出了积极贡献。目前,我国的农业合作经济组织呈现多种类型,发挥着促进合作、提高效益的重要作用。

1.社区性合作经济组织

社区性合作经济组织在农业中是一种基于地方社区的协作体系,旨在促进当地农业发展、提高农民收入、增强社区经济活力。这些组织通常由社区内的农民、农产品加工者、乡村企业等参与形成,以集体协作的方式实现资源共享、技术交流和市场拓展。

2.农民专业合作组织

农民专业合作组织是在农业领域中兴起的一种合作形式,其核心特点是由农民自发组成,通过专业领域的合作来提升农业生产效益、改善农民收入和推动农业现代化。这种组织形式强调农民在特定专业领域的协作,例如生产、加工、销售等,以实现资源共享、技术创新和市场拓展。

3.农村股份合作制企业

农村股份合作制企业是指在农村地区，农民以个人名义或农户为单位，通过持有股份的方式，参与合作形成的企业组织。这种制度旨在通过引入股份制度，激发农业经营主体的积极性，提高企业的经济效益，加强农村经济组织的现代化管理。

农业合作经济组织是推动农户融入市场的核心力量，是引领农村经济发展的新兴实体，是改进农村社会管理的创新性平台。

（三）农业企业

农业企业是指在农业领域从事生产、加工、销售等农业相关活动的经济实体。这些企业通过各种形式的组织和经营，致力于提高农业生产效益、优化资源利用，同时推动农业现代化和可持续发展。以下是农业企业的一些主要分类：

（1）农产品生产企业。从事农田、林地、牧场等农业资源的开发和农产品的生产，包括种植业、养殖业等。

（2）农产品加工企业。主要进行农产品的初级或深加工，生产加工过程中的各类食品、饮料、调味品、畜产品加工等。

（3）农业服务企业。提供各类农业服务，包括农田管理、农业技术咨询、农业保险、农业机械服务等。

（4）农产品流通企业。从事农产品的收购、仓储、运输、批发和零售等环节，将农产品连接生产者和消费者。

（5）农业科技企业。专注于农业科技研究、技术创新，提供种子、肥料、农药、农业装备等技术支持产品。

（6）农业金融企业。提供农业贷款、融资、保险等金融服务，支持农业生产、经营和投资。

（7）农村股份合作制企业。以农民个人或农户为单位，通过股份制度合作的企业，多为农产品生产、加工、销售等。

（8）农业生态旅游企业。结合农业资源和乡村风貌，提供农业体验、农家乐、农业观光等服务的旅游企业。

（四）国营农场

国营农场是由国家出资或国有企事业单位投资兴办的农业生产经营单位。这些农场通常属于国有资产，由政府或相关国有企事业单位进行投资、管理和经营。国营农场在推动农业现代化、提高农业生产效益和促进农村经济发展等方面发挥着重要作用。分类方法不同，名称也各不相同。

1.按任务性质分类

（1）一般生产农场。以生产农产品为主，包括粮食、蔬菜、水果、畜牧业等。

（2）良种繁育农场。专注于农作物和畜禽的良种繁育，提供高质量种子和种苗。

（3）教学实习农场。为农业专业学生提供实践机会，促进农业技术培训。

（4）科学试验农场。进行农业科技研究和试验，推动农业技术创新。

2.按经营项目分类

（1）综合性农场。经营农、林、牧、渔等多个领域，实现农业产业的全面发展。

（2）专业性农场。专注于某一领域，如橡胶农场、园艺特产农场等。

3.按生产专业化分类

（1）粮食作物农场。以小麦、稻谷等为主的粮食作物生产。

（2）经济作物农场。以棉花、甘蔗、甜菜等为主的经济作物生产。

（3）养畜（禽）农场。以饲养畜牛、猪、家禽等为主的农场。

（4）水产养殖场。专注于水产动植物的养殖。

（5）特种作物农场和园艺场。以种植茶叶、人参等为主的特种作物生产。

（6）良种繁育农场。专注于农作物和畜禽的良种繁育。

4.按隶属关系分类

（1）由农垦部门管理的国营农场。

（2）由侨务部门管理的华侨农场。

（3）由军队管理的部队农场。

（4）由司法部门管理的劳改农场。

（5）由农业部门管理的良种场、园艺场和种畜场。

在国营农场管理中，常见的组织结构包括场部和作业区两个层级，以确保有效的农业生产和管理。对于规模较大的农场，引入了分场的概念，这成为场部的派出机构，专门负责协调和管理多个作业区。

兵团农场是我国农业中一种独特的组织形式，以苏联模式和军队建制为基础，管理模式类似于部队，具有混合型直线模式的特点。国营农场的运行目标多元，除了承担生产建设任务外，还具备示范农民、屯垦戍边、为国家经济建设积累资金等特殊使命，被视为农业领域的"国有企业"。相较于集体经济组织，国营农场在技术装备、机械化程度、职工素质和生产率等方面表现较优，主要供应社会大宗商品农产品和特色农产品。

（五）其他农业经营组织

除了传统的农业生产经营组织外，还有供销合作社、国有单位以及其他组织和个人从事农业科研和推广的经营性单位。随着家庭承包经营的恢复，农户为了满足社会化分工和协作的需求，以及对抗农业风险的需要，开始寻求联合与合作，涌现出各种新型农业经营组织。在当前阶段，我国农业经营组织主要呈现出联合与合作的两种形式。

一是农民专业协会。专业农协是在《中华人民共和国农民专业合作社法》颁布之前形成的一种市场导向型农村合作组织。它由政府引导或农民自发组织，旨在适应市场经济发展，是农民自愿组织的技术经济合作组织，以提升成员收入为目标，涉及资金、技术、生产、供销等多方面的互助合作。随着法规的颁布，一些专业农协选择重新注册为农民专业合作社。

二是农业产业化经营组织。农业产业化经营是将农业生产企业与其相关部门在供应、生产、销售等方面的活动统一结合的过程。农业产业化经营组织的基础是农户或农产品交易，通过中介组织将自己与市场连接起来，参与农产品的加工和流通，实现农产品在市场上顺利销售的目标。这种组织形式打破了旧的利益分配格局，实现了在流通、加工过程中增值的利润分享，基本形式可以概括为"农户（农场）＋中介组织＋市场"。

第二节 农业家庭经营

农业家庭经营是指农业生产活动由家庭单位负责组织和管理的经营模式。在这种经营方式下，农业生产的各个环节，包括土地耕种、畜牧养殖、农产品加工和销售等，由一个家庭负责经营。这种经营模式通常是小规模、分散的，家庭成员共同参与农业生产的各项工作。

农业家庭经营是许多农村地区主要的农业经济形式，尤其在一些发展中国家，农业家庭经营占据主导地位。这种经营方式通常与家庭内的传统农业技能和经验相结合，但也可能面临一些问题，如资源利用不足、技术水平相对较低、市场信息不畅通等。

一、农业家庭经营大量广泛存在的原因

（一）农业生产的特性决定了农业生产与家庭经营必须密切结合

与现代工业相比，农业生产受制于农业劳动对象的生产发育规律，呈现出季节性、周期性和时序性。这使得农业生产必须按照自然界的时间进行各种作业。农业生产固定在土地上，难以移动，也难以像工业那样集中大量生产条件，因此采用简单协作方式，同一时期作业相对单一，不同时期的作业多由同一劳动者完成。农业生产的协作多为简单协作，适用于多人同时完成不可分割操作的情况。农业生产的季节性和突击性，以及自然再生产与经济再生产的相互交织，使得农业家庭经营成为较为适合的形式。

（二）农业环境的复杂性、不可控性及劳动成果的最后决定性使家庭经营更为合适

农业生产地域广泛，自然条件复杂，且中间产品相对较少，生产成果主要体现在最终产品上。由于农业劳动中难以准确衡量各环节的劳动支出，必须将生产者的各项劳动与最终劳动成果及其分配直接关联，才能有效调动劳动者的生产积极性。在这一方面，家庭经营具备更好的条件。

农业经营面临复杂多变的自然环境，要求具备灵活、及时、具体的管理能力。为实现准确、迅速、灵活的决策，必须将决策权下放到直接生产者手中，将劳动者与经营管理者结合起来，以取得良好效益。农业劳动和经营管理的分散性以及成果的差异性表明，农业家庭经营是一种较为适合的组织形式。

（三）农业家庭经营管理成本最小及劳动激励多样性

家庭不仅是经济组织，还涵盖了血缘、情感、心理、伦理和文化等超经济因素，形成了多方面的纽带。这种互补机制使得家庭成员能够比较自愿地认同整体目标和利益，无须纯经济激励。婚姻、血缘关系带来的稳定性和代际继承机制使农业家庭经营具有长期的预期和持续的自愿协作，表现出其他经济组织所缺乏的激励规则。

（四）家庭成员在性别、年龄、技能上的差别性可实现劳动力的充分利用

家庭经营的实施使得家庭成员能够灵活进行内部分工，实现劳动力的充分利用。家庭劳动者可根据实际情况安排劳动，平时由一人主导，忙时全家协作，必要时可雇佣外来劳动力。农闲时，家庭成员还能外出兼职。这种自然分工的灵活性在农业活动的细碎性中更易实现，相较于严格分工的组织结构更为适应。

农业家庭经营在适应不同生产力水平、所有制形式和社会制度方面表现出灵活性，然而，传统和现代农业条件下的家庭经营存在显著的差异。传统农业家庭经营以自给自足、小规模、手工工具和封闭循环为特征。而现代农业家庭经营则朝着商品化、企业化、规模化、社会化的方向发展，依赖现代科技和外部投入。

二、中国农业家庭承包经营的特点

（一）我国农业家庭承包经营的本质属性

农业家庭承包经营的本质属性在于将农业生产权和经营权委托给家庭，使其成为生产、经营、管理农业资源和生产要素的基本单位。这形式赋予家庭更多的决策权和责任，涉及土地、劳动力、资金、技术等资源的合理配置和利用。这种经营形式旨在激发农户的生产积极性，提高农业生产效益，同时也反映了在农业现代化进程中，通过家庭单位更加灵活地适应市场需求和经济发展的趋势。

农业家庭承包经营作为社会主义经济中集体经济的一部分，与个体或资本主义农业有着显著的区别。在这一模式下，土地属于公有，农户作为承包者拥有土地使用权，而土地的所有权与使用权分离。农户在家庭承包经营中享有收益分配权，除法定和合同规定的缴纳外，其余的收益归农户所有。这形成了集体经济内的一个基本经营层次，并与其他统一经营层次密切结合。

（二）我国农业家庭承包经营的特点

1.分散性与统一性

（1）分散性。农业家庭承包经营体制具有分散性，指的是在经济组织上，农户作为基本经营单元，相对独立地承包土地并从中获取经济效益。每个农户在自己的承包土地上进行农业生产，享有一定的自主决策权和管理权。这种分散性有助于激发农户的生产积极性和创造力。

（2）统一性。农业家庭承包经营体制同时具有统一性，指的是在管理层次上，存在集体经济内部的统一组织和协调。农户作为经营主体，其承包经营受到集体组织的指导和监督，与其他经济组织形成密切联系，实现了经济利益的共享和协同合作。这种统一性有助于协调资源配置，提高农业生产的整体效益。

2.灵活性与计划性

（1）灵活性。农业家庭承包经营体制具有较强的灵活性，主要体现在生产经营决策上。农户作为承包者有相对独立的决策权，能够根据市场需求、气候条件等因素灵活调整农业生产计划。他们可以自主选择种植作物、养殖动物，并灵活应对农业生产中的各种挑战，适应市场的变化。

（2）计划性。虽然农户在承包土地上有一定的自主权，但农业家庭承包经营同样具有计划性。这体现在集体层面，即在整个农村集体经济组织中存在有组织的计划和协调。通过农村集体经济组织的引导和规划，可以实现对农业生产的整体计划，确保资源的合理配置和协同作业，提高整体农业效益。

3.自给性与商品化

（1）自给性。农业家庭承包经营保留了一定程度的自给自足特征。农户在承包的土地上种植粮食、蔬菜和其他生活必需品，以满足家庭日常生活所需。这种自给性体现了农业家庭承包经营在一定程度上能够自给自足，减少了家庭对外部资源的依赖，提高了生活的稳定性。

（2）商品化。与自给自足相对应的是商品化特征，农业家庭承包经营也是农产品的重要生产单位。农户不仅仅种植满足自家需求的作物，还会种植用于销售的商品作物，如粮食、油料、经济作物等。这些农产品会进入市场流通，用于商业交易，为家庭带来经济收入，提高了家庭的生活水平。

4.专业化与兼业化

（1）专业化。农业家庭经营专业化指农户在特定的农业领域或生产环节上进行深度发展和专门化经营。这意味着农户在农业生产中将自身的资源、技术和经验集中投入到特定领域，如种植特定作物、养殖特定畜禽等。通过专业化经营，农户可以提高生产效率和质量，降低成本，获取更多的经济收益。

（2）兼业化。兼业化则是指农户在农业经营之外，同时从事其他非农产业或服务业的经营活动。农户可能会利用农闲时间从事其他行业，如小商小贩、家庭工业制造、务农旅游等。兼业化经营可以增加农户的收入来源，提高家庭经济的多元化程度，减轻农业生产的风险，同时也促进了农村经济结构的多样性和复杂性。

5.企业化与社会化

（1）企业化。企业化指农户在经营管理上采用了类似企业的管理模式和运作机制。这包括规范的生产计划、资金管理、人力资源配置、市场营销等方面的经营活动。农户在承包经营中可能会引入现代管理理念和技术，建立健全农业生产组织结构，提高生产效率和竞争力。通过企业化经营，农户能够更加科学地管理土地和生产要素，实现经济效益的最大化。

（2）社会化。社会化是指农户在农业生产中与社会各方面进行广泛合作与交流，包括与政府、企业、合作社、科研机构、农民专业合作社等各种社会组织的合作。通过社会化，农户能够获取更多的信息资源、技术支持和市场机会，提高自身的竞争力和抗风险能力。同时，社会化也有利于资源的共享和协同作业，推动农业生产的现代化和可持续发展。

三、农业家庭经营的类型

（一）按其在双层经营中的关系划分

1.承包经营型

农业家庭经营中的承包经营型是指农户通过承包土地、自负盈亏的方式，对农业生产进行经营管理。这种经营模式在中国农村改革开放以后逐渐兴起，是农业生产组织的一种形式。

2.自有经营型

自有经营型是农村家庭经营的一种形式，涵盖了农户使用集体和自有土地资源进行经营的范围。在这一模式中，农户以自有资产为基础，独立进行家庭开发经营，强调市场导向和自主决策。

3.承包经营与自有经营结合型

农村经济的转型中，自有经营型在农户经济组织中的占比逐渐上升。多数农户选择将承包经营与自有经营相结合，以适应市场经济的发展和更大程度的自主决策。

（二）按从事农业生产劳动专业化程度划分

1.专业农户经营

农业家庭经营分类中的专业农户经营是指农村家庭以农业生产为主要经营内容，并以此为主要收入来源的经营模式。这类家庭通常拥有较大规模的耕地或养殖场，并投入大量的时间和精力用于农业生产活动。他们采用先进的种植、养殖技术，以提高产量和质量，同时也积极参与市场竞争，寻求更多的销售机会和利润。

2.一兼农户经营

农业家庭经营分类中的一兼农户经营是指农村家庭在农业生产之外，同时兼营其他非农业经营活动的家庭经营形式。这种模式下，家庭成员除了从事农业生产外，还可能经营小商业、服务业、手工业等非农业领域的业务，以增加家庭的收入来源。

3.二兼农户经营

农业家庭经营分类中的二兼农户经营是指农村家庭在农业经营之外，同时从事两种或两种以上的非农业经营活动的经营形式。这种模式下，家庭成员可能在农业领域从事种植、养殖等农业活动，并在其他领域同时开展小商业、服务业、手工业等非农业经济活动，以实现多元化的收入来源。

（三）按家庭经营的组织化程度划分

我国农业家庭经营可分为分散经营型和联合经营型两种模式。分散经营以小规模独立经营为特点，而联合经营包括农户间的相互合作和与社区组织、专业生产者协会等的联合，体现了农业家庭在经济活动中的多元化和合作化趋势。

（四）按家庭经营的商品化程度划分

（1）自给性经营。以自给自足为目的，直接满足家庭成员基本生活消费需求。

（2）商品性经营。为他人生产使用价值，同时为自身获取货币收入，注重交换。

（3）自给性与商品性结合经营。既满足家庭自给需求，又通过商品生产获取货币收入，是自给性与商品性的结合。

（五）家庭经营组织的新力量

我国农业家庭经营在农村经济和现代农业发展的推动下，取得了显著的增长，尤其是出现了一些新型组织形式，如集约化、专业化的家庭农场和专业大户。这为农业现代化注入了新的活力，展示了农业家庭经营逐步走向现代化的势头。

家庭农场作为新型农业经营主体，以家庭为单位，依托规模化、集约化、商品化的经营模式，致力于效益的最大化。通过稳定的土地承包关系，实现高效的生产过程和农产品的市场化，家庭农场为社会提供更多多样化的农产品，同时也推动着农业功能由保障向盈利的演进。

专业大户以其在特定农产品领域的大规模生产和高水平专业技术成为农业现代化的推动者。通过注重规模化经营，他们为农业市场经济的发展提供了有力支持，是农业领域中引领现代化建设的关键力量。

四、农业家庭承包经营制度的稳定与完善

（一）家庭承包经营需要在发展中完善

我国农村经营制度是以家庭经营为基础的双层经营模式，为提高农民的生产积极性、推动农业和农村生产力的发展发挥了积极作用。然而，当前家庭承包经营仍然面临一系列问题，包括规模小、市场适应度不高等方面的弱点，需要进一步发展和完善。

我国家庭承包经营制度面临的问题并非不可克服，而是因为农业现代化水平不高，导致家庭经营仍受传统农业影响。2018年"一号文件"提出一系列有针对性的措施，旨在培育新型农业经营主体、促进农业社会化服务，提升小农户组织化程度，拓展增收空间，改善生产设施条件，以促进小农户与

现代农业的有机衔接，为家庭承包经营的稳定与完善注入新动能。

（二）稳定农村土地承包关系

中国当前及未来"三农"问题仍是紧迫任务，其中土地问题备受关注。农村土地的集体所有涉及国家、集体、农民三方利益，坚持这一原则既有助于维护农民的正当权益，又能促进土地资源的更好配置。

1.巩固和完善农村基本经营制度

通过稳定农村土地承包关系，并将土地承包期限延长30年，政府保障了农民的权益，给予了他们长期稳定的经营环境。同时，完成土地确权登记工作，实现土地信息共享，进一步加强了土地管理的有效性。这一系列举措不仅是农村制度建设的创新，也为中国农村经济的规模化发展提供了重要保障，是农村基本经营制度完善的重要基础。

2.加强土地承包经营权流转管理与服务

在农村土地承包经营中，政府积极引导合法、自主、有偿的土地流转原则，推动承包土地向专业大户、家庭农场、农民专业合作社等方向有序发展，以促进农业规模经营的适度化。同时，鼓励农民通过互惠合作解决承包地块的碎片化问题，为农业基础建设提供支持。此外，为农村承包土地提供金融支持，允许农民参与农业产业化经营，为农业现代化提供了多样化的发展路径。

3.完善农村土地承包法和土地承包经营权纠纷调解仲裁体系

为应对农村土地承包方面的挑战，政府进行了法律体系的修改，旨在确保现有土地承包关系的长期稳定。通过明确定义土地所有权和承包经营权之间的权利关系，重点保障妇女和进城落户农民的土地权益。政府提出了明确的转让机制，鼓励农民自主合法地进行权益转让。同时，建立健全纠纷解决机制，包括乡村调解、县市仲裁和司法保障，以维护土地承包关系的稳定运行。

(三)大力发展农村集体经济

1.多渠道发展壮大农村集体经济

政府鼓励农村集体经济采取有效途径,通过资源变资产、资金变股金、农民变股东等改革,增强集体经济的发展活力和实力。提倡选择具备良好基础、清晰"三资"家底、经济实力的村组建社区性合作社,为村民提供全方位的农业服务,同时壮大村集体经济。政策支持集体经济组织通过入股、合作、租赁、专业承包等方式,与承包大户、技术专业人员、企业等合作,推动农村经济的联合与合作。

2.加强农村"三资"监督管理

为提高农村集体经济组织的资产运营管理水平,政府开展了资产清查、身份确认等工作,以推进集体经营性资产的改革。通过建立"三资"台账,加强对资金、资产、资源的管理和运营指导。同时,加强审计监督,重点关注村干部任期和离任审计、土地补偿费以及农民负担等方面,确保农村集体经济组织的健康发展。

3.稳步推进农村集体经济组织产权制度改革

政府明确了加强农村集体经济组织产权制度的措施,重点关注城中村、城郊村、园中村和具备实力的村。这包括确立村集体经济组织的法人地位,建立清晰的产权制度,以保障各方权益。在条件成熟的村,政府鼓励集体经济组织建立"三资"经营公司,通过市场化运作方式,促使农村集体经济规模扩大、实力增强。

4.加强村级债务管理,逐步化解村级债务

政府的首要目标是制止新的不良债务发生,通过建立长效机制来控制债务。这一机制涉及债务管理、村级集体经济的发展、村级财务管理的规范以及民主监督机制的健全,逐步解决现有的债务问题,为村级经济的健康发展创造稳定的财务环境。

(四)完善新型农业社会化服务体系

为实现中国特色现代农业的建设目标,必须确立健全的农业社会化服务

体系。这一体系应以多元主体、专业化服务、市场化运行为方向，充分发挥公共服务机构的作用。它旨在整合公益性和经营性服务，协调专项和综合服务，为农业提供全方位的支持，推动农村经济的发展。

1.加快健全农业公共服务机构

为推动农业现代化，必须提升公共服务机构的服务水平。这包括改革与建设乡镇或区域性的农业技术推广、动植物疫病防控、农产品质量监管等服务机构，引入激励机制，并鼓励高校参与农村技术推广。同时，要强化水利、林业、气象等基层服务机构建设，全面提升农业社会化服务的质量和水平。

2.积极培育农业专业化社会化服务组织

为适应现代农业和农民分工的发展，必须培育多层次、多形式的农业服务组织。这包括支持各类服务，如代耕代收、统防统治、烘干贮藏等，以提供全方位的支持。鼓励新型农业服务主体创新服务方式，同时推动供销合作社向农业社会化服务延伸，成为更紧密、更高效的服务组织。这有助于提升农业生产效率和服务水平。

3.推进农业服务机制创新

为了提升农业生产效率和服务水平，我们需要积极探索新的农业服务机制。这包括以政府公益性服务为基础，以农民专业合作社为平台，以专业化服务为载体的新模式。同时，还要推广统一供应种子种苗、统一防治病虫害、统一管理农村沼气等服务方式，以及促进农机作业的现代化。建立综合考核制度和激励机制将有助于提高农民满意度和农业经济效益。

4.改革创新农业生产资料供应方式，构建新型农业生产资料物流机制

为提升农村商品供应的效率和降低成本，应加强县乡农资配送中心和中心库的建设，并推动农资专卖店、连锁店的发展。采用多种订货方式和开通"快车道""直达车"服务，有助于简化流程，减少中间环节。此外，通过扩大经营范围，配送中心还可以参与农产品的流通，包括收购、加工和向市场、超市等地配送，促进双向流通，提升农村商品供应链的整体效益。

第三节　农业合作经济组织

一、农业合作经济组织的含义

农业合作经济组织，又被称为农业合作社，是农业小生产者基于互助和平等互利的原则，为了维护和改善各自的生产和生活条件而自愿联合的经济组织形式。目前中国主要采用的是农民专业合作社。其法律基础为《中华人民共和国农民专业合作社法》。这种组织形式的目的是通过合作，提高农业生产效益，实现农业经济的可持续发展。

二、农民专业合作社产生的原因

第一，社会分工和生产专业化是推动农民专业合作社发展的关键因素。随着农业生产的专业化和商品化程度不断提高，农户之间的合作需求也日益增强。在自给自足的自然经济条件下，农业生产剩余的出现为农户之间的合作提供了基础。同时，随着农业生产的发展，社会分工和专业化逐渐形成，不同生产环节和阶段需要由不同的生产组织来完成，这使得彼此之间的合作变得尤为重要。

第二，农民专业合作社对于市场风险和自然风险的防范具有重要意义。农业生产商品化使得广大农户面临市场风险，随着市场经济的发展，资源配置由市场价值规律调节，导致分散经营的农户市场风险防范能力较弱。此外，农业生产还受到自然灾害的影响。因此，农户之间的合作成为防范和规避市场风险和自然风险的有效手段。

第三，农业生产的规模化经营离不开农民专业合作社的支持。一般来说，农户的经营规模相对较小，单独采购生产资料难以获得价格优势，单独销售农产品也难以实现高价。同时，在生产过程中，单独使用大型机械或采用先进的生产技术措施也可能导致成本较高。因此，为了在购买和销售环节获得价格优势并降低生产成本，分散的农户有必要通过合作社团结起来，借助较大的外部交易规模，实现交易成本的节约，进而实现规模经济。

第四，农民专业合作社能够提高农业生产效率。通过合作，农户可以共享资源、技术和市场信息，降低生产成本，提高生产效率。同时，合作社还可以为农户提供技术支持和培训，帮助他们掌握先进的农业技术和知识，进一步提高生产效益。

此外，农民专业合作社有助于促进农村经济发展。合作社的发展可以带动农村产业的升级和转型，促进农业与二、三产业的融合发展。通过合作，农户可以形成规模优势，增强市场竞争力，推动农村经济的可持续发展。

三、农民专业合作社运行的基本原则

合作社的运行基于传统原则，如入社自由、民主管理、公平分配和互利原则。这些原则源自英国罗奇代尔公平先锋社和国际合作社联盟提出的基本原则，强调了合作社的自由性、民主性、公正性和互惠性。

入社自由确保任何有益于合作社的人都有加入的权利，而民主管理原则保证管理层由社员选举或同意指派，保持对社员的负责。公平原则强调在分配中要考虑公平合理，尤其是关注合作收益的公正分配。最后，互利原则体现了社员之间的相互贡献和互相帮助的理念，构建了合作社的紧密共同体。这些原则构成了合作社组织和运作的基础，为实现合作共赢的经济模式提供了坚实的理论支持。

四、农民专业合作社的经济行为特征

农业作为一个脆弱的产业，个体农民在市场竞争中常常面临困境，因此农业经济主体的合作对于提升农业发展水平和农民市场地位至关重要。农民专业合作社具备一般合作社的特征，如自由加入和退出、民主管理、互助共赢和利益共享。而作为特殊的合作组织，农民专业合作社又具有以下三个基本特征。

1.农民专业合作社是家庭经营基础上的协作经营

农民专业合作社以家庭经营为基础进行协作经营,这是因为农业的经营模式主要以个体农民在家庭层面进行。这种特征使得农业合作经济组织在发展过程中,特别是在传统农业向现代农业过渡的时期,更具有社区性和综合性。社区性强调成员在共同的社区环境中进行协作,而综合性则考虑到农业经营涉及多方面的因素,如家庭需求和社区互助,为合作社的发展提供了更全面的考量。这种协作经营的模式有助于更好地适应农业发展的需求,推动农业向现代化的发展。

2.农民专业合作社的启动有一定难度

农民专业合作社的启动面临一定难度,主要是因为农业经营具有分散、低商品化率、小规模和半自给性等特点。在传统农业中,农户独立开展经营,对合作的意愿较低。这表明合作社的发展与市场竞争密切相关。市场竞争的要求使得合作社在启动阶段面临更多挑战,需要克服农业经营的固有难题,增强农民的合作意识,以适应市场的需求。

3.农民专业合作社发展需要政府的大力支持

农民专业合作社对于壮大农业经营主体、促进农业发展至关重要,但由于农民的合作意识相对较差,管理能力有限,因此政府的大力支持是必不可少的。政府可以通过教育和培训提升农民的合作意识和管理水平,同时提供有关合作社建设、管理和运营的信息,以便农民更好地了解和参与合作社。这样的支持将有助于克服农业经营中的困难,推动合作社的健康发展,进而促进整个农业领域的进步。

五、推进农民专业合作社发展

农民专业合作社的建立应以合作社基本原则为指导,采取诱致性制度变迁路径,即通过创新制度和激励机制引导农民的参与。由于农民自发组织的难度较大,政府的介入和支持变得必不可少。政府可以在资金、培训、信息等方面提供支持,扶持和引导农民组建农民专业合作社,促进其顺利建立和发展。

1.政府引导，加快发展各种形式的农民专业合作社

《中华人民共和国农民专业合作社法》的实施标志着农民专业合作社作为一种准企业性质的农业合作经济组织在中国得到了法律的明确支持。在该法的推动下，合作社得到了迅速推广，数量显著增长，覆盖的产业广泛多样。合作社在不同领域不断拓展服务，尝试出多种合作模式，为中国农村经济的发展提供了新的组织形式和合作模式。2017年又对《农民专业合作社法》进行了修订。修订后的《农民专业合作社法》在解决合作社存在的问题和促进其健康发展方面做出了多项重要修改。比如，取消了"同类"限制，扩大了法律调整范围，允许内部开展信用合作，增设了农民专业合作社联合社专章等措施，为合作社的发展提供了更灵活的制度支持。同时，规定了对不活跃合作社的处理措施，以推动合作社的规范运营和持续发展。

2.认真落实扶持政策，为农民专业合作社发展提供政府援助

为促进农民专业合作社的健康发展，通过提供启动资金、贴息贷款、财政支持、税收优惠等多方面的扶持政策，降低合作社经营成本，促进其稳步发展。支持信用合作和资金互助，拓宽融资渠道；在国家涉农项目中予以倾斜，提高合作社参与的积极性；鼓励自办农产品加工企业，提高附加值。同时，通过示范社建设、农超对接等方式，提升合作社的市场竞争能力，推动农业经济的发展。

3.加强农民专业合作社人才队伍建设

各级农业部门要加强对农民专业合作社负责人的培训。扩大"民生工程"培训范围，把农民专业合作社经营管理人员、财务会计人员、信息人员、辅导人员和专业技术人员培训作为重要实施内容，积极培养农民专业合作社经营管理、技术服务和信息辅导等专业人才队伍，不断提高农民专业合作社生产经营能力。

4.加强合作社教育

合作社教育是国际合作社联盟的原则之一，对于引导农民参与农业合作社是必不可少的。政府在这一过程中扮演着关键的角色，应通过各种途径对

农民、农业院校的学生以及政府工作人员进行合作社运动的教育和培训。此过程中，引入国外经验、介绍中国农民专业合作社的内涵、明确组织原则、了解政府扶持政策等都是重要的教育内容，目的是提高对农民专业合作社的认识水平，促进其健康发展。

第四节 农业产业化经营组织

一、农业产业化经营的内涵、特征与成因

（一）农业产业化经营的内涵

中国的农业产业化经营在20世纪90年代初兴起，是以市场为导向、农户经营为基础的一种组织形式。其定义强调以经济效益为核心，通过"龙头"组织的依托和系列化服务的手段，将农业生产过程各环节连接为一个完整的产业系统。农业产业化经营的基本组织形式包括"农产品市场＋农户""农业龙头企业＋农户"以及完全一体化经营。这种形式促使农户小生产向社会化大生产转变，成为市场农业的主要经营方式。

（二）农业产业化经营的特征

1.生产专业化

生产专业化是围绕主导产品或支柱产业展开的经营模式，将农业生产划分为产前、产中、产后三个系统运行环节。其核心在于实现每个生产环节的专业化处理，并确保与整个产业的协同一体化。通过将每种产品纳入原料、初级产品、中间产品、最终产品的制作过程，最终目的是通过商品品牌形式将产品推向市场，提高市场竞争力。

2.企业规模化

农业生产专业化通过规模化经营来提高效率，企业规模化的关键在于使各要素的比例匹配，避免资源浪费，实现农业产业化经营的高效运行。规模

化经营使先进科学技术更好地应用于农业生产，降低生产成本，提高农业经济效益，为可持续经营创造条件。

3.布局区域化

布局区域化是根据支柱产业或生产系列的区域比较优势，设立专业化小区，实现资源要素的合理配置和生产效益的最大化。这种布局考虑了每个小区在特定产业或系列中的优势，充分利用区域资源，提高生产效益，并通过产业集聚推动整个区域农业经济的发展。

4.经营一体化

经营一体化通过市场牵头、龙头企业带动基地与农户的贸工农一体化经营，实现了外部经济内部化，降低交易的不确定性和成本。整合产业链各环节有助于提高农业的纵向规模和组织效益，进而提升整体经济效益。

5.管理企业化

管理企业化的关键在于通过公司、基地和农户的一体化联合体，建立合同契约制度、参股分红制度和全面经济核算制度，实现互补互利、自负盈亏的经济效益导向。这种管理模式旨在构建稳健运作的整体经营体系，提高农业生产的企业化管理水平。

6.服务社会化

服务社会化通过一体化组织，使农户能够充分利用"龙头"企业的资金、技术和管理优势，同时依托科研机构提供的全方位服务，实现各种要素的直接、紧密、有效结合，推动整体农业生产效益的提升。这种模式旨在促进农业社会化服务，提高农业经济的综合效益。

（三）农业产业化经营的成因

1.适应消费者对食品消费需求变化的需要

随着人们生活节奏的加快，人们对方便食品和已加工食品的需求不断提高，这使得食品加工业得到了更快的发展。而食品加工企业一般经营规模较大，为了保证农产品等加工原料的稳定供应，就需要与农产品的生产者建立稳定的联系。同时，随着收入水平的提高，人们对食品质量提出了更高的要求，消费者越来越关注食品的品质和质量安全，要求食品加工企业必须有专

门的农产品原料生产基地，并能对农产品整个生产过程中的质量进行有效的控制。要做到这一点，必须提高农业的组织化程度，

随着生活节奏的加快，食品加工业快速发展，大规模食品加工企业需要稳定的农产品供应，同时，消费者对食品质量的要求提高，促使食品加工企业建立农产品生产基地，加强对质量的控制。为实现这一目标，必须提高农业的组织化程度，整合农业的相关产业链条。这是农业产业经营水平不断提高的外部推动力。

2.缓解农产品生产季节性和消费常年性矛盾的需要

农产品生产周期长、易腐性和消费常年性之间的矛盾是农业产业化经营产生和发展的内在原因。为解决这一矛盾，需要通过贮藏、加工、运销等手段，延长农产品的保质期，以适应市场的需求。这强调了产业化经营在优化农产品供应链、提高商品价值方面的关键作用。

3.降低经营风险的需要

随着农户规模和专业化水平的提高，市场和自然风险也相应增加，为了应对这些风险，农户和涉农企业可能要选择产业化经营。降低经营风险的共同愿望推动他们建立更为稳定的交易和合作关系，以降低风险、提高效益。产业化经营在规模化和专业化方面的特点，为农业经营提供了更可靠的保障。

4.降低市场交易费用的需要

农户在农业生产的产前和产后环节都面临较高的交易费用，使得他们处于不利地位，增加了经营成本。通过建立农业产业化经营组织，农业龙头企业可以有效节约在种子、原料销售、农产品购买等方面的费用，为农户和企业双方提供了共同的经济利益，实现了交易费用的节约。这种模式有助于提高整个农业产业链的效益和竞争力。

5.解决农产品质量信息不对称的需要

农产品加工过程中存在信息不对称问题，为了解决这一问题，采用合同或一体化方式，可以在一定程度上实现对农产品及其生产过程的监督和控制，为加工者以较低成本获得符合质量要求的农产品提供有力支持。这种方式有助于建立更为透明、稳定的供应链关系。

二、农业产业化经营的组织模式

（一）"龙头"企业带动型

即由一个或几个农产品加工企业或营销性公司作为龙头，与农户通过契约关系，建立起相对稳定的经济联系，结成产加销一体化经营组织。其基本形式是"龙头企业＋农户"，其衍生形式有"龙头企业＋基地＋农户""龙头企业＋合作社＋农户""龙头企业＋专业协会＋农户"等。其特点是：龙头企业与农产品生产基地和农户结成贸工农一体化经营系统；利益联结方式是根据产销合同订购或实行保护价收购；农户按合同规定，定时定量向企业交售优质产品等。

（二）市场带动型

市场带动型是以专业市场或专业交易中心为基础，通过拓宽商品流通渠道，推动区域专业化生产，实现产加销一体经营的模式。在运行中，遵循因地制宜、建管并重、宏观调控的原则，以适应不同地区的实际情况、促进经济效益和规范管理的双向发展，同时通过宏观调控手段进行引导和调整。

（三）主导产业带动型

主导产业带动型通过利用当地资源，发展具有本地特色的产业，逐步扩大规模，形成区域性主导产业。此过程中，关键在于充分利用当地资源优势，培育特色产业，通过组织产业群、延伸产业链等手段，形成连带效应，有效地带动区域经济的发展。

（四）中介组织带动型

中介组织带动型是通过各类中介组织，将分散经营的农户组织起来，共同参与市场竞争，实现贸工农一体经营。这一模式的运作方式包括组织农户参与市场、促使农户贸工农一体经营，并负责维护农民的合法权益。这一发展模式在我国农村改革和市场化发展中逐渐形成，并在整合分散农户资源、推动农业产业化方面发挥了关键作用。

三、我国农业产业化经营的组织实施

第一，扶持农业产业化龙头企业，全面提升农业产业化水平。就是通过创新投入机制，建立多元化的投融资体系，实施具体的扶持措施，包括贷款担保、风险基金建设、税费减免等，为龙头企业的发展创造良好环境。特别是对规模大、附加值高、有辐射带动能力的企业要给予积极的扶持。这些举措有望全面提升农业产业化水平，推动农业现代化的发展。

第二，大力发展农产品的精深加工，特别是对大宗农产品和区域特色农产品。通过项目推动，目标在于延长农产品的产业链，提高附加值。同时，加大农产品品牌的创建力度，瞄准国内同行业领先企业和知名品牌，通过政府资源的充分利用，集中培育、扶持、推介一批知名品牌，从而提升本地农产品在国内外市场的竞争力。这一举措有望推动农业产业化的升级，使其更具有市场竞争力。

第三，推进农业产业化示范区建设。着眼于引领农业发展方式的变革，推动农业产业的优化和升级，并通过示范区的先进经验，为其他地区提供借鉴。在建设示范区时，选择重点支持那些具有集中龙头企业、农产品加工水平较高、集群效应显著的地区，以确保示范效果的明显性和推动力。

第四，强化农业产业化利益联结机制，侧重于通过规范合同、管理购销关系、创新组织形式等手段，确保龙头企业与农户之间的关系稳定、合同履行规范，从而提高整个产业链的协同效应和经济效益。

第四章 农业的宏观调控

第一节 农业宏观调控的概念及其必要性

一、农业宏观调控的概念

宏观调控是在市场经济条件下,由中央政府为主导的国家各级政府通过经济、法律、行政等手段,以实现经济总量和结构的平衡为目标,保障整个国民经济持续、快速、健康地发展,取得较好的宏观效益。它关注宏观经济运行的全局,对国民经济的需求、供给总量和结构等进行管理、调节和控制。

农业宏观调控是一般宏观调控在农业领域的特殊表现。据此,农业宏观调控就是以政府为主导,关注全局经济运行,运用经济、法律及必要行政手段,自宏观层面对农业资源配置进行调节与控制,以促进农业经济总量平衡、结构优化、要素有序流动,确保农业持续、稳定、协调地发展。

换句话说,农业宏观调控是在市场经济条件下政府干预农业的一种表现形式,可以从以下几个方面理解。

第一,农业宏观调控应灵活应对市场经济的发展阶段,允许其在不同环境中逐步演进。尽管调控内容和手段可能因市场成熟度而有所差异,但其本质属性是不变的。政府在开放经营后应继续履行监管职责,而非纯粹依赖过时的行政手段,以确保真正实现宏观调控的目标。

第二,农业宏观调控手段紧密关联着具体的经济体制,尤其是与市场经济体制息息相关。在市场经济下,农业宏观调控被视为政府行为,主要采用经济手段,并在必要时辅以法律和行政手段,以充分尊重和协调市场资源配置机制。

第三，政府在农业发展中扮演引导、支持、保护、调节的角色，协助农村经济和农业生产的调整与发展。通过引导结构调整，支持农业，改善环境，保护产业，政府致力于确保农业经济的稳健运行。宏观调控方式的改革强调经济手段的运用，特别是在调节农产品供求方面，以减少市场波动。

做好农业宏观调控，对于有效利用农业资源，保持社会对农产品总供求的基本平衡，实现农业和整个国民经济持续稳定协调发展，具有重要意义。

二、农业宏观调控的特征

尽管我国农业已经经历了自给农业向商品农业和市场农业、传统农业向现代化农业的演变，但农业仍然是一个开放性的弱质产业，农业宏观调控具有自身的特点。

（一）农业宏观调控目标是农产品需求与供给总量的平衡

政府在宏观调控过程中主要聚焦于调控战略性农产品的总量，并平衡供应优质农产品以满足人民日益多样化的需求，而不是干预农产品生产经营者的个别经济行为。

（二）农业宏观调控具有较大的弹性和灵活性

农业宏观调控受到自然环境和市场行情的较大影响。由于农业主体为分散的2亿多农户，采用分散的经营制度，经营决策的分散性增加了调控的难度。国家通过经济手段输入农户，并通过合同形式纳入农户经营决策，但由于科技水平限制，农业经营规模小、空间分散，生产成本不稳定。因此，农业宏观调控的作用和力度有一定限制，留有较大余地，调控的空间较大、路径较长，存在较多变数。

（三）农业宏观调控以间接调控为主

当前，农业经营者主要是自主经营、自负盈亏的独立农户，同时面临自然灾害和市场经济风险的双重压力。由于大部分农产品受市场机制支配，农业宏观调控的核心在于保持战略性农产品的供需平衡，以稳定物价，同时激发农民的生产积极性。

（四）调控手段是以经济利益机制为主

在市场经济中，追求经济利益、增加收入是农民发展农业经济的主要动力。政府宏观调控的核心在于尊重农民的自主权，确保农民增收，以激发其生产积极性，这是使用调控手段的首要出发点。减轻农民负担、保护价收购农产品等措施被视为提高农业经济效益、引导农民积极性的关键调控手段。

三、农业宏观调控的必要性

市场经济理论与实践中存在市场机制的缺陷，特别是在保持农业生产稳定发展和解决农业发展中的问题上。因此，政府进行宏观调控成为必要，有助于优化资源配置、弥补市场机制不足、抑制通货膨胀、减缓经济波动、协调工农利益，并提升农村社会福利。在充分发挥市场机制的同时，加强农业宏观调控对于确保农业的持续、稳定、健康发展具有重大意义。对农业进行宏观调控，主要基于以下理由。

（一）市场机制的局限性

市场机制有效配置资源的前提是完全竞争市场，但现实市场存在一定不完全性，制约了市场机制对资源的调节。政府的宏观调控可以帮助控制市场的不完全竞争性，使其最小化。市场机制的调节是事后的，容易引起经济波动，需要政府进行事前调节以预防大规模的经济波动。这凸显了政府宏观调控在维护市场稳定性和经济可持续性方面的关键作用。

（二）农业的弱质性

在与其他产业的竞争中，农业处于相对不利的地位。城市化和非农业用地的增加导致农地流失，非农业的高报酬使得资金和高素质人才流向非农产业，导致农业面临资金短缺和高素质劳动力缺乏。农业生产周期长、技术进步慢、劳动力转移滞后，导致劳动生产率低。农产品需求弹性小、贸易条件恶化，农民收入增长乏力，农民与非农就业者的收入差距扩大。这表明农业具有先天的弱质性，需要政府进行宏观调控以解决这些问题。

（三）农业发展进入新阶段的要求

我国农业在改革开放40多年来实现了历史性的飞跃，从生产力水平低下到综合生产能力提升，从农产品短缺到供求基本平衡。随着人们温饱问题的解决，对农产品的要求不断提高。农业的发展不仅受到资源约束，还受到需求的影响。由于市场经济机制尚不完善，农产品的流通、价格、市场信息等方面需要进一步健全。为了解决这些问题，有必要进行宏观调控。

第二节 农业宏观调控的地位与作用

一、农业宏观调控的理论依据

在市场经济条件下,政府对农业进行宏观调控的依据是市场机制的缺陷与农业本身的产业特征。农业的特征引发了一系列问题,政府需要采取政策手段在市场资源配置的基础上进行宏观调控。农业市场失灵的主要原因包括农业的外部性、公共产品性和不稳定性。

(一)农业的外部性

农业的外部性既有正向也有负向,涉及生态环境、经济和社会多个方面。正向外部性包括农业景观形成、生物多样性保持、二氧化碳吸收、经济缓冲作用、国土空间平衡发展、农村活力等。负向外部性包括水土流失、水资源消耗、水体和地下水污染、野生动物栖息地丧失等。在缺乏政策干预和特殊制度安排的情况下,市场及价格机制无法全面反映经济活动的全部成本或收益。经济活动主体既没有正外部性的经济补偿,也没有负外部性相关费用的负担,导致资源配置无法达到最佳状态,从而降低社会福利。

农业外部性的出现受多种因素影响,尤其是生态环境外部性受到诸多因素的综合影响。农业的经济缓冲、扶贫、农业劳动力就业以及社会福利替代的外部性在很大程度上与经济发展水平相关。通常情况下,发展中国家经济水平较低,农业人口比重大,农村社会保障体系不健全,农村贫困问题严重,因此农业对经济缓冲、扶贫、农业劳动力就业以及社会保障替代具有较大的正的外部效应。

(二)农业的公共物品性

农业多功能性所产生的众多非商品产出表现出不同程度的非排他性和非竞争性,这些特性使其具备部分公共产品或准公共产品的特性。由于农业非商品产出的产权界定困难,其溢出效应对生产者以外的其他人产生影响,使其受益,且在作用范围内难以排除未经报酬而消费特定商品的人,因此具备非排他性。同时,农业非商品产出的影响或受益范围因非商品产出的差异而异,因此在不同范围内呈现不同程度的非排他性。

农业非商品产出的特性使其具备不同程度的非竞争性,如粮食安全带来的社会稳定,优质环境所赋予的高品质生活,以及生物多样性所体现的选择价值和存在价值等。在一定范围内,个人对非商品产出的消费并不会影响其他人的消费,即呈现出不同程度的非竞争性。因此,社会不应剥夺任何人享受该商品的权利。

(三)农业的不稳定性

第一,农业受自然条件影响,调整难度大。由于农业的自然再生产与经济再生产交织在一起,使得农业对自然条件的依赖程度较高。这种自然条件的变化无常导致农业生产相对不稳定。此外,农业生产本身具有周期性,且生产周期较长,难以进行快速调整,这也会导致农业产出的波动。

第二,在开放条件下,农业更容易受到市场冲击。宏观经济环境的变化或不景气会对农业产生负面影响,例如在世贸组织自由化的趋势下,国内农业受到国际市场的冲击,出现较大波动。在经济不景气时,劳动力市场受到冲击,农业剩余劳动力难以转移,导致农民收入减少。相反,在经济景气时,大量劳动力涌向非农产业,可能引发耕地荒废,因为农民受到比较利益的驱使而寻求非农产业就业。

第三,农产品的市场供需均衡实现困难。农产品供给的弹性受到土地和动植物生物学特性的制约,使其在短期内难以灵活调整。尽管人们对农产品需求刚性强、价格敏感,但在价格和产量波动时可能发生蛛网效应。动植物生理机能的影响以及农业生产周期较长导致农民对价格变化的反应滞后,自由市场调节难以使农产品供给及时适应市场需求,从而引发短缺和过剩效应,使农业生产产生较大波动。

第四,农产品生产者很难在市场波动中受益。由于农产品大多易腐、不耐贮存且贮存费用高,生产者需在短时间内出售,即使市场价格较低也必须迅速出清，以避免损失。相反，当农产品稀缺时，由于短期内无多余库存，即使市场价格高，也难以迅速满足市场需求。因此，一旦农产品产出，其供给即被固定，难以灵活调整。

由于农业存在多方面的外部性、公共物品性和不稳定性，必然造成这一产业的私人投资不足，发展不充分，这就要求政府必须建立农业保障机制和农业市场调控机制。

二、农业宏观调控的地位

社会主义市场经济体制的确立旨在使市场在资源配置中起到基础性作用，实现资源配置的优化。尽管市场具有优势，但并非解决所有问题的万能工具，因此需要政府进行正确的宏观调控。在这一体制下，农业宏观调控成为国民经济宏观调控中最基本的环节，也是整个国民经济宏观调控的基础。主要有以下几个方面的原因。

（一）农业在国民经济中的基础地位，决定了农业宏观调控的地位

农业作为第一产业，直接依赖自然资源，是人类社会的生存基础和经济支柱。在全球范围内，各国国民经济的发展都离不开农业的基础性贡献，既满足本国人民的基本生活需求，又在国际贸易中发挥着关键作用。在社会主义市场经济体制中，市场机制对资源的分配发挥着决定性的作用，但农业宏观调控则成为保持农业和农村经济稳定发展、实现改革开放和现代化的关键环节。强化农业宏观调控不仅是为了保障农业增产和农民增收，更是为了推动整个国民经济朝着现代化的目标稳步前进。

有效的农业宏观调控不仅在维护农业与农村的稳定方面发挥关键作用，同时也成为国民经济的"大头"稳固的基石。通过确保农业的持续发展和提高经济效益，政府不仅能够保持农业劳动力的就业，还能够在全国范围内掌握宏观调控的主动权。这种稳定的农业基础不仅有利于农村社会的安定，也为整个社会的稳定奠定坚实基础。因此，有效的农业宏观调控对于全面促进国家经济和社会的稳定具有不可忽视的重要意义。

（二）农业宏观调控为国民经济其他部门的发展创造有利条件

有效的农业宏观调控不仅在引导农业生产方面具有指导性，更在保障农民利益、激发积极性以及提高劳动生产率等方面发挥着重要作用。通过创造更多的农业剩余产品，农业宏观调控为社会分工提供了有利条件，同时也为国民经济其他部门的独立和进一步发展创造了良好的基础。这种有序的农业生产和剩余产品的增加，对于整体经济体系的协调发展起到了积极的推动作用，促进了国家经济的繁荣和社会的全面进步。

（三）农业宏观调控间接地促进了国民经济其他部门的发展

农业剩余产品和剩余劳动力为其他产业提供了关键条件，而马克思的观点强调了农业劳动生产率对整个社会的基础性意义。农业的生产力和劳动生产率水平决定了农产品和剩余劳动力的供给，进而制约了其他产业的发展规模和速度。因此，对农业的有效宏观调控直接推动农业发展，从而在间接影响其他产业的发展中发挥着重要作用。这种有序的农业发展，对整体国民经济的协调和稳定具有深远的影响。

三、农业宏观调控的作用

农业宏观调控的关键在于强调其对农业自身、农民收入和农产品市场供需等方面的积极作用。在充分发挥市场机制的同时，政府通过经济、法律和行政手段对农产品供给总量、农业结构和农民收入进行管理。这种综合性调控有助于推动农业和农村经济全面发展，为农业可持续增长和农民增收创造了良好的环境。农业宏观调控在确保市场有效运行的同时，通过全局管理的手段，促进了整个农业体系的协调和发展。

（一）有利于保持农产品在市场上供给和需求的大体平衡

实践证明，农业生产的发展，尤其是对粮食的有效供给，是实现国民经济高增长和低通货膨胀的重要基础。充足的农产品，特别是粮食供应，对于维持物价总水平的稳定以及保持宏观经济形势的良好态势有着至关重要的支持作用。在这个过程中，农业的稳定和增长不仅关系到国家的经济安全，也直接影响着人民的生活水平和社会的稳定状况。因此，农业生产的持续发展和农产品供给的充足是国家经济可持续增长的不可或缺的基石。

政府在对农业宏观调控方面采取了两方面的关键措施。首先，通过不断增加财政支出，加强农业基础设施建设，特别是建设旱涝保收、稳产高产的农田，以降低不良自然条件对粮食生产的不利影响，力求最大程度地减小粮食产量的波动幅度。其次，政府着力健全国有粮食等农产品储备体系，以提高对农产品产量波动期的宏观经济形势影响的应对能力。这两方面的措施共同构成了政府对农业宏观调控的有效手段，旨在稳定农产品供应，维护宏观经济的稳定和可持续发展。

（二）有利于增加农民的收入，提高农村消费能力

我国农民占据人口多数，其收入水平直接关系到国民经济运行的质量和速度。专家分析显示，每增加1%的农村居民收入，将带动农村消费品零售额增长11%。由于全国50%以上的居民生活在农村，因此，增加农民收入对于促进国内市场发展和提高农村消费能力至关重要。在这一背景下，实施有效的农业宏观调控成为发展农业生产、提升农民收入、开拓农村市场、扩大内需的关键途径之一。

（三）有利于优化农业产业结构，进而优化农村产业结构

涉农部门和整个国民经济结构的调整与优化紧密关联于农业经济结构的调整与优化。随着农业产业化的发展，必将推动农村其他产业经济，而农业又是农村建筑、采掘、工业和服务业发展的基础。农业宏观调控的实施有助于提升产业和农产品结构，为农村剩余劳动力的转移以及第二、第三产业的发展创造良好条件。在此过程中，农业结构将发生显著变化，通过农科教一体化等手段促进畜牧业、林业和渔业的发展。通过经济政策调整，加速乡镇企业的发展，推动农村加工业、运输业、服务业的壮大，最终实现农村产业结构的优化。

（四）有利于加强农业基础设施建设，改善农业生产环境，促进农业的可持续发展

农业宏观调控的关键手段之一是通过财政投入加速农业基础设施的建设，以改善农业生产环境，推动农业可持续发展。实施"退耕还""退耕还牧""退耕还湖"等措施以及进行防护林工程和水体治理等，有力协调了粮食生产与其他产业之间的关系，创造了良好的生态环境，为农业可持续发展提供了有利条件。此外，改善农业生产环境和提高农产品质量是增强农业抵御自然灾害能力的关键手段。农产品的丰富生产不仅有助于平抑物价，还推动农产品加工业的发展，通过综合开发和专业化生产吸纳农村剩余劳动力，同时吸引城市资金和技术向农村延伸，为城市企业的跨行业经营和职工分流创造了条件。因此，农业宏观调控在承担改革和产业结构调整的社会成本方面发挥着重要作用，对于维护社会稳定具有深远影响。

第三节 农业宏观调控的对象及功能

一、农业宏观调控的对象

农业宏观调控的关键在于通过市场作为中介，引导和协调农业生产经营活动。鉴于农业的弱质属性，调控主要采用间接手段，集中在调整农产品总量和结构上。核心目标是保持农业内部的协调以及农业与国民经济总体之间的平衡，以促进农业经济结构的优化。通过这种调控方式，政府致力于引导农业经济持续、快速、健康地发展，推动农业和农村的全面进步。

（一）农业市场是农业宏观调控的直接对象

在社会主义市场经济条件下，必须充分发挥市场机制在资源配置中的基础和决定性作用。政府以市场为中介，引导和协调农业生产经营，以确保微观经济活动与国家农村经济发展战略目标保持一致。农村市场的繁荣对整个宏观调控至关重要，对于实现国家农业发展目标具有极大的意义。

因此，农村市场是农业宏观调控的直接对象，政府在进行宏观调控时需确保市场机制按照内在运行规律进行。通过经济杠杆或经济参数的调节，政府向农业市场输入保证经济发展战略目标实现的经济参数。这些输入使市场内部机理发生转换，最终输出符合农业宏观调控要求的市场信号，以引导农产品生产经营决策。同时，农业市场通过经济规律的作用，自发调节市场供给和需求，平衡生产者和经营者之间的利益关系。

（二）农业市场的范围及其发展趋势

农业市场有狭义和广义之分。狭义的农业市场专注于农产品的流通交易，而广义的农业市场包含农业生产相关的生产资料和服务性市场，如农药、化肥、饲料、医药、防疫、种子、种苗、科技服务和生产服务市场等。狭义和广义农业市场共同构成了农业经济体系中的重要组成部分。

农业宏观调控的农业市场包括产品流通、生产资料和科技、服务等多个方面。随着生产力水平和农业科技的发展，农业市场在深化和扩展方面呈现出明显趋势。农业科技的快速进步促使市场深化，涌现出农业科技园市场和生物科技市场等；而现代农业观念的影响使农业市场扩展，农业不仅提供产品，还要为人类提供良好的生活环境，从而推动了农业市场的进一步拓展，例如荒山使用权的拍卖等。

此外，根据政治经济学的观点，农业的宏观调控还包括农业中农业生产关系的调整和结构优化。

二、农业宏观调控的内容

政府进行农业宏观调控，目的是要通过各种直接和间接的干预措施，消除农业的弱质性，保持农业持续、健康、稳定的发展，其主要内容包括以下几方面。

（一）保护农业，提高农民收入

农业作为国民经济基础，工业化初期需要为工业提供资本积累。在这一过程中，确保农业经济利益的转移不超过农业剩余，以维护农业的扩大再生产和提供更多农业剩余的能力。然而，农业天生属于弱质产业，技术进步缓慢，资源调整难度大。随着经济的不断发展，产业结构升级，导致农产品需求弹性下降，贸易条件恶化，农业比较利益减弱。因此，在工业化后期，政府实施真正的保护政策成为农业宏观调控的重要目标，以缩小农业与非农产业就业人员的收入差距。

市场经济在追求效率最大化的同时，若未维护收入分配的公平性，将引发效率与公平的矛盾，表现为社会贫富分化，可能危及社会的稳定。在全球范围内，农民普遍面临较低的收入问题，这主要归因于恩格尔定律和农业剩余劳动力向外转移缓慢。市场机制本身无法确保农业与非农产业就业人员之间的收入公平，因此需要政府通过协调行为来解决这一社会问题。农业与非农产业就业人员之间的收入差距在一定程度上有助于产业结构的调整和农业人口向外转移。

（二）支持农业生产发展，满足社会对农产品的需求

政府对农业宏观调控的关键目标之一是提高农业的生产力水平。这不仅是实现其他调控目标的前提条件，也是保障农产品市场稳定和可靠供应的关键。在农业人口和耕地增长停滞或下降的情况下，持续提高农业生产率对于实现农民收入增加的目标至关重要。此外，农业生产率水平的提高也是增强农产品国际竞争力和实现农业现代化的基础。

随着人口的增加和人们收入水平的提高，社会对农产品的需求不断增加。然而，耕地减少、土地荒漠化、水资源短缺以及自然灾害等因素使得发展中国家的农产品供给能力面临巨大挑战。在这样的背景下，从数量上满足社会对农产品的需求仍然是发展中国家亟待解决的重要任务。

（三）培育农业市场机制，稳定农产品市场

农业宏观调控的成功建立需要基于市场机制充分发挥作用的前提。市场机制的完善有助于提高资源配置效率，降低政府宏观调控的难度。因此，政府在进行农业宏观调控时应当优先考虑培育健全的市场机制，使市场在资源配置中能够充分发挥基础性作用，政府则只需对农业市场失灵的部分进行有针对性的宏观调控。

在原实行计划经济的国家，政府需要通过改革市场主体、培育市场体系、规范市场行为等方式，推动市场机制的发育。这包括使农户和企业真正成为市场主体，建立健全的农业市场体系，以及制定规范的市场规则，以维护市场秩序和促使市场中的各主体能够公平竞争。

（四）提供农业所需的公共物品

政府通过提供公共物品，如基础设施和服务来支持和保护农业，提高生产效率，促进资源的有效配置。这些公共物品包括大中型水库、排灌输水渠道、道路、通信、农业研究、技术推广咨询、农村基础教育和农业培训等。这是政府宏观调控的一项关键任务，旨在确保农业的持续、快速、健康发展。

（五）保护农业资源，改善生态环境

农业与自然资源和生态环境密切相连。不当的农业生产方式可能对生态系统造成损害，反过来，自然资源和生态环境的破坏也会影响农业的可持续发展。良好的生态环境是一种稀缺资源，其正外部效应对整个社会和农业产生积极影响。因此，维护良好的生态平衡对农业和整体可持续发展至关重要。

因此，政府在农业宏观调控中的关键任务之一是保护各种农业资源，维护生态平衡，以实现资源的可持续利用和农业的可持续发展。生态环境目标应成为政府对农业进行宏观调控的基本目标之一。

第四节 农业宏观调控的原则及手段

一、农业宏观调控的原则

（一）间接调控原则

农业宏观调控的主体是政府，调控的对象包括农业企业和农户等微观经济单位。政府通过协调和引导农业经济活动，旨在通过市场机制间接影响微观经济单位，使其行为符合整个社会经济发展的要求，这体现了间接调控原则。因此，农业宏观调控的基本思路是政府通过调节市场，引导农业生产经营主体。在运作过程中，政府的直接作用对象是市场，市场则通过传递政府的调控信号影响农户和企业。市场在整个运行体系中扮演中介或轴心的角色，接受并传递调控信号，体现了农业宏观调控的间接调控原则。

（二）兼顾公平与效率原则

市场机制能够解决效率问题，但在解决公平问题上存在局限。为实现社会公平，政府必须调节收入分配，但在这一过程中需要平衡公平与效率的关系。追求过于强调公平可能导致效率损失，而缺乏效率支撑的公平也失去了意义。因此，政府在宏观调控中的基本政策取向是坚持社会公平，同时兼顾效率，以实现公平与效率的兼顾，统一社会效益和经济效益。

政府在实施农业宏观调控时，应以兼顾公平与效率为原则，不宜干预市场机制能够有效完成的事务，而是应该为市场机制的正效功能创造必要条件，同时通过弥补市场缺陷，使市场更充分地发挥调节功能。政府的角色在于提供支持和纠正市场失灵，以实现公平与效率的协调发展。

（三）政企分离原则

宏观调控是政府主导的行为，确保市场竞争的公平性和调控的有效性。宏观调控的执行者应是政府或准政府机构，以避免市场被具有自身利益的企业扭曲。建立良好的政企关系需要政府创造适宜的制度和市场环境，包括社会保障、企业兼并破产、金融制度改革以及资本市场、产权交易市场和劳动力市场的建设。

二、农业宏观调控的手段

宏观调控手段具有多样性，包括计划、经济、法律、行政等手段，这些手段相互联系、互相制约、协调配合，形成一个综合的宏观调控手段体系，共同作用于市场，以引导、调整和控制经济的运行。

（一）计划手段

计划手段是政府为引导国民经济正常运行而采用的手段，包括统一规划发展战略、统一协调配置资源以及对宏观经济的监测。社会主义市场经济中的计划手段以市场为基础，具有宏观性、战略性、政策性等特点，旨在符合客观价值规律并指导经济活动。

在市场经济中，政府通过经济发展计划来具体规划和设计未来的发展目标、途径、重点和手段，实现对一定时期经济发展的具体化和数量化安排。

在农业领域，计划手段包括制定农业发展战略、农业发展计划和农业规划。发展战略为农业发展提供方向，是制定发展计划的依据，而规划通常用于谋划农业的长期发展，涉及专业性和区域性的计划。

（二）经济手段

经济手段是宏观调控的主要工具，通过运用经济政策、经济杠杆，调整各种利益关系，以实现宏观经济政策的目标。在经济理论和经济政策的指导下，利用经济杠杆的效应和经济参数的变化，政府可以干预和调节经济活动。

经济手段主要分为财政手段、货币手段和金融手段。财政手段涵盖国家预算、税收、国债、财政补贴、财政管理体制、转移支付制度等，这些手段可独立使用，也可以相互协调。

农业宏观调控的经济手段可以划分为直接经济手段和间接经济手段。

1.直接经济手段

直接经济手段主要体现在政府对农产品的价格、订购、储备、市场等经济方面施以积极的影响。

（1）直接进行关键性大宗农产品的采购和储备。与以往层层下指标的方式不同，国家通过改革收购方式，与大中型购销企业和经营者合作，按市场价格进行采购。采购的主要来源是大的粮棉集中产区和国家级商品粮基地县，这些地区是中央政府采取倾斜政策并加以保护的区域。这样的收购方式不仅保证了大城市、大工矿区、军特需和特大自然灾害赈济的供应，还促进了市场化的农产品流通。

（2）建立粮食专项储备制度，稳定农产品市场。农业生产易受自然条件的影响，导致农产品价格波动。为维护农业生产者利益，政府需要通过财政资金充实储备系统，扩大对农副产品的吞吐能力。粮食等农产品储备不仅稳定供求，还有助于平抑价格波动，从而为农业生产提供稳定环境。因此，国家需根据本国国情确定合理的储备量。为实现储备目标，一些国家采取了保护价收购和建立粮食专项储备风险基金等措施。

（3）建立农产品价格调节基金制度。为有效实施农产品收购保护价格措施，建立农产品价格调节基金制度是必要的经济手段。这需要明确基金的资金来源，将其纳入财政预算，并建议在中央和省级设立调节基金，以更好地实现有针对性的调控。

（4）建立农产品批发市场、期货市场，调控主要农产品价格。农业自然再生产特性的固有影响增加了农产品市场的不确定性,使均衡供需变得更加复杂。政府在农产品市场的信息系统建设以及扶持农产品市场体系方面应采取措施,特别关注农产品批发市场和期货市场的建设,以促进长期和区域均衡。农产品市场体系建设属于社会公共基础事业,需要与公共交通通信设施相配套,难以由农户单独承担。政府在这一过程中扮演着关键角色,不仅提供支持,还规范市场交易秩序。此外,为了维护市场稳定和保护生产者和消费者的相关利益,许多国家通过法定程序对主要农产品进行价格干预。

(5)积极发展生产要素市场,进一步健全农村市场体系。经过40多年的发展,尽管我国农业生产经营的微观激励机制初步形成,但在资源配置和农户经营环境等方面仍存在滞后。这可能与生产要素市场的不发达有关,制约了农村市场经济的全面发展。要实现全面、较大幅度的农业结构和产业结构调整,必须解决生产要素市场的发育问题,创造条件保障资源配置的优化。

发育农业生产要素市场的关键在于推动劳动力、资本和土地的合理流动。农村劳动力市场调控的焦点是促进区域间劳动力的大规模流动,土地市场调控的关键是建立土地流转机制,而资金市场调控的关键是建立适度的资金市场。这些举措有助于提高资源配置效率,推动农业现代化和可持续发展。

2.间接经济手段

间接经济手段是政府在不直接介入市场的情况下,通过制定农业经济政策来引导和影响农业经济活动的方式。这种手段体现了政府宏观调控农业经济的理念,反映了对农业发展方向和目标的设定。通过这样的政策引导,政府可以实现对农业经济的有效管理和引导。

(1)农村基本政策。在家庭承包经营为基础的统分结合的多层经营体制的基础上,坚决维持土地承包长期不变,同时在自愿有偿原则下允许土地使用权的合理转让,以鼓励农民更好地配置土地资源。此外,政府强调坚持粮食收购政策,保障资金到位,并执行粮食收购按照保护价敞开收购政策,以维护粮食市场的稳定,保护农民的利益。

(2)农业财政政策。通过调整政府的收支总量和结构,以实现对农业经济的运行调控。农业财政支出政策聚焦于财政再分配,主要包括对农业直接投入、国民收入中对农业的净流入等方面的支持。在适应市场经济的需求下,农业财政支出的增长幅度应当超过财政经常性收入的增长幅度。农业财政在宏观调控中的应用重点在于加大对农业的财政支出,特别是对农用工业、农业科研和农业科技推广的力度,以促进农业的全面发展。

(3)农业货币政策。农业货币政策的核心在于调节农业信贷总量和调控信贷结构。通过管理农业信贷的总规模,政府能够掌控农业贷款的存量。同时,通过引导贷款投入,确保其符合国家的产业政策和区域政策,农业货币政策能够支持农业产业化、农产品收购、农业科技推广和社会化服务建设等方面的发展。优化贷款布局,使其从分散转向集中,有助于形成集约经营和规模经济优势。

(4)农业产业政策。农村产业政策是国家为促进农业持续稳定发展、推动农业产业合理化和现代化而实施的一系列准则和措施的总称,旨在弥补市场缺陷,通过引导农业经济活动,调整农业产业结构,协调不同产业之间的关系,以及优化产业组织形式,确保整个农业产业更好地适应现代社会经济的需要。

(5)农业投资政策。我国的农业投资政策在法律层面得到规范,要求农业支出资金的增长幅度应超过财政经常性收入的增长幅度。投资方向主要包括农田基本建设,侧重于大江、大河、大湖等水域的治理;农业生态建设,注重植树造林等措施;农业科学研究和新技术的推广运用,以提高农业生产效率。政策继续向农业倾斜,强调多渠道增加对农业的投入,以推动农业现代化的发展。

(6)农业价格政策。目前,我国农产品价格主要由市场自主形成和调节。在市场正常运作时,市场力量在决定农产品价格方面占主导地位。然而,当主要农产品价格出现较大波动时,政府采用国家储备和进出口等手段进行调控,以防止价格的大起大落。对于一般农产品,政府则允许市场机制自由决定其购销价格。

(7)收集、发布市场信息来指导农业生产。农产品市场信息系统的建立和健全对于指导农业生产、促进农产品市场的稳定至关重要。由于农村交通相对不发达、农民文化素质相对较低,政府的支持成为必要。信息系统内容应涵盖多个方面,为农业生产者提供全面的市场、政策和生产资料等信息,帮助他们做出更明智的决策。

（三）法律手段

在市场经济中，法律手段通过经济法律规范的制定、经济立法的实施以及经济司法的执行，发挥着宏观经济调控的重要作用。完整严密的法律体系是市场经济正常运作的基础，通过调整经济关系和维护市场秩序，为宏观经济政策的实现和国民经济的良性循环创造必要的条件。

农业在国家工业化过程中面临着社会效益高、经济效益低的困境，容易受到自然条件的影响。然而，农业作为国民经济的基础和国家安定的基础，需要得到国家的特殊关注和支持。为此，国家应当采取特殊措施来保护和支持农业，将支持政策法律化和条理化，并强化农业执法，以确保这些政策的有效实施。

法律手段在农业宏观调控中的作用不同于经济手段，其本质是通过国家强制力量来确立农业领域的权利和义务关系。随着农业经济体制改革的深化，倡导"依法治农"成为发展方向。这要求借鉴发达国家的经验，强化经济立法工作，建立完备的农业法律体系，以法律手段来加强对农业的宏观调控和基础地位的保护。为此，需要建立一套系统的法律监督体系，包括农业基本法以及涵盖农业各方面的专门法律，以法治农、以法管农成为必然趋势。

（四）行政手段

行政手段是国家通过行政权力来调节经济活动的工具，包括颁布行政命令和依靠行政措施等手段。在我国市场经济机制建设和完善过程中，行政手段的使用是不可或缺的。特别是在解决涉及国计民生的重大全局性问题时，行政手段能够提供及时而有效的宏观经济管理措施，有助于维护经济秩序。

实行市场经济，并非取消行政手段，而是要调整行政手段与其他宏观调控手段的关系，以确保经济杠杆的正常发挥。对于某些情境下，特别是在粮食等问题上，若经济手段无效或法律手段不适用，应该毫不犹豫地运用行政手段进行干预，以维护国家经济秩序。同时，可以借鉴西方国家在运用行政手段方面的经验。

三、农业宏观调控手段的特点

（一）复合性

农业宏观调控手段呈现出复合性特点，采用了多种形式的、不同层次和力度的调节手段。这包括主导作用的经济手段和法律手段，以及在一定程度上逐步减少但不会完全消失的行政手段。这种综合调控的方式有助于适应市场经济的发展和体制的完善，以实现对农业经济运行的有效调节。

（二）目的性

农业宏观调控手段具有明显的目的性，其运用都以既定的农业经济发展目标为服务对象。这些手段通过实现各自的局部目标或单向目标，整体上致力于达到总体目标，即农业增产、农民增收、农村发展和社会稳定。各种调控手段在方向和目标上都是一致的，以确保整体目标的实现为主导。

（三）统一性

农业宏观调控具有明显的统一性特点，要求在中央政府的统一指导下进行。各种调节手段、调节重点、调节力度和时间都需要得到中央政府的整体统一部署和指导，以确保各项措施协调一致，共同发挥作用，以达成宏观调控的目标。

（四）波及性

农业宏观调控的波及性特点表现在各种调控手段相互关联、相互作用，形成一个综合的调控体系。当某种调节手段发生变化时，可能引起其他手段和方法的实施效果发生变化，产生连锁波动效应。例如，粮食价格提高可能引起食品加工业成本上升，从而影响居民消费支出，要考虑增加居民收入，最终影响到企业人工成本和国家财政等方面。

第五章　农产品市场

第一节　农产品市场供给与需求

一、农产品市场供给

（一）农产品供给的概念

在经济学中，商品的市场供给是指在特定的时间和空间条件下，生产者愿意并能够提供的商品数量，这与商品的价格水平相关。简而言之，市场供给表示了生产者愿意在某一价格下提供多少数量的商品。

农产品市场供给，或称农产品供给，表示在特定的时间和价格条件下，农产品的生产经营者愿意并有可能出售的某一种农产品的数量。这反映了农产品在市场上的生产者愿意提供的数量。

农产品供给的形成不仅依赖于生产者有出售愿望，还需要他们有足够的供应能力。值得注意的是，农产品供给量并非等同于生产量，因为其中一部分可能被生产者自己消费，并且在考虑一定时期内的供给量时，还需要包括以前的存货。

（二）农产品供给的特殊性

农产品供给的特殊性主要表现在以下几个方面：

一是农产品供给总量有限，这是由于土地的有限性所决定的。在一定的地域和技术条件下，农产品的可能供给总量受到土地资源的制约，因此，提高价格只能在一定范围内促进农产品供给量的增加，而这个范围是受到限制的。

二是农产品的生产周期相对较长。农产品的生产过程涉及经济再生产和自然再生产,这是一个不可间断、不能违背自然规律的复杂过程。因此,即使在价格高的情况下,也难以在短期内刺激农产品供给的大幅增长。

三是农产品生产受自然环境影响较大。农产品生产受到土地、温度、光照、降水等多种自然因素的影响,这些因素的变化既带来了生产的机遇,也增加了风险。这种不可控的自然条件直接影响农产品的供给量,为农产品的供给带来了较多的不稳定性和不可控性。

四是农产品供给受政府调控程度较大。农产品的供给不仅受到自然因素和经济因素的影响,还受到政治和社会因素的影响。由于农产品供给涉及国家的粮食安全和社会稳定等方面的重要因素,政府在农产品供给方面会采取更多的调控手段,以确保农产品供给的稳定和充足。

(三)影响农产品供给的因素

在市场经济条件下,影响农产品供给的因素主要体现在以下几个方面。

1.农业生产者目标与市场反应行为

在农业生产中,生产者的决策主要以实现最大利润为目标。由于每个生产者的供给量相对较小,他们的市场行为被描述为"被动的数量适应者",意味着单个生产者的决策不会显著影响市场价格。市场价格是由整体市场供需关系决定的,生产者只能接受并适应市场价格,调整其生产规模和供给数量。

2.农业资源及其开发利用的技术水平

农业资源的条件决定了农产品生产的可能性,而劳动、土地、资金集约的方式在提高产量方面有一定限制。技术进步对农业生产力水平的提高至关重要,可以推动农产品的增长。需求曲线的移动可能导致市场价格上升,但技术进步同样会使供给曲线向右移动,抵消了一部分价格上升的影响。因此,农业技术水平的发展将对提高农产品供给能力产生积极作用。

3.农产品自身价格和相关产品的价格

农产品供给受到价格变动的直接影响,农民在经营决策时会综合考虑相关产品的价格和利润。当其他因素不变时,价格上升刺激供给增加,而价格下降可能导致供给减少。由于同一块耕地可以用于不同农产品的种植，农民会根据市场行情调整生产结构，以追求更有利可图的经营。

4.生产要素价格

农产品供给受到生产成本的影响，而生产成本又受到投入品价格的变动影响。降低投入品价格可以降低生产成本，刺激生产者提供更多产品，使供给曲线右移。相反，提高投入品价格可能导致生产者提供的产品数量减少，使供给曲线左移。一些国家通过对农业生产资料的补贴政策，以降低农民的生产成本，激发其生产积极性，从而增加农产品的供给。

5.政府政策和市场预期

政府的农业产业政策对农产品供给起到重要作用，包括调整农产品结构和平衡农产品供给。在市场失效的情况下，政府通过产业政策、价格政策、税收政策、贸易政策等手段进行宏观调控，以影响产品的供给量。此外，农产品生产者的市场预期也是影响供给决策的关键因素。

总之，影响农产品供给的因素是复杂的，在不同条件下，应把各种影响因素综合起来考虑。

二、农产品市场需求

（一）农产品需求的概念

在经济学中，需求是指在一定时间内，在某一价格水平下，消费者愿意并有能力购买的商品数量。需求价格是消费者为了购买一定数量的商品而愿意支付的价格，这个价格受商品对消费者的需求边际效用的影响。微观经济学理论认为，商品的价值由边际效用决定，并存在边际效用递减规律，即随着消费数量的增加，边际效用逐渐减小。市场上的商品需求主要来自最终消费者和中间消费者，其中中间消费者的需求是从最终消费者的需求中派生出来的。

农产品市场需求是指在一定时间内，以某一价格水平为基础，消费者对某种农产品愿意并有能力购买的数量。有效需求要求购买愿望和购买能力的统一，两者缺一不可。

消费者对农产品的需求多样，涵盖了生理需求、精神需求和生产方面的需求。需求可以具体到某一类或某一种产品，并且可以分解到对产品各种质量价值特性的具体需求。这些特性包括营养成分、感官享受价值、技术性价值和主观心理价值。同时，在食品质量安全不足的情况下，消费者尤其关注产品的安全性。

（二）农产品的需求弹性

需求弹性是商品需求量对价格、收入等因素变动的敏感程度的度量。常见的需求弹性包括需求价格弹性、需求收入弹性和需求交叉弹性。弹性的计算涉及变动的百分比，反映了需求对于不同因素变动的响应程度。

1.需求价格弹性

需求价格弹性是指在商品本身价格发生变化时，引起需求量变化的敏感程度。它用于衡量消费者对商品价格变化的反应程度。

需求价格弹性的一般计算公式为：

$$需求价格弹性 = \frac{商品需求量变动的百分比}{商品自身价格变动的百分比}$$

需求价格弹性系数反映的是农产品价格每变动1%，农产品需求量变动的百分比。一般情况下，某种商品支出在家庭消费开支总支出中的比例越小，价格弹性就越小。

在具体的商品中，对于一些基本生活必需品，人们通常不太容易改变其购买数量，即使价格变动较大，需求的变动相对较小。这种情况下，需求价格弹性较小，被称为价格不弹性。例如，对于食盐等基本的日常用品，即使价格上涨，人们也很可能仍需购买相同数量。相反，对于一些非必需、奢侈品或者可替代品，人们在价格上涨时可能会减少购买数量，或者在价格下降时增加购买数量，这种情况下需求价格弹性较大，被称为价格弹性。例如，某种品牌的豪华巧克力，价格上涨时可能导致一部分消费者选择购买其他更便宜的巧克力品牌。

对于农产品，不同类型的产品在市场上可能表现出不同的价格弹性。一些主食类的农产品可能具有较小的价格弹性,而一些特色、高档的农产品可能具有较大的价格弹性。

了解需求价格弹性对企业和政府在定价、政策制定等方面具有指导作用,有助于预测市场的反应和调整经济政策。

需求价格弹性的倒数是表示价格灵敏性的概念,它衡量的是需求对价格变动的敏感程度。在这个定义下,如果需求价格弹性的值越大(绝对值越大),则表示需求对价格的变动越敏感,如果需求价格弹性的值越小,则表示需求对价格的变动越不敏感。

商品需求价格弹性受多方面因素影响,其中替代品的可用性、商品的用途多样性以及商品在消费者总支出中的地位是直接相关的关键因素。商品如果有更多的替代品、多样的用途,并在消费者的支出中占有重要地位,其需求价格弹性就更大,反之则需求价格弹性就小。

2.需求收入弹性

需求收入弹性是指商品需求量对收入变动的敏感程度。这一弹性系数可以帮助分析商品在不同收入水平下的需求变化情况。需求收入弹性的一般计算公式为:

$$需求收入弹性 = \frac{商品需求量变动的百分比}{收入变动的百分比}$$

如果需求收入弹性系数为正,表示商品为正常商品(正常商品是指随着收入的增加,需求也增加);如果为负,表示商品为劣等商品或次要商品(劣等商品是指随着收入的增加,需求反而减少)。

影响需求收入弹性的因素包括商品的性质、品类、市场环境等。正常商品的需求收入弹性通常在0和1之间,而劣等商品的需求收入弹性可能大于1或负值。

正常商品和劣等商品的分类是相对的,具体情况取决于商品的性质和市场情境。例如,高档奢侈品可能在收入上升时需求增加,但在一些特殊情况下也可能表现出负的需求收入弹性。

需求收入弹性的了解对于企业战略制定、市场定位以及政府政策的制定都具有指导意义。它帮助预测在不同经济状况下商品需求的变化,从而更好地调整生产和市场策略。

3.需求交叉弹性

需求交叉弹性是一种衡量两种商品之间相互影响关系的概念,它表示当一种商品的价格发生变化时,另一种相关商品的需求量会如何变化。需求交叉弹性通常用来评估商品之间的替代或互补关系。需求交叉弹性的计算公式为:

$$需求交叉弹性 = \frac{A商品需求量变动的百分比}{B商品价格变动的百分比}$$

需求交叉弹性的正负号反映了两种商品之间的关系:

正弹性(正数)表示两种商品是替代品。当商品 B 的价格上升时,商品 A 的需求量也会上升。

负弹性(负数)表示两种商品是互补品。当商品 B 的价格上升时,商品 A 的需求量会下降。

需求交叉弹性的绝对值大小表示商品 A 对商品 B 价格变动的敏感程度,绝对值越大,表明两种商品之间的关系越密切。

这种弹性概念对于制定定价策略、预测市场变化以及理解商品之间相互影响的程度都具有重要意义。

农产品需求弹性主要关注价格弹性,即需求量对价格变动的敏感程度。许多发达国家都对农业实行较为优惠的收入政策、价格政策、补贴政策等,其理论依据之一就是农产品需求是缺乏弹性的。

(三)影响农产品需求的因素

农产品的多样化用途使得其市场需求受到多方面因素的影响。不仅要考虑不同农产品之间的差异,还需关注同一种农产品可能具有的多重用途。因此,综合考虑各项因素有助于更全面地理解和预测农产品市场的需求情况。

1.消费者的收入水平

消费者的实际购买行为与其收入水平密切相关,尤其在农产品领域,由于其为生活必需品,消费量增长相对受限。随着人们收入水平提高,农产品的消费结构可能发生相应变化,即人们对于鲜活产品和高档消费品的需求有望出现显著增长，而生活必需品的需求增加幅度相对较小。同时，低质量的农产品和低档消费品可能面临需求减少的趋势。需要注意的是，商品的高低档分类是相对的，会随着不同人的收入水平和个体在收入增长阶段的变化而发生演变。

2.农产品的价格

在经济学中，一般需求规律指出了销售价格和需求量之间的反向关系。对于农产品而言，当其销售价格上升时，人们对其的需求量往往会减少，而价格下降则会刺激需求增加。这一规律在大多数情况下都能成立，为经济体系中价格和供需关系的理解提供了重要的指导原则。

3.相关商品的价格

在保持其他条件不变的前提下，相关商品价格的波动对农产品的需求产生重要影响。一是替代品价格，如牛肉与猪肉之间，若牛肉价格稳定，而猪肉价格上涨，消费者将倾向于增加对牛肉的需求，反之，若猪肉价格下跌，牛肉需求则会减少，猪肉消费量亦受牛肉价格变动的影响。二是互补品价格，如葡萄酒与葡萄、香烟与烟叶等，当葡萄酒、香烟价格下降，需求量相应上升，从而带动葡萄、烟叶需求增加；反之，若葡萄酒、香烟价格上涨，葡萄、烟叶需求则会减少，即某农产品需求与其互补品价格呈相反变动。

4.中间需求的变化

农产品中间需求指农产品在加工业、轻工业等领域作为生产资料的需求。随着国家经济和农业现代化的不断发展，农产品的用途不断扩展，涵盖饲料、食品、纺织、化工等多个领域。农产品加工业和轻工业的发展对初级农产品的需求量有着直接的影响，呈现出相互促进的关系。如农产品加工业的规模越大，发展速度越快，对初级农产品的需求也越多；轻工业的发展规模越大，对棉花、粮食及葡萄等农产品的需求量也就越多。

5.人口的数量与结构

人口数量的变化直接影响农产品的需求，且需求与人口增长呈正比例关系。此外，人口结构的变动也对农产品需求构成产生影响，城乡结构和年龄结构的变化都会在农产品需求中体现。例如，不同年龄段的人对特定农产品有不同的需求，这对农产品市场的供给和调整提出了相应的挑战。

6.消费者的消费偏好

一般情况下,短期内消费者的消费习惯和需求相对固定,不容易发生大的变化。然而,个体差异导致了家庭和消费者在食品选择上存在着多样性,比如有人偏好肉类而不喜欢奶制品或鸡蛋,而另一些人则更喜欢素菜而不喜欢荤菜。此外,文化传统、宗教信仰和风俗习惯等的差异,也会对消费者的消费方式和农产品需求的选择产生影响。如果消费者的个体偏好和消费观念发生改变,将引发对相关农产品需求量的相应变化。因此,在理解农产品市场需求时,需考虑这些多元因素的影响。

7.消费者对农产品未来价格的预期

消费者对未来农产品价格的预期直接影响其现实需求。若他们预计价格上升,将加大对农产品的购买,反之,若预期价格下降,将减少对农产品的购买。这凸显了价格预期对市场需求的引导作用。

总之,农产品需求受到多方面因素的综合影响,既包括经济因素也包括非经济因素。这些因素相互作用,共同决定了农产品的市场需求量。

三、农产品供求平衡

(一)供求规律

农产品市场供求既受一般供求规律支配,又具有自身的特殊性规律。

1.供给规律

一般供给规律揭示了在其他条件不变的情况下,商品的供给量随着价格的变动而发生相应的变化。高价格刺激了生产者的积极性,增加了市场供给;而低价格则降低了生产者的利润,导致市场供给减少。这一规律是市场中供给与价格之间普遍存在的现象。当其他条件不变时,农产品供给随着其价格的变动而做出相应的调整。这种供给反应表现在价格和供给量的组合点在供给曲线上发生移动,即价格下降导致供给量减少,而价格上升则导致供给量增加。

受农业特点的影响,农产品市场供给又具有自身的特殊性规律:一是农产品市场供给受到土地资源限制，因为土地是有限和稀缺的。在一定地域和技术条件下，农产品供给总量是有限的，高价格只能在一定范围内促进农产品供给量的增加。二是农产品供给在市场价格反应上存在滞后性，因为农产品生产需要完成自然周期，具有明显的周期性供应规律。这使得市场价格对农产品供给的调节具有时滞性。三是农产品供给受到自然条件的影响，增加了生产的机遇和风险，导致供给的稳定性和可控性较差。四是农产品供给受到农业投入品价格和科技进步的双重影响。降低生产要素价格有助于降低生产成本，激发生产者提供更多产品的积极性，使供给曲线向右移动；相反，提高生产要素价格则减少了生产者提供的产品数量，使供给曲线向左移动。同时，先进的技术提高生产率，降低单位产品成本，刺激生产者的积极性，使供给曲线向右平移。

2.需求规律

农产品市场中，一般需求规律表明销售价格的升降与需求量呈现反向关系，即价格升高导致需求量减少，价格降低导致需求量增加。这是市场中普遍存在的规律，适用于大多数农产品。然而，也存在一些农产品的价格与需求量关系不符合这一规律，可能受到其他特殊因素的影响。

吉芬商品是指在商品价格上升时，需求量也上升；价格下降时，需求量也下降的商品。一个典型的例子是19世纪英国经济学家吉芬在研究爱尔兰土豆销售时发现的现象。这种不寻常的关系源于穷人的实际收入减少时，他们减少了较高档次的肉类消费，增加了价格较便宜的土豆，导致土豆的需求和价格变动成正比关系。这形成了一种恶性循环，因为土豆价格上涨进一步减少了穷人的实际收入，迫使他们减少肉类消费，增加土豆的需求，反之亦然。

农产品需求还具有其他不同于一般商品的需求特性。首先，它具有派生性，即消费者对最终农产品的需求会引发加工业者和各级流通主体对中间农产品的需求。其次，由于大多数农产品属于必需品，其需求价格弹性小于1，因此农产品的价格灵敏性较大。即使需求量发生较小的波动，也会导致农产品价格发生较大的变动。第三，同一销售阶段内，不同农产品表现出各自独特的需求价格弹性，如稻米和猪肉在需求价格弹性上可能显著超过其他类似产品。这表明不同农产品在市场中对价格变化的敏感程度存在差异，需求价格弹性的多样性需要在农业经济中充分考虑。第四，农产品的需求价格弹性受销售阶段和特殊时期的影响。一般情况下，农产品在平时短期内表现出较大的需求价格弹性，超过了常年的水平。然而，在特殊节日等时期，某些农产品的需求价格弹性可能相对较小，反映出需求在这些时段相对不太受价格波动的影响。第五，农产品需求的多样性体现在其对季节和地域的敏感性上，即需求量在不同季节和地区可能有显著的波动。此外，农产品的品质直接影响着消费者的需求，品质好的农产品可能拥有更大的市场吸引力，因此农业生产者需要关注和提升产品的品质以满足市场需求。

（二）均衡价格

农产品价格的合理性体现在供求平衡，即均衡价格。在自由竞争的市场经济中，商品的价格由市场上的供给和需求关系自发形成。这种自由竞争条件下形成的价格被称为市场价格，是在供求平衡的基础上确定的。然而，政府也可能通过设定支持价格、限制价格等政策手段直接干预农产品价格。因此，农产品价格形成的方式可以分为市场价格和政策价格两种，取决于市场力量和政府干预的相对作用。

1.市场价格的形成

商品的销售者和购买者之间存在价格期望的矛盾，销售者追求高价而购买者追求低价。在实际交换过程中，双方需要通过妥协或其中一方放弃自己的期望，以完成商品的交换。当商品难以销售时，卖者可能采取降价策略；而当需求无法得到满足时，买者可能会愿意接受较高的价格。这种市场动态反映了供需关系的变化。

在自由竞争市场中，众多商品生产者和消费者共同参与。当某种商品需求超过供给时，导致该商品紧俏，市场价格上升。随着价格逐步上升，部分消费者可能选择退出购买者行列，从而减缓该商品的紧俏程度。反之，当某商品需求不足以满足供给时，该商品可能陷入滞销，导致市场价格下降。随着价格的下降，吸引更多消费者加入购买者行列，使商品逐渐摆脱滞销状态。当供给与需求相等时，形成均衡状态，对应的价格和数量分别称为均衡价格和均衡数量。这一市场动态过程被归纳为供求规律。

2.政策价格的形成

政策价格是由政府主管部门根据一定政策目标和标准制定的价格,与市场竞争无关,不受供求波动的影响。政府通过设定政策价格来达到特定的经济或社会目的。其主要依据有以下几条。

(1)成本标准。农产品价格理论上应该能够覆盖生产成本,然而实际操作中由于地区和农户间成本的差异以及某些成本项目的难以计算,使得确定政策价格面临较大难度。在调整政策价格时,需要考虑成本的相对变动作为重要参数。

(2)供求标准。均衡价格反映了生产者和消费者之间的供求平衡状态,是供给等于需求的状态。政策价格与市场均衡价格的主要区别在于前者是主动形成的,通常是长期性的均衡价格,而后者是在市场力量作用下被动形成的,是某时刻的即期均衡价格,处于动态平衡中。正确的政策价格能够降低市场自动调整过程中的社会成本。

(3)收入标准。农产品价格的确定应考虑维持农产品生产者与其他产业就业者的收入水平大致相等,特别在工业化富国,采用抬高价格并保持在长期均衡价格之上的政策,以确保农业人口较少、恩格尔系数较低的情况下维持农产品生产者的合理收入水平。

在农产品价格制定的过程中,必须谨慎权衡生产者和消费者(或纳税人)的利益。农产品价格的提高不仅影响直接购买者,也会通过纳税方式对整个社会形成负担,因此政策价格的制定需要综合考虑承受者的情况,确保在保障生产者利益的同时不过度损害其他社会成员的利益。

各国在制定农产品政策价格时,考虑的标准和依据因其政策目标和经济发展阶段的不同而有所差异。在实际操作中,可能还存在其他制定价格的标准或依据。然而,为了制定合理的农产品政策价格,必须根据特定时期的政策目标和相应的标准来综合考虑。

(三)农产品市场波动

市场波动在市场经济中普遍存在,其分类可基于波动是否有规律可循。季节性和周期性波动具有可预见的规律。而随机性或偶然性波动,则较难预测和追踪。这种分类有助于更好地理解和适应市场的不确定性。

1.季节性波动

农产品季节差价是由于农产品在不同季节的供给或需求不均衡所导致的。如果这种市场波动具有季节规律性,就被称为季节性波动。这种季节性波动与生物的生长发育规律和环境因素密切相关。某些农产品只能在特定季节生产,而另一些农产品在不同季节的生产成本可能相差较大。农产品在不同季节面临着消费者需求的变化,例如在夏季,由于人们希望饮食清淡,对于肉蛋等农产品的需求相对较少,而对其他农产品的需求可能会相对较高。季节性价格波动受到季节供给和需求波动的影响。当供给和需求的季节变动方向一致时,市场价格的季节变动幅度相对较小。然而,如果供给和需求的变动趋势不一致,市场价格就可能出现较大波动。

科技进步在平衡农产品供求方面发挥了重要作用。贮藏设施和技术的不断发展使得农产品能够更长时间地保存,品质损失减小。设施农业技术的应用降低了农产品供给的季节波动,使得农产品能够更为持续地供应市场。此外,交通设施的改善缩小了世界,扩大了市场半径,增强了地区间商品调剂能力,有利于协调供求关系,减少供给和价格的季节性波动幅度。

2.周期性波动

蛛网理论解释了农产品市场中价格和数量周期性波动的原因,强调了供给反应滞后导致的市场不稳定性。在这种情况下,农产品的市场供给过剩,导致市场价格下跌。由于农产品生产周期的滞后性,农民在上一期高价格时扩大了生产,但市场价格下跌时,生产者并不能立即调整生产量。这造成了连续的周期性波动,即蛛网效应。

市场中的周期性波动呈现出多样性,包括了收敛型、发散型和循环型三种类型。收敛型波动表现为波动逐渐减小,趋向于市场均衡;发散型波动则是波动逐渐增大,最终无法达到均衡;而循环型波动在波动幅度上不发生变化,但同样也永远不能达到均衡。

价格的周期性波动是生产者为了在市场中获取更多盈利或减少亏损而做出的生产计划调整的结果。这种现象在完全受市场机制调节的市场中较为常见,尤其在农产品市场中,生产者的反应对价格波动有着显著的影响。这一现象反映了市场参与者为追求经济利益而对供给和需求做出的动态调整。

导致这种周期性波动的因素包括：

（1）生产者反应滞后。生产农产品需要一定的时间，而生产者对市场价格的反应并非即时的。因此，当市场价格上涨时，生产者可能会增加生产，但由于反应的滞后性，导致供给超过需求，最终使价格下跌。

（2）投资周期。农业生产往往涉及大量的投资，包括土地、种子、肥料等。生产者的投资决策受到多种因素的影响，例如市场需求、天气条件等。投资的滞后性和周期性可能导致供给和价格的波动。

（3）季节性因素。农产品的生产受季节性因素影响较大，例如气候、季节等。这些季节性因素导致了农产品供给的季节性波动，进而影响价格。

（4）市场信息的滞后。生产者获取市场信息可能存在滞后，导致他们的决策基于过时或不完整的信息。这种滞后可能导致供给和需求的不平衡，从而引发价格波动。

（5）政策因素。政府的农业政策、补贴和支持措施也可能影响生产者的决策，进而影响供给和价格。

理解这些因素有助于更好地理解农产品市场的周期性波动，并采取相应的政策和措施来平稳市场。

3.偶然性波动

市场波动主要包括季节性波动、周期性波动和偶然性波动。季节性波动和周期性波动具有可预测的规律性，而偶然性波动则是由突发的不可预测因素引起的。偶然性因素可能包括气候异常、疫情暴发、政策变化或战争等，它们的影响常导致市场价格的瞬时波动。了解这些波动的不同特点有助于更好地理解市场的运行机制。

第二节 农产品市场体系

一、我国农产品市场体系概况

（一）农产品市场体系的概念

农产品市场体系有狭义和广义之分。狭义是指农产品交易的场所，广义是指实现农产品价值和使用价值的各种交换关系的总和。农产品市场体系是由市场主体、客体、机制、组织和类型等组成的综合体，是农产品流通领域的组织系统。作为连接农产品生产与消费的桥梁，农产品市场在现代农业发展中扮演着重要的支撑角色。

（二）我国农产品市场体系建设进展

在我国改革开放的40多年里，农产品市场体系经历了巨大的变革与发展，具体表现为：

第一，农产品市场主体多元化格局已经形成。市场主体不再局限于过去计划经济下的国营商业和供销合作社一统天下，而是日益多元化。国有控股商业和合作社仍然发挥着关键作用，但同时，民营流通企业、农民个体运销户以及经纪人的参与越发活跃。此外，农民专业合作社和农业产业化龙头企业逐渐崭露头角，成为农产品市场中不可忽视的重要力量。

第二，随着改革开放的深入推进，我国农产品市场体系呈现出逐步完善的趋势，主要表现为农产品集贸市场得到改善，批发市场的数量增加；零售市场逐渐规范，农产品期货市场开始发挥导向作用；与此同时，连锁经营超市在农产品市场中迅速崛起。全国范围内，亿元以上的批发市场逐渐增多，市场的年成交额也不断提高。与露天的马路市场和简易市场相比，规范市场在取代它们的过程中，提供了更为固定的场所和更完备的设施，为农产品交易创造了更为良好的环境。

第三，在农产品市场体系的演进中，交易方式呈现出逐步多样化的趋势，不再受限于传统的集市贸易。新兴的交易方式包括专业批发、跨区域贸易、订单购销、期货交易和拍卖交易等，为农产品市场注入了更为灵活和多元的元素。同时，流通配送、连锁经营、经纪人代理、电子商务和网上交易等营销方式也在市场中迅速发展，为农产品的交易提供了更为便捷和高效的途径。

第四，在政府引导和鼓励的背景下，市场基础设施建设在农产品领域呈现逐步完善的态势。企业和社会资本积极参与农产品市场的建设和管理，市场机制在这一过程中充分发挥作用。特别是企业办市场、企业管市场的投资模式，极大改善了农产品市场基础设施，使其能够获得稳定且可持续的投资来源。

第五，在市场服务方面取得的进展使得农产品市场更加健康和高效。农产品运销"绿色通道"的建立提高了流通效率，为农产品提供了更为畅通的销售渠道。农产品市场信息体系的完善为市场参与者提供了更全面的信息支持，使决策更为明智。同时，农业信息组织机构体系的建立促进了农业信息的整合和流通，有助于提高农业生产的效益。农业信息采集系统的初步形成更是为及时、准确地获取农业信息提供了有效手段。

第六，我国农产品市场呈现出不断提高的开放程度，逐步与世界农产品市场接轨，关联程度日益增强，农业贸易依存度逐年增加。

综上，以农产品集贸市场为基础、以批发市场为骨干，以农民经纪人队伍和流通组织为中介的农产品市场体系基本形成，这一体系为农产品市场的有序运作提供了坚实基础，使得我国农产品市场在国际舞台上更具竞争力。随着市场开放程度的提升，农产品的国际化程度也将不断加深，为我国农业经济的全球影响力提供更多机会。

（三）我国农产品市场体系建设存在的问题

尽管我国农产品市场在发展中取得了一些进展，但仍存在一系列问题。

首先，农产品市场建设缺乏统一规划，布局不够合理，导致一些地方"有场无市"和一些经济不发达的农产品产地存在"有市无场"的情况。

其次，市场基础建设滞后，流通基础设施不够完备，售后服务网络也不健全，软硬件建设相对滞后。这主要是由于缺乏与市场发展相应的资金投入所致，导致信息传递、价格形成、运输、保管、包装、加工、配送等辅助性功能相对薄弱。同时，加工、仓储及批发市场数量不足，农产品贮藏保鲜设施和质量检测设施普遍缺乏。

再次，市场规则不完善，交易行为不规范，全国尚未形成统一的农村市场管理法律法规，导致粮棉油等大宗农产品的流通未完全按照市场机制运行。

最后，农产品市场的主体规模较小，组织化程度低。农民缺乏大型流通组织和农业产业化龙头企业的支持，自我服务组织发育受到阻碍，专业合作组织规模过小，难以真正带领农民进入市场。

这些问题影响了市场的健康、高效运作，需要加强规则制定和市场主体的组织化建设，在规划和基础设施建设方面进行更深入的改善，以促进农产品市场的更好发展。

二、农产品市场体系的构成

我国农产品市场体系主要由农产品批发市场、农产品集贸市场、农产品零售市场和农产品期货市场构成。其中，农产品集贸市场和农产品零售市场属于相对传统的市场形式。这种市场类型的组织和构成反映了我国农产品市场在一定阶段的发展特点。随着市场的不断变革和升级，未来可能还会有新的市场形式和组织出现，以适应农产品市场的不断发展和变化。

（一）农产品集贸市场

1.农产品集贸市场的含义

农产品集贸市场是在特定历史条件和地区形成的场所，其主要功能是进行农副产品的交易。作为传统的主要渠道，这种市场为农民提供了直接销售农产品的途径，使其能够进入流通领域。农产品集贸市场在一定程度上反映了农产品市场的历史渊源和地域特色，对于农村居民的生计和农产品的流通具有重要意义。

农产品集贸市场主要集中在城市郊区、县城、乡镇和中心村等交通便利、具有一定辐射面的地区。在不同时期和地区,农产品集贸市场呈现出各种不同的特点。作为社会结构基层的代表性组成部分,农产品集贸市场的变化和发展影响着整个社会的变迁。在商品经济不发达的历史时期,集贸市场通常按照固定日期进行交易,农产品主要由生产者直接在市场销售。这些市场是广大农民进行交换的主要场所,体现了农民与其他方面的经济关系,对农村生产、社会分工和农民生活具有重要影响。农产品集贸市场的规模、网点分布与各种地理条件密切相关,构成了农村经济的基础和支柱。

2.农产品集贸市场的作用

(1)促进商品生产。首先,通过集贸市场的销售,农户的农产品得以流通,为其参与商品经济提供了机会。其次,集贸市场提供了丰富的信息,成为农民生产的"指示器"和"晴雨表",引导他们进行生产决策。这不仅扩大了农产品的流通渠道,也促进了农业生产的发展。最后,集贸市场的兴办带动了第三产业的发展,吸引了大量劳动力参与加工、修理、饮食、文化娱乐等服务行业,为社会创造了就业机会,促进了地方经济的多元化发展。

(2)在农村社区中发挥了多重作用。首先,它增强了农民的市场观念,使他们接触到外界的商业环境,逐步接受了新的价值观念、竞争观念和信息观念,培养了一大批务工经商的人才。其次,集贸市场如同一所大学校,为商品生产者和经营者提供了学习的平台,增长了生产、经营的知识,培养了发展商品经济的能人。此外,集贸市场也方便了群众的生活,成为城市居民购买主、副食品的重要场所,为他们提供了丰富的"菜篮子",成为人们离不开的购物场所。

(3)推动城乡经济发展。特别是专业市场的兴起,不仅推动了当地经济的发展,还使市场所在地逐步成为商品集散中心,发挥了多种功能,包括集散、中转、贮存、加工等。这种发展趋势聚集了第三产业及其从业者,部分地区甚至发展成为新的城镇。此外,农产品集贸市场的发展既为国家提供了税源,也增加了农民的收入,使他们能够分享到市场带来的实惠。因此,农产品集贸市场的兴盛对城镇建设和农民经济都产生了积极影响。

（二）农产品零售市场

1.农产品零售市场的含义

农产品零售市场，又称为农产品消费市场，包括专门经营农产品的商场、门市、超市等。作为农产品的最终交易场所，农产品零售市场反映了生产者、加工者、经营者和消费者之间的多方面经济关系。这类市场通常集中在城市、工矿区等人口密集的地区，且很多时候与中心集散市场结合在一起，形成完整的流通体系。农产品零售市场的兴盛直接关系到农产品最终的销售和消费环节，对于农产品流通和市场经济的发展具有重要意义。

2.农产品零售市场的主要特点

概括起来，农产品零售市场主要特点有：①市场辐射范围有限，主要限于周围的消费，与中心集散市场接近。②交易方式以现货为主，交易数量相对较小。③主要供应者是小批发商业和小零售商业，部分农产品由生产者直接在市场销售，以鲜活农产品为主。④超市中以农产品及食品连锁和配送为主，出售的产品以已加工的农产品为主，也有部分鲜活农产品。⑤销售价格相对较高，较产地市场和中心批发市场更高。⑥主要作用是分销农产品给消费者，完成农产品由生产者向消费者的转移。

第三节 农产品批发市场

一、农产品批发市场的含义

农产品批发市场,又称为中心集散市场,是一种高级市场形式,属于"有形市场"的范畴。其核心特点在于将来自各产地市场的农产品集中起来,通过加工、贮藏和包装等过程,最终通过销售商分散销售到全国各地。这类市场通常选址在交通便利的地方,如公路、铁路交会处,以确保便捷的物流运输。规模较大,设有大型的交易场所和仓储设施等,为农产品的集散提供了必要的基础设施。农产品批发市场的存在,有效促进了农产品的流通和分销,对国家农业经济和市场体系的发展起到了积极作用。

农产品批发市场的理解可从两个层次出发:一是作为进行农产品批量集中交易的场所,二是作为为农产品提供批量交易服务的组织。在发展过程中,通常是先有场所,后形成组织,但随着交易服务组织的建立,又促进了农产品批发市场的进一步发展。这两者相互交织,形成了不可分割的有机统一体,共同构成了现代的农产品批发市场。这一体系有效促进了农产品的流通和交易,对农业经济和市场的发展具有重要作用。

二、农产品批发市场的类型

(一)根据农产品批发市场的交易规模和规范化程度划分

根据农产品批发市场的交易规模和规范化程度,农产品批发市场可划分为中央批发市场、地方批发市场和自由批发市场。

1.中央批发市场

中央批发市场,又被称为国家级批发市场,是由政府有关部门规范设计并建立的全国性农产品批发市场。其特点包括规范化程度最高、交易规模最大，通常位于农产品产区、集散中心、加工区、交通运转中心或大城市。这类市场一般为官办组织，可以由地方政府独立创办，也可由中央政府有关机构和地方政府联合创办，甚至有民间合作团体参与兴建和管理。交易者人数相对较少，但交易量大，采用会员制度，非会员单位不得进场交易。市场主要通过拍卖方式进行公开竞价，具有系统规范的管理条例。

2.地方批发市场

地方批发市场，也称为区域性批发市场，是指在中央批发市场之外，能够达到法定规模的批发市场。这类市场通常设在产地，可以是露天市场或者建筑物内，同时配备一定量的仓储设备。兴办者可以是当地政府或各种经济合作组织。为确保运营效率，交易批量和规范化程度在地方批发市场中也需达到一定水平。交易者包括产品收购商、购销代理商、批发商、地方零售商以及部分生产企业。

3.自由批发市场

自由批发市场是指除中央和地方批发市场以外的农产品批发市场的统称。这类市场的规范性较差，申办相对简单，只需进行登记注册领取执照即可开办，交易规模较小，有些甚至进行零售交易。尽管存在一定的自由度，但开设者和交易者仍需参照有关条例约束自己的行为，表现出一定的交易组织性。在中国，大部分蔬菜、水果等生鲜活农产品批发市场属于自由批发市场，它们大多经地方政府批准，采取官办、民办结合或民间独资兴建的方式，不实行会员制，交易者可以自由出入，交易以讨价还价为主。

中央批发市场、地方批发市场和自由批发市场构成了农产品批量交易规范化程度由高到低、辐射范围由大到小的三个层次。中央批发市场在规范化程度和辐射范围上均处于最高水平，地方批发市场次之，规范化程度和辐射范围居中，而自由批发市场则规范化程度较低，辐射范围相对较小。这三个层次的批发市场各有其存在的合理性，能够满足不同程度和不同范围内的供求矛盾需要。

（二）根据农产品批发市场的交易产品种类划分

农产品批发市场根据交易产品种类可划分为综合性批发市场和专业性批

发市场。综合性批发市场主要经营多类或多种农产品，而专业性批发市场则专注于经营一类或一种农产品及其系列连带产品。

（三）根据农产品批发市场的地域特点划分

农产品批发市场根据地域特点可分为产地批发市场、中转地批发市场和销地批发市场。产地批发市场位于农产品集中产区，主要向外分解、辐射扩散，专业大户、长途贩运者和批发商等是主要进入市场的参与者。中转地批发市场位于交通枢纽地或传统集散中心，连接产地和销地，长途贩运者和产地、销地批发商是主要进入市场的参与者。销地批发市场在城市农贸市场基础上发展，与消费者最接近，长途贩运者、批发商和零售商是主要进入市场的参与者。

（四）根据农产品批发市场的交易时间划分

农产品批发市场根据交易时间可分为常年性批发市场和季节性批发市场。常年性批发市场是指全年开市的批发市场，通常为综合性批发市场。季节性批发市场则是因产品上市存在季节性而形成的临时性市场，例如一些瓜果、蔬菜专业批发市场。这两种市场形式满足了不同时间段内农产品交易的需求。

三、农产品批发市场的功能

（一）商品集散功能

农产品批发市场在农业生产和消费的家庭经营背景下发挥了重要作用。这种市场能够吸引和集结各地的农产品，促使在较短时间内完成交易过程。由于农业生产和消费规模相对较小、分散，如果没有农产品批发市场这一中间环节，将导致交易次数增多、批量减小、交易成本升高、效率降低，从而出现"卖难"和"买难"的问题。以山东寿光蔬菜批发市场为例，其建立解决了当地蔬菜销售不畅的问题，实现了更大范围内的农产品集散，有力促进了农产品的流通。这说明农产品批发市场对于提高农产品交易效率和解决流通问题具有显著作用。

（二）价格形成功能

在改革开放之前，国家对农产品的购销价格进行统一规定，但这一制度未能反映出产品的质量、品种差异和供求关系。初期的集贸市场规模有限，无法真实反映更大范围内的供求情况，价格传播中也存在较大误差，给生产者造成错误导向。随着批发市场的出现，农产品在更广泛的范围内集散，通过按质论价的竞争方式形成更为真实的市场均衡价格，为农产品交易提供了更准确的参考依据。

（三）信息中心功能

信息在农产品生产和经营中扮演着关键的角色，对生产者和经营者的决策有着重要的影响。在批发市场中，连接着产需两端，拥有多样化的信息来源和传递手段，因此具备了成为信息中心的条件。通过批发市场，可以有效地收集、整理和发布信息，为农产品生产和流通提供了可靠的信息支持，有助于避免错误信息对生产和经营活动造成不良影响。

（四）调节供求功能

农产品的生产和供给受到自然条件的不确定性较大，相较而言，农产品的消费相对均衡。保持农产品供求平衡是一项困难的任务，但人们可以努力避免供求严重失衡和剧烈波动。在这方面，农产品批发市场发挥着重要作用，通过其大批量、大规模集散农产品的特点，有助于调节市场的供求关系，同时通过市场均衡价格等信息来促使生产与消费的平衡。

（五）综合服务功能

批发市场在交易过程中通过自身的运营为交易者提供多种便利服务，包括提供交易场地、通信、邮电、结算、信息、装卸搬运、包装、加工、分级、贮藏等。这些全面、周到的服务是决定批发市场能否兴旺发达的关键因素。

批发市场可以自行提供这些服务，也可以引入企业单位进场提供，以确保交易者在市场内能够便捷高效地进行各项交易活动。

农产品批发市场的功能充分发挥对于促进农产品生产的发展、改善城乡人民的生活水平，以及推动农产品流通体制改革和流通组织创新等方面都具有重要作用。批发市场作为连接生产和消费的关键环节，通过其多方面的服务和调节作用，有助于实现农产品的高效流通，为农业经济的发展和城乡居民生活的提升作出贡献。

四、农产品批发市场的建设与完善

（一）中国农产品批发市场存在的主要问题

中国农产品批发市场在全国已初步形成了以销地型为主、产地型和集散型为辅的市场网络，这有助于促进农业生产与流通的有机结合，推动农业产业化进程。然而，由于其发展历史较短，仍处在初级阶段，与农业和农村经济的发展形势存在不适应的问题，亟须解决。

第一，农产品批发市场存在布局问题，缺乏整体统一的规划和长远发展意识。一些市场建设盲目，成为"空壳"市场，规模难以扩大，导致龙头作用难以发挥。在一些地方，批发市场数量过多，但管理分散，有的出现有场无市，而有些地方则缺乏足够数量的市场，存在有市无场的问题。这需要进行规范布局和有效规划，以促进批发市场的健康发展。

第二，农产品批发市场在形式上偏向于销地市场建设，而对产地市场建设较为忽视。产地市场的基础设施和经济效益相对较差，与销地市场相比存在滞后状态。产地市场的支撑和引导作用不足，成为农产品市场体系建设中最薄弱的环节，需要加强建设和支持。

第三，农产品批发市场管理存在专业化不足和制度不健全的情况。尽管农产品区域化生产和专业化分工促进了跨区域流通，但长途运输中的问题，如乱收费和物流成本上升，影响了正常流通。政府对批发市场的管理和内部管理制度仍需改进，部分地方管理粗放，缺乏专业设施和管理，存在违法现象。

第四，农产品批发市场网络建设存在问题，信息传递滞后，网络利用率低。尽管有提供市场信息的渠道，但市场仍呈现单兵作战状况，部门、地区分割，整体性不足。全国大市场信息量不足，渠道不畅通，很多地区农业生产无法得到及时的信息指导，对农业信息的了解程度和信息质量都有待提高。

（二）中国农产品批发市场的建设与完善

批发市场是农产品市场体系的核心，为农产品价格形成和国家宏观调控提供依托。应在经济区域和农产品流向需求的基础上，建立中央级大型农产品批发市场，并通过现代信息系统将其与其他市场连接，形成高效有序的市场网络，充分发挥批发市场在全国农产品流通中的决定性作用。重点从以下几个方面做起。

1.统筹规划，优化布局结构，构建完善的市场体系

为了提升农产品批发市场建设水平，关键在于强化立项管理，确保科学论证和合理选址，避免重复建设和无序竞争。在产区批发市场建设中，应考虑农产品集中地，同时顾及交通条件和原有的集散规律。销区批发市场要整合城市建设规划，合理布局考虑可能的辐射范围。在市场建设过程中，质的提高至关重要，主张改建和扩建为主，充分利用存量资产，确保与经济、环境和城市建设的协调发展。最终目标是根据不同区域特征，确定市场规模、设施和档次，逐步构建全国结构合理、流通便捷的农产品批发市场体系。

2.着力培育充满活力的经营主体，激活农产品批发市场

从国际经验中可以看到，销售合作社在其他国家的成功经验为批发市场的发展提供了重要支持，但在中国，代表农民利益的合作社发展相对薄弱，成为制约农产品批发市场发展的问题。解决这一问题的途径包括创造条件使经营者能够进入具有稳定预期的无形市场，强调纵向和横向一体化的发展，以实现农产品生产者、加工者、营销者之间的内部化市场关系。这不仅有助于风险共担和利益共享，也能提高农民参与流通的组织化程度，从而解决小生产与大市场之间的矛盾，推动批发市场的完善，优化价格形成机制。

3.鼓励交易方式的变革和创新

为健全农产品价格形成机制，推行拍卖制、销售代理制、配送制和电子

商务是积极而稳妥的措施。拍卖制在国际上被认为是规范批发市场价格机制的有效方式,其集中竞买、透明度高、公平竞争等特点使其成为提高交易效率和价格公正的手段。在推进拍卖制的过程中,应鼓励大型批发商组织的发展,以扩大交易规模,同时促进委托代理批发贸易的发展,提高交易的组织化和专业化程度。同时,充分利用现代信息技术和物流体系,发展农产品配送和电子商务,进一步提升整体运营效率。

4.强化软件建设,提高市场管理水平

农产品批发市场的健康发展需要坚持多个方面的标准和规范。首先,不同类型的市场应确定自身的建设规模和结构,找准位置,实施标准化建设。其次,批发市场应积极推动交易规范化,引入会员制、拍卖制和代理制等方式,使市场成为产销指导中心。第三,选择以销地产品为主要方式的农产品专业批发市场应引入分选、包装设备和冷藏设施,通过标准化的品种和包装,方便成交、运销,并延长销售季节。最后,为保障交易的公开、公平、公正和有序,必须健全各项管理制度,争取各项税费依法征收,使市场管理法治化。这些措施有助于构建标准化、规范化、有序化的农产品批发市场体系。

5.健全农产品质量标准体系,提高市场交易效率

农产品市场的现代化需要建立健全农产品质量标准体系。这一标准体系不仅有助于商流与物流的分离,提高市场交易效率,同时也是国际国内市场接轨的需求,有助于农产品在市场中保持竞争力。而实现高效率的市场体系还需要发达的信息网络支撑,因为信息网络的发达程度直接反映了农产品市场的发育程度。因此,农产品市场的健康发展离不开农产品质量标准体系的健全和信息网络的高效建设。

6.逐步完善市场监测体系

在建立农产品市场体系的过程中,关键是建立权威的农产品供需、市场价格的预测预报系统和信息发布制度。这有助于更好地发挥农产品市场机制在农业生产和农产品流通中的主要调节作用。考虑到中国农户经营规模小、组织化程度低,以及市场信息获取的困难,需要建立反应灵敏、高效的农产品市场监测体系,以监督和检测农产品批发市场的运行,并发布关键信息,满足农民对市场组织生产的需求。这也包括设立农产品市场档案,是市场经

济体制下农产品市场制度建设的重要一环。

7.加强农产品市场的法治化建设

国外尤其是日本，通过制定健全的批发市场法规，规范了不同级别批发市场的建设、开设条件、交易规定和监督等方面。鉴于此，我国应尽快制定批发市场法，以规范市场运行，减少不规范现象，避免资源浪费。立法过程中，需要禁止地区封锁、市场分割，约束地方政府的不规范行为，促进全国农产品统一市场的形成。通过法律明确市场目标，规范各方职权关系，保障社会广泛参与，同时保护公平竞争，禁止垄断和不正当竞争。此外，加速建立市场内部制度规章，形成有效的自律机制，同时强化监督，建立监督管理机构，规范市场中介组织，以确保农产品市场有序、繁荣和稳定。

第四节 农产品期货市场

一、期货交易的内涵

期货交易是一种与现货交易相对应的交易方式，起源于对农产品的期货合约。这种交易方式是在交易所内由买卖双方预先签订产品买卖合同，货款支付和货物交割则在约定远期进行，属于信用交易。期货交易所被人们称为期货市场，是期货交易的场所。期货市场是指期货交易交换关系的总和，随着期货交易的发展而逐渐形成。期货市场的健全和发展对于推动期货交易的发展具有促进作用。

二、期货交易的运行特征

农产品期货市场的期货交易是在远期合约交易的基础上发展起来的，但又与远期合约交易不同的特殊的商品交换方式，有其独特的运行特征。

（一）期货交易是"买空卖空"的交易行为

在期货交易中，对于买方而言，期货合约是一种凭证，代表着在交易日期能够得到特定商品。而对于卖方而言，期货合约是规定日期应交付特定商品的凭证。参与期货交易的双方的动机通常是利用市场价格的波动进行套期保值或追求投机获利。在期货市场上，购买期货合约被称为"买空"，而出售期货合约则被称为"卖空"。

（二）期货交易是一种委托性质的交易行为

期货交易的买卖双方需通过委托经纪人，在交易所进行买卖和结算手续，双方不直接接触。符合规定的可进行直接交易的人包括交易所会员和持有执照的经纪人，其他客商或投资者只能按照规定的程序委托会员或经纪人代买或代卖。期货价格是由场内经纪人通过公开、充分竞争后达成的竞争价格，因此期货交易属于委托性质的交易。

（三）期货交易是以期货合约自由转让为前提的交易行为

期货交易不仅包括对未来买卖的预期，更关键的是以自由转让期货合约为核心。在这种交易中，参与者无须等到合约到期才进行实物交割，通常在合约到期前就可以通过交易冲销的方式，即平仓、清盘和结算，来实现交易的终结和结算。这种机制为交易提供了更大的灵活性和操作空间。

（四）期货交易是在交易所进行的交易行为

期货交易在一个固定的场所——期货交易所进行，且通常不允许进行场外交易。这个交易所不仅提供了必需的设备，而且制定了严格的规章制度，使得期货交易成为一个高度组织化和规范化的市场。期货交易所的存在为交易提供了有序、公正的环境，确保了参与者在一个受监管的框架内进行交易。

三、农产品期货市场的作用

（一）调节市场供求，减缓价格波动

在宏观层面上，通过供需双方对未来市场状况的预测，农产品期货价格的形成能够预先反映未来的供求关系，避免了市场价格的过度波动。这种超前调节机制有助于防止盲目扩大生产规模，平抑物价，从而有效地避免了社会资源的浪费。

微观层面上，农产品相关企业通过参与期货交易能够有效管理价格风险。通过在期货市场上卖出合约，企业可以在面临价格下降的风险时进行有效的对冲，通过期货交易的利润弥补可能的现货损失，从而降低生产损失的风险。此外，期货市场提供的信息也使得生产者能够更有针对性地调整下一生产周期的规模和产品结构，通过调整市场供给量来维持市场供求平衡，遏制市场价格的剧烈波动。

（二）增强企业经营的计划性，提高管理水平

期货市场的兴盛使企业能够更有计划地管理生产和经营，通过期货合约，商品的供应和销售得到了保障，产品价格和利润水平得以稳定。企业参与期货市场的公平竞争不仅促使其提高经营管理水平，还有助于国家实现对微观经济的宏观调控。在这种平等地位、公平竞争的环境下，企业需要不断改进管理水平，合理规划生产销售计划，降低成本费用，从而提高经济效益。

（三）节约社会劳动和资金占用

期货交易所主要通过期货合约的买卖实现物流和商流的合理分离，使生产企业能方便、快捷地以竞争性价格在期货市场获取原材料，大幅度降低了商品生产出来后所固有的实物运输、贮藏等的资金占用水平，节约了费用开支，提高了社会经济效益。

（四）提高市场的交易效率

农产品期货交易以标准期货合约为基础，确保了交易的一致性，使得交易更为规范。这种标准化不仅使交易人无须担心对方商业信誉，还在合约转让方面提供了更大的灵活性，促进了交易的空间扩大和物资流的更加高效流转。投机商的广泛参与进一步提高了市场的流动性，为整个市场的有效运行创造了更有利的条件。

（五）有助于政府对宏观经济运行的调控

期货市场波动不仅与现货市场密切相关，而且在某种程度上预示着经济形势的变化。政府及时发现并采取适当措施，能够避免其对现货市场运行的不利影响。农产品的重要性使各国政府在期货交易中保留商品储备，而政府作为最大交易者，其各项政策的变化将直接影响期货市场。期货市场因此更易受国家宏观政策的影响，同时也更具有宏观经济的可调控性。

（六）有利于促进农产品市场向国际化发展

期货交易已实现跨国界发展，发达国家的交易所对境外会员发展不设限制。全球各交易所实现了跨国界、跨地区的联网，期货合约的标准化为全球无差别交易提供了基本条件。期货交易所的公开性、公平性提高了市场透明度，同时高度集中的市场交易消除了地域对信息传播的限制。期货市场汇聚了全球供求信息，形成的价格已成为国际贸易领域的基准。

（七）完善农产品市场体系

农产品期货市场的建立，填补了农产品市场的缺陷，为我国农业市场体系注入了新的活力。相较于现货交易的短期性和市场不可控性，期货市场通过风险回避和价格发现功能，提供了更为灵活和长期的交易方式，为农产品生产者和经营者创造了更好的市场条件。当前，面对国际大市场的高风险和标准，我国农业发展需要转变经营方式，实行市场化、产业化、集约化经营，而期货市场作为市场经济的高级形态，在价格发现、风险转移、促进农业市场化方面发挥着关键的促进作用,为应对全球市场挑战提供了重要支持。

四、农产品期货市场的规范与完善

为促进农产品期货市场的发展,需要着力于完善期货品种上市机制,引入符合国内农产品市场需求的期货品种。同时,改善市场的投资经营结构,实现多元化的投资主体、多样化的经营范围,以及多渠道的资金来源。此外,为确保市场有序运行,必须规范期货交易行为,强化法规建设,加强对期货交易所和期货经纪公司的监管,为农产品期货市场创造健康发展的环境。

在市场经济发展的背景下,农产品的流通成为农业发展的重要保障。政府应充分利用农产品批发市场、专业市场、拍卖市场和期货市场等宏观调控支点,采取多种手段,包括经济手段、法律手段和行政手段,可以在市场机制的前提下加强对农产品流通市场的宏观调控,确保农产品市场的稳定,推动我国农业的稳健发展。

第六章　农业产业结构与布局

第一节　农村产业结构

一、农村产业结构的概念

产业结构是指一个国家或地区社会分工体系中各种产业之间的分类组合状况，包括各产业之间的比例关系和相互联系。它反映了经济组织的体系，是一个国家或地区经济发展状况的重要方面。

农村产业结构是指农村地域内各产业部门之间的比例关系与相互联系，包括农业（种植业、林业、牧业、渔业）、工业、建筑业以及服务业等在农村经济中的组成和比重。这一结构可以通过总产值、增加值以及劳动力在各业的分布等指标来进行反映。

我国农村产业呈现非农产业产值逐渐增大的趋势，其中工业比重最为显著，这是农村全面发展和中国工业化的重要标志。农村建筑业、交通运输业、商业、饮食服务业、信息业、旅游业等多元化的非农产业逐渐崛起，成为农村经济的重要组成部分。

我国农村产业结构经历了 1978 年农业为主到 1996 年农村非农产业占据主导地位的演变。在改革开放和乡镇企业发展的推动下，农业总产值逐渐减少，而农村非农产业的比重持续增加，尤其是农村工业成为农村的主要产业。进入 21 世纪以来，农业产业化的发展推动了农村工业和第三产业的快速增长，农村产业结构不断深化。

可见，农村产业结构是受多种因素影响而动态变化的，其合理性关系到社会、经济和生态效益。通过不断优化农村产业结构,保持各产业及内部各部门的合理结构比例,有助于促进农村经济的可持续发展。

二、农村产业结构的特征

农村产业结构因自然、经济和社会条件的不同而呈现多样化特征。

一是基础性。农村产业结构是农村社会、经济、生态系统中的基础性组成部分,直接决定和反映了农村经济的发展水平,同时也在一定程度上反映了地区甚至国家的整体社会经济发展状况。

二是系统性。农村产业结构是一个综合性的系统概念,涵盖了农业、农村工业、建筑业等实体生产部门,以及交通、商业、金融、信息、旅游和服务等非实体生产部门。这些部门相互依存、相互制约,构成了一个不可分割的农村产业系统。农业是基础,而现代农业的发展则需要工业的支持,同时第三产业的进步也取决于第一、二产业的繁荣,形成了一个系统性的发展框架。

三是地域性。农村产业结构受地理位置和自然资源等地域因素的制约,导致不同地区的农村产业发展、产业比重和结合方式存在差异。这使得农村产业结构在地域上呈现出多样性和差异性。

四是不平衡性。农村产业结构的不平衡性根植于多方面因素的综合影响,其中包括农村经济、政治和文化等条件的不同。这使得各地农村的经济发展水平存在差异,进而引发农村产业结构的不平衡发展。

三、农村产业结构的影响因素

(一)生产力水平

农村产业结构的塑造主要受制于生产力水平,其高低直接决定了社会分工和专业化的程度。生产力水平较低时,农村经济相对落后,难以实现充分的分工和专业化,因而农村产业结构会相对简单。生产力水平的提高和技术进步有助于更有效地开发和利用自然资源，推动农村产业朝着专业化的商品经济方向不断发展。农业机械化等先进技术的运用，不仅扩大了农业生产的范围和深度，还带来了农业劳动力的释放，为农村第二、三产业的发展提供了动力。

（二）资源条件

农村产业结构的形成受到自然资源和经济资源条件的制约。在我国农村，各地资源分布存在差异，自然条件与产业结构和农业生产密切相关。同时，经济资源的质量和数量差异决定了农村对市场、信息等的利用程度，从而导致农村各地产业结构的差异。在经济条件较差的地区，由于交通不便等因素，农村可能选择更为自给自足的产业结构。

（三）人口及其消费结构

人口及其消费结构在农村产业结构的塑造中扮演着关键角色。个人消费结构受人均收入水平的制约，随着收入的增加，农村消费逐渐从自给自足向商品化、从单一到多样的方向发展。这种消费结构的演变不仅导致了农村产业结构的调整，同时对整个国民经济结构产生深远的影响。

（四）国内外贸易

国内外贸易是决定农村产业结构的外在驱动力。在开放型农村经济中，生产力和资源条件规定了可能形成的产业结构，但真正塑造农村产业格局的是社会对产品的需求。为了确保农村经济的高效运行并取得最大的比较效益，必须根据国内外市场需求，尤其是科学预测市场变化的基础上，灵活调整农村产业结构。

（五）经济制度、经济政策及农村经济管理水平

农村产业结构的形成受到经济制度、经济政策以及农村经济管理水平的重要影响。不同经济制度反映着不同阶级的利益，而经济政策的根本目标是促进经济发展和为人民利益服务。在政策层面，农产品价格、

税收、信贷等方面的政策直接塑造着农村产业结构。此外，农村经济管理水平，包括经营决策、计划和组织形式等，对农村产业结构的合理性有着显著的影响。

第二节 农业产业结构

一、农业产业结构的概念

农业产业结构，或称农业生产结构，是指一个国家、地区或农业企业内部各部门之间及各部门内部的组成及相互比例关系。这一结构不仅是农业资源配置的核心问题，更是决定农业生产力各要素如何合理结合的基本问题。其合理性直接关系到农业国民经济的发展，因此对农业结构的科学调整具有重要意义。

农业产业结构不仅要关注各组成部分在数量上的比例关系及其变化趋势，更需考虑其在生产结构中的质的规定性。这涵盖了各组成部分之间的相互结合、在生产结构中的主从地位、依存关系、相互作用，以及在内外环境作用下的运动规律。全面了解农业结构需要同时考虑量和质的双重规定性。

广义的农业包括农、林、牧、渔业，它们的组成和比例关系构成了农业的基本结构。保持这四业的全面、协调发展有助于更好地利用农业自然资源，维护生态平衡，促进整个农业的持续、稳定、健康发展。在多种因素的影响下，我国正经历着农业产业结构逐步转变的过程，趋向以农林牧渔结合为主导的新阶段，并推动农业供给侧的结构性调整。

狭义的农业结构主要关注种植业，包括粮食、经济作物和饲料作物的生产。这一结构的合理性直接关系到人民生活的改善和轻工业的发展。粮食在农业中具有特殊的地位，是保障人们基本生活和国家建设的最重要物质资料。经济作物涵盖了多种植物，如棉花、油料、糖料、麻类、烟叶、茶叶、水果、药材等，满足了轻工业原料和人们多样化生活需求。畜牧业的快速发展也促使饲料作物的增加。农业结构的调整在这些方面具有深远的影响。

二、农业产业结构的内容

农业产业结构的涵盖范围因国家的农业概念而异。在 20 世纪 80 年代之前，我国农业产值的统计范围包括农业、林业、畜牧业、副业和渔业。副业指的是农民从事采集野生植物、捕猎野兽、野禽以及农民家庭兼营工业产品的生产活动。随着农村改革和乡镇企业的崛起，1984 年开始，农村社会总产值的统计范围扩大至全部农业总产值、农村工业总产值、农村建筑业、交通运输业、商业和公共运输业的总产值。1993 年后，我国农业统计中不再包括副业，而将采集野生植物、捕猎野兽野禽、农民家庭兼营工业相关活动分别列入种植业、畜牧业和乡镇工业。

农业产业内部包括不同产品性质和生产特点的产业类别，构成了农业产业的二级结构。在农业（种植业）中，二级结构包括粮食、棉花、油料、糖料、蔬菜、水果等；在林业中，二级结构包括用材林、经济林、防护林、林下特产等；在畜牧业中，二级结构包括养猪业、养牛业、养禽业等；在渔业中，二级结构包括养殖业与捕捞业。这些二级产业内部还可以根据产品种类和经济用途进一步分为若干类别，例如粮食可以分为水稻、玉米、小麦等，养牛可以分为奶牛、肉牛等，形成了农业产业的三级结构。随着产业分工的发展，农业产业呈现出逐渐细化的趋势，构成了农业产业的四级至五级结构。

农业产业结构的多样性受到一定条件的影响，并随着时间和空间条件的变化而发生相应的变化。这种变化可以通过多个方面来反映，包括农业总产值或增加值结构、农业商品产值结构、土地利用结构、农业劳动力利用结构、农业资金利用结构等。通过对这些方面的变化进行观察和分析，可以更全面地了解农业产业结构的发展趋势和特点。

三、农业产业结构的形成条件

（一）生产力水平是农业产业结构形成和发展的主要条件

不同的农业产业结构是随着生产力水平在不同时期的提高而形成的。历史经验表明,生产力的发展决定了产业结构的演变。在农业时代,从原始农业到传统农业的过渡阶段中,粮食生产一直是主要的产业,但其特征包括生产规模狭小、产量低、自给自足。而在工业时代,农业工业化成为主要的产业结构特征。

(二)需求是农业产业结构形成和发展的前提条件

在现实生活中,存在两种主要的消费需求,一是为了生存和繁衍后代的生活资料消费需求;二是为了保证生产进行的生产资料消费需求。在市场经济条件下,只有适应需求并进入消费的产品才能成为现实产品。需求在市场经济中成为生产的导向和产业增长的动力,而需求的多样性也促进了农业产业结构的多样性。

(三)地理环境是农业产业结构形成和发展的基础条件

地理环境包括地形、地貌、气候、河流、土壤、植被等自然要素,它们相互联系、相互制约,形成一个有机整体。地理环境中资源的组成特点、时空分布及其功能在一定程度上制约和决定了各产业的内部结构和外部联系,决定了产业结构模式在地域上的差异性。

(四)劳动力是农业产业结构形成和发展的内在条件

产业结构发展的过程紧密关联于劳动过程的三要素,其中劳动力是主导因素。产业结构的提升离不开人的参与和劳动力素质的不断提高,劳动力的数量和质量对第二、第三产业的规模和结构发展至关重要。因此,合理配置劳动力、提高劳动力利用率是实现产业结构合理化的重要路径。

(五)资金是农业产业结构形成和发展的保障条件

产业结构的更新、完善、发展是一个涉及生产要素重新组合的复杂过程。资金在这一过程中扮演着关键的角色,它不仅能够激活各种生产要素,促进分工与专业化,还能够推动新生产力的形成,从而改善产业结构。资金量的增加不仅有助于提升产业结构的质量,也推动了产业的发展规模和速度。资金的分配规律和增长速度直接影响了整个产业结构的发展方向。

(六)科学技术是农业产业结构形成和发展的动力条件

科学技术在生产力发展中扮演着至关重要的角色,它不仅为各产业提供了提高生产要素功能和协作程度的基础,也通过加速产业部门的改革和新部门的建立,推动了产业结构的升级和新格局的形成。在中国改革开放的过程中,国民经济发展与科学技术的有机结合取得了显著进展,科技的不断创新和应用有效地转化为生产力。未来,预计科学技术作为独立的知识产业将更深入地介入产业结构,加速实现新的产业格局。

除了前文提到的自然条件、生产力水平、人口及其消费结构等因素,经济政策也是影响农业产业结构的重要因素。金融政策、财政政策、价格政策、劳动政策等在直接或间接地影响农业部门的运作、资源配置和发展方向,从而对农业产业结构的形成和发展产生不可忽视的作用。这些政策的合理性和实施效果将在农业产业结构的调整和优化中发挥关键性的作用。

四、农业产业结构发展的规律性

(一)农业产业结构演变

农业产业结构的变化常常呈现阶段性的发展过程。在结构变革起步阶段,传统的粮食主导的农业结构逐渐向现代产业结构过渡。这一阶段的特征包括粮食比重下降,非粮食多种产业比重上升,农业生产逐渐向专业化方向发展。农产品开始朝着市场导向进行生产,农民的产业选择逐渐受到市场需求的影响。

在结构性改革发展阶段,农业产业结构已经基本形成了以粮食为基础、专业化生产为主的体系。各国、各地区以及各企业之间的农业产业结构差异较大,内部分工分业日益强化。农业逐渐实现基本商品化,市场成为主要的资源配置调节机制,农产品在市场中的表现对资源在各产业的分配产生影响。

在结构改革高级阶段,农业产业结构在市场化条件下呈现高效益,专业化生产成为主导。优质农产品的比重显著上升,尤其是高科技农业产业化比重逐步增加。农业的功能得到拓展,现代农业的产业结构已经确立。此时,农业产业结构的量变积累到一定程度,会引发质的变化,即产业结构升级。

(二)农业结构变动的趋势

全球农业发展呈现的基本结构变动趋势包括:种植业比重下降但生产力提高,畜牧业比重逐渐增加,尤其在经济发达地区占较大比例,林业逐渐成为农业的重要组成部分,但主要以生态功能为主,而渔业在全球范围内受到越来越多的重视,成为重要的食品来源。

全球范围内,种植业结构的变动趋势表现为:在粮食生产水平提高的同时,经济作物和饲料作物的比重逐渐增加。在中国,近年来的农业产业结构演变也基本符合这一客观趋势。

农业生产呈现出专业化和多产业经营的趋势,其中专业化与多种经营的发展与粮食发展水平密切相关。全国范围的多种经营全面发展需要充分发挥各地区、各生产单位的优势,形成具有特色的农业生产专业化。在一个地区或生产单位内,通过主导产业与辅助产业的合理搭配,可以实现一业为主的专业化与多种经营的有机结合。而实现农业的专业化和多产业经营在很大程度上受制于粮食的供给能力。

(三)农业产业结构变化的影响因素

农业产业结构的形成和变化是一个复杂的过程,受到多方面因素的综合影响。自然资源,经济发展水平,人口变化,粮食供求状况,交通、运输、加工、商业等因素都在塑造农业产业结构中发挥着作用。同时,农业经营体制、历史上已形成的产业结构及其特点,以及农业科学技术的发展和应用情况也对农业产业结构的形成产生着影响。

农业产业结构的调整是受多种因素影响的复杂过程。市场供求状况和农产品价格的变动等是反映农业产业结构调整需求的市场导向。然而,从长远来看,农业产业结构的形成和变化最终取决于社会生产力的发展水平。社会生产力的不断提高将引导农业朝着更为现代化、高效化的方向发展,从而推动农业产业结构的适应性调整。

农业宏观产业结构的演变受到多方面因素的影响，其中包括社会需求、生产力水平、科技进步以及劳动者素质的提高。随着产业结构的调整，农业的投入逐渐变得更加科学和智能化，产业之间的联系也变得更加紧密。这种宏观结构的演变不仅决定了农业所处的发展阶段，还对土地的人口承载力产生着重要的影响。

五、农业产业结构调整

（一）农业产业结构调整的意义

农业产业结构的科学合理调整对农业生产和国民经济的全面发展至关重要。这种调整有助于实现农业资源的合理利用，包括土地、资金和劳动力等各类资源。同时，它还促使农业内部各部门和项目之间的物质能量相互转化，提高整个农业系统的效益。此外，农业产业结构的调整也有助于满足国民经济对各种农产品的需求，推动国民经济的全面发展。

（二）农业产业结构调整的原则

由于各地区和企业面临的自然环境、社会条件、经济水平和技术水平的不同，不可能建立一个适用于所有地方的通用农业生产结构模式。在进行农业生产结构调整时，应全面认识和评价各地农业生产结构的合理性，以更好地适应各地的实际情况，推动农业的可持续发展。一般来说，农业产业结构调整应坚持"四统一"原则。

1.专业生产与综合经营相统一

随着现代农业的发展，农业生产专业化成为主要趋势。为适应这一趋势，农业生产结构需要逐步改变传统的"小而全"的生产模式，重点发展最适合当地自然、经济、社会和技术条件的农业生产门类和项目，以发挥自身优势。然而，考虑到农业自然条件的多样性、生产周期的长短和季节性，一个地区的农业生产结构不能过于单一。在安排专业化生产项目的同时，还要合理安排其他适合当地条件的生产项目,实行专业化生产与综合经营相统一,以达到农业生产资源在空间和时间上的合理配置。

2.资源的利用率与利用效率相统一

在农业生产中,不仅要关注资源的实用价值,还需要从价值的角度考虑其利用效率。对农业生产结构进行定量考察时,首先要注重土地、劳动力、机械、资金等生产要素的利用率,确保它们得到充分的利用,避免资源的浪费和闲置。同时,需要重点关注劳动生产力、单位面积产量、产品成本、资金利润率等价值指标,以实现农业生产资源的最大化利用效率,推动农业生产的可持续发展。

3.经济效益与生态效益相统一

为了确保农业生产结构的合理性和可持续性,需要在两个方面取得平衡。首先,建立高效的农业生产系统,确保农业投入获得最大产出,提高经济效益。其次,建立良好的农业生态系统,通过改善生态环境、提高能量转换率和效率,达到更好的生态效益。只有在农业经济效益和生态效益之间取得统一,才能维持农业生产结构的良性循环,实现可持续农业发展。

4.局部利益与全局利益相统一

农业生产结构的调整和优化可能在一定程度上导致局部利益与全局利益的矛盾。在解决这种矛盾时,应该本着统筹兼顾的原则,综合考虑各方面的利益,尽量实现局部和全局利益的统一。任何片面强调一方利益而忽视或牺牲另一方利益的做法都是不可取的,应该追求协调发展,以促进农业生产结构的可持续优化。

(三)农业产业结构调整的方向与重点

自新中国成立以来,我国一直在积极推动农业产业结构的调整和发展。2014年以后,中央提出了新的经济发展常态,强调农业供给侧结构性改革的重要性。这一改革旨在解决农产品供给与消费需求之间的结构性失衡问题,通过构建现代农业产业、生产和经营体系,实施藏粮于地、藏粮于技战略,促进农业的全面发展。这标志着我国农业产业结构调整进入了新阶段,以实现"加快农业现代化、实现全面小康"为目标。

1.农产品品种结构的调整

在农业结构调整中,农产品品种结构的调整至关重要。尤其是在大范围地域中,传统的大宗农产品如粮食、棉花、油料等在农业经济中仍占据重要地位。不论农业产业结构如何变化,这些大宗农产品的面积仍将相当可观。因此,为了在市场竞争中取得经济优势,必须做好这些农产品品种结构的调整,推动良种化和优质化。同时,随着人们生活水平和膳食结构的变化,需要更加灵活地构建适应市场需求的农产品品种结构,以满足多样化的消费需求。

(1)主要粮食作物品种结构调整。在粮食作物品种结构调整中,保障"谷物基本自给、口粮绝对安全"是关键。对于口粮,特别是水稻和小麦,需要重点发展,以确保粮食的基本安全。在这个过程中,玉米结构也需要得到优化,要根据各地实际情况发展适合当地条件的玉米品种。此外,除了主粮之外,食用大豆、薯类和杂根杂豆等其他作物也是调整的重点,以满足人们对多样化食品的需求。

①水稻。水稻是中国的主要粮食作物之一,对其产区的调整采取稳面积与提品质并举的措施。在产区的布局上,要巩固北方粳稻产区,稳定南方双季稻生产,并且加大优质稻的种植面积,以提高水稻产量和品质。在品种选择上,强调了杂交稻与常规稻并重的策略,通过发挥中国在杂交水稻育种技术上的优势,加速选育高产、优质、高抗性的杂交水稻新品种。同时,利用现代育种技术对常规水稻品种进行提纯复壮,以提高其生产效益。

②小麦。对于小麦产区的调整,主要包括冬小麦和春小麦的稳定与恢复,并在小麦品种的选择上采取灵活多样的策略。在冬小麦方面,要确保主产区的稳定,建立合理的轮作体系;而在春小麦方面,要在特定地区适度恢复春小麦的生产。在小麦品种选择上,既要发展市场紧缺的强筋和弱筋小麦,又要带动中筋或中强筋小麦的品质提升,以满足不同市场需求。

③玉米。对于玉米产区的调整,主要涉及籽粒玉米、青贮玉米和鲜食玉米的种植策略。在籽粒玉米方面,通过调减非优势区、推广适合机械化生产的品种,实现产区的优势巩固和提升。在青贮玉米方面,根据养殖需求,适度扩大青贮玉米的面积,为养殖业提供优质的饲料来源。在鲜食玉米方面,要适应居民消费升级的趋势,增加鲜食玉米的生产,为居民提供更加健康和

多样的膳食选择。

④大豆。大豆产区的调整主要涉及粮豆轮作、面积恢复和品质提升。在产区布局上，通过实施粮豆轮作和适当恢复大豆种植面积，实现大豆的多样化种植。此外，通过改善品质、提高效益，特别是在东北地区扩大优质食用大豆面积、在黄淮海地区以优质高蛋白食用大豆为重点，恢复适当面积，以提高大豆的市场竞争力。同时，国产大豆与国外高油大豆的错位竞争策略有助于满足国内对健康植物蛋白的需求。

⑤薯类杂粮。薯类杂粮的产区调整策略涉及两方面：面积调整和产品增值。通过扩大薯类杂粮的种植面积，减少玉米面积，实现对市场需求的满足，并在生态环境方面做出保护。另一方面，通过加工转化，将薯类杂粮开发成多功能性、营养健康的产品，广泛应用于各领域，推动规模种植和产销衔接，实现增值效应，带动农民的增产增收。

（2）经济作物品种结构调整。

①棉花。棉花产区调整的策略主要包括保持面积的稳定和提升效益的双重目标。通过巩固主要产区的地位和提升新疆棉区的产量，实现产区布局的稳定。同时，通过技术手段，提高单产水平、改善品质、增加效益，包括选育适应机械收获的高产耐盐碱品种和整合机械化生产技术。此外，解决棉花品质问题也是调整策略的一部分，包括解决异性纤维和机械收获杂质等问题，以提高棉花的整体品质水平。

②油料作物。油料作物的调整策略主要围绕两大方向展开。首先，以油菜和花生为代表的两大主导油料，稳定它们在关键地区的产量，具体包括长江流域和黄淮海地区的油菜和花生面积，同时在东北农牧交错区适度扩大花生种植。其次，多油并举，通过发展耐旱、耐盐碱、耐瘠薄的小宗油料作物，以及积极推广新型油料作物，增加新的油源。此外，还强调充分利用棉籽、米糠等原料，开发食用植物油，以实现农业生产中油源的多元化。

③糖料作物。对于糖料作物，主要关注甘蔗的生产和发展。首先，通过稳定甘蔗面积，完善价格机制，引入机械收割等节本增效技术，以促使农民更积极地参与甘蔗种植。其次，通过双提双增的策略，即提高单产和含糖率，以增加产量和效益。具体举措包括选育适宜机械收割、高产高糖抗逆的新品

种，推广健康种苗和高效栽培技术，从而提高甘蔗的生产效益。

④蔬菜。针对蔬菜产业，政府提出稳定蔬菜种植面积、统筹蔬菜优势产区和大中城市的"菜园子"生产等一系列策略，以保障城市居民对新鲜蔬菜的需求。此外，通过推广节水环保和绿色防控技术，致力于提高蔬菜的质量和安全水平。在设施农业方面，提倡推广肥水一体和小型作业机械，引入智能监控和"互联网＋"等现代技术，以提高生产效益。同时，政府强调了南北蔬菜基地的统筹发展，实现春季提早、秋季延后和越冬蔬菜的生产，以确保全年的蔬菜供应。在流通方面，政府计划完善蔬菜的流通设施，加强产地冷链建设，解决时空分布不均的问题，实现周年均衡供应。

（3）饲料作物品种结构调整。调整的核心是发展生物产量高、蛋白质含量高、粗纤维含量低的优质饲料作物，如苜蓿和青贮玉米，以提高畜牧业对高质量饲料的供应。鼓励养带种，即在畜牧业中实现养殖、种植和种子培育的协同发展，以建立起粮经饲三元结构，实现饲料的多元化。根据养殖生产的布局和规模，提倡因地制宜发展适合当地的优质饲草饲料，并逐步推动建立全面的饲料产业体系。

（4）林产品品种结构调整，促进林业产业的可持续发展。调整的核心目标是加快木本粮油产业的发展，其中包括推进油茶、核桃等木本粮油的高产稳产基地建设。鼓励发展多样化的林产品，包括林木种苗、花卉、竹藤、生物药材、木本调料等，旨在实现布局区域化、栽培品种化、生产标准化、经营产业化。此外，提倡发展林下经济，即在森林底层增加其他经济作物，以提高生态资源和林地产出，同时促进森林底层资源的充分利用。

（5）畜禽品种结构调整，确保畜禽产品的质量和供应。对于生猪生产，要求保持略微增长的稳定产量，并推动猪肉自给率，强调规模化养殖和全程可追溯的标准化管理。对于草食畜产品，包括奶类、牛肉、羊肉、禽肉等，要求保持产能和质量水平的稳定增长，通过品种改良和生产性能测定来提升质量，同时鼓励规模化养殖。在奶业方面，强调奶源基地建设，以提高国产乳品的质量和品牌影响力。

（6）水产品品种结构调整，强调保护资源和减量增收。通过合理确定公共水域养殖规模、稳定池塘养殖，并推进综合种养和低洼盐碱地养殖，旨在实现养殖业的可持续发展。此外，明确了鲤科鱼类养殖的重要性，要求注重水产品的质量安全、肉质和口感，以降低对野生资源的捕捞压力。特别关注重点保护物种，关心水电工程和航道建设对水生生物资源的影响，以保持生态平衡。在产品差异化方面，区别对待中高端和大众化低端产品，并强调建立水产品可追溯体系，以满足消费者对优质动物蛋白的需求。

2.农业内部及各部门之间的结构调整

农业各部门的产业结构调整需要在对农业资源的保护和合理利用基础上进行。这意味着要充分考虑不同地区的资源适宜性，根据实际情况制定发展方向。在这个过程中，强调"宜农则农、宜林则林、宜牧则牧、宜渔则渔"的原则，以确保资源的最佳利用。在农业供给侧结构性调整的大背景下，产业结构调整的核心是推动农、林、牧、渔各产业实现转型升级，通过创新和提升产业效益来适应市场需求和提高竞争力，使农业各部门更加适应现代农业的要求，促进农业经济的健康可持续发展。

（1）种植业结构调整。强调"两保""三稳""两协调"的战略调整目标，即确保口粮和谷物自给水平，保持棉花、食用植物油、食糖的稳定自给水平，并协调蔬菜生产与需求、饲草生产与畜牧养殖，构建粮经饲协调发展的三元结构。通过推动农牧结合、发展农产品加工业、拓展农业多功能，实现一、二、三产业的融合发展，为农业产业链的全面升级提供重要支撑。此外，根据资源禀赋和市场需求，选择适销对路的优质品种，并优化区域布局，使农业更具竞争力。科技创新和机制创新是推动农业现代化的动力，包括引入新型种植技术、智能农机，以及建立新型经营主体和服务主体。在生态方面，强调生态保护，减少化肥农药的使用，实现农业与自然环境的和谐共生。最终目标是在保障国家粮食安全的前提下，引导企业参与国际产能合作，提升我国农业国际竞争力和全球影响力。

（2）林业结构调整。深入贯彻生态建设战略，以维护森林生态安全为核心方向。通过积极开展退耕还林还草项目、推动植树造林，尤其在坡耕地和水源地的治理方面，以农民自愿方式进行植树种草，助力木本粮油的发展。同步实施石漠化治理、湿地保护项目，采取封山育林育草、人工造林、退耕还湿、湿地植被恢复、栖息地修复以及生态补水等多种手段治理新石漠化和湿地退化。推进木本粮油和林业特色产业，促进林下经济的繁荣。这一系列措施旨在为国家生态安全提供保障，增强对气候变化的适应能力，提供更多高质量的生态产品，不断提升生态服务的价值和公共服务的能力。

（3）畜牧业结构调整。以生猪和草食畜牧业为核心，构建规模化生产和集约化经营为主导的新格局。通过强调以养代种、种养结合、草畜配套等策略，建设畜禽粪污处理设施和绿色清洁养殖系统，实现畜禽粪污资源的综合利用，同时也注重产品安全和环境友好。在政策和价格机制方面进行完善，推动畜牧业产业链和价值链建设，降低产品流通成本，促使不同产业的融合发展。通过提升畜牧业的生产能力和质量安全监管水平，灵活调配资源，以满足多元化的市场需求。

（4）渔业产业结构调整。以"良种化、生态化、集约化、工程化"的"四化"为目标，推动各类渔业产业的发展。首先，划定生态保护红线，致力于降低污染排放。其次，在规模化养殖方面，采用环保设施，如环保网箱和废物处理设施。海洋渔业区配置基础设施，如调查船、人工鱼礁等，推动深水网箱养殖的发展。再次，在水源涵养区，推进水生态修复，建立生态保护与补偿机制，形成科学合理的生态安全格局。同时，强化饲料、渔药管理，实现资源环境友好和水产的健康养殖。此外，在捕捞方面，减少捕捞强度，规范远洋渔业的有序发展，完善产业链和建设海外渔业综合服务基地。

3.调整和优化农村产业结构

当前我国农村产业存在结构互联互通性不足、市场化水平低、产加销融合程度不高等方面的问题。农产品加工业发展滞后，与农业总产值的比例较低，而国际市场竞争激烈，国内产业融合不足，大宗农产品缺乏竞争力，市场受到进口挤压。因此，应以市场需求为导向，推动全产业链与全价值链建设，实现农村一、二、三产业的融合发展，以"基在农业、利在农民、惠在农村"的原则引领农村产业结构的调整。

（1）创新融合机制，激发产业融合发展动力。首先，通过培育多元化产业融合主体，包括大中专毕业生、新型职业农民、务工经商返乡人员等，引导他们兴办家庭农场、农民合作社，发展涵盖农业生产、农产品加工、流通、销售，以及休闲农业、乡村旅游等经营活动。其次，鼓励多类型产业融合方式的发展，包括家庭农场、农民合作社向生产性服务业、农产品加工流通和休闲农业延伸，以及企业前后延伸的标准化原料生产基地建设、精深加工、物流配送和市场营销体系的推动。最后，建立多形式的利益联结机制，支持企业与农户、家庭农场、农民合作社签订购销合同、提供贷款担保、资助农户参加农业保险，共同打造联合品牌，实现利益共享。鼓励农民股份合作，通过不同区域农用地基准地价评估为土地入股或流转提供依据，并建立风险防范机制，规范工商资本租赁农地行为，加强对土地流转、订单合同履约的监督。

（2）发展农村第一产业，夯实产业融合发展基础。一是发展种养结合循环农业，推动农渔、农林复合经营，注重培育适合精深加工和休闲采摘的特色农产品，构建产加销结合的产业结构。二是加强优质农产品生产，包括无公害农产品、绿色食品、有机农产品和农产品地理标志产品，建立全面的农产品质量安全监管体系，提升标准化生产和监管水平。三是以农产品加工业为引领，培育、推广加工专用的优良品种和技术，促进农产品加工专用原料的生产，提高生产能力。最后，优化农业设施条件，推进高标准农田建设，强化农产品仓储物流设施，支持农村公共设施和人居环境改善，完善休闲农业和乡村旅游的相关设施。

（3）发展农产品加工业，增强产业融合发展带动力。一是支持农产品产地初加工，注重粮食、果蔬、茶叶等主要农产品的初加工设施建设，包括建设粮食烘储加工中心、果蔬茶加工中心，以提升初加工全链条水平。二是提升农产品精深加工整体水平，重点培育多元化主食产品产业集群，与健康、养生、养老、旅游等产业融合，开发功能性及特殊人群膳食相关产品。三是推动农产品及加工副产物综合利用，进行副产物的梯次加工和全值高值利用，建立综合利用技术体系，鼓励中小企业建立绿色通道，实现副产物的有效供应。

（4）发展农村第三产业，增强产业融合发展活力。首先，发展各类专业流通服务，完善农产品产地营销体系，鼓励服务主体向农村社区延伸，提供全方位城乡社区服务。其次，积极发展电子商务等新业态新模式，推进新一代信息技术在农业各环节的应用，完善农村物流、金融、仓储体系，促进大型电商企业参与农产品电子商务业务，深度融合农业与互联网。最后，发展休闲农业和乡村旅游，促进农业与休闲旅游、教育文化、健康养生的深度融合，培育观光农业、体验农业、创意农业等新业态，建设相关服务设施，支持休闲农业产业融合。

第三节 农业生产布局

一、农业生产布局的概念

农业布局，又称农业配置，是指农业内部分工在地域上的表现。它涵盖了农业生产地区的分工、区内农业部门的结合形式和比例关系，以及不同农业区域之间的经济交流和相互关系。

农业生产地区间的分工是根据各地区的自然和经济资源差异确定生产的专业方向和规模，包括选择和安排农产品商品生产基地。区内农业部门的结合形式和比例关系涉及生产组合和空间分布，包括有限资源的合理配置、优势产业的开发等方面。

不同农业区域之间的经济交流和相互关系指的是在地区分工和生产专业化基础上的纵向和横向的交流与合作。这些交流和合作有助于优化资源利用、提高农产品质量，促进农业的可持续发展。

二、农业生产布局的理论依据

农业生产布局学的发展经历了漫长的历史过程，从其萌芽阶段到西方区位理论的建立，再到我国农业生产布局理论体系的形成与发展，呈现出逐步完善的趋势。

在古代早期人类社会，农业生产的门类简单、生产力水平较低，人们对自然的控制能力有限。尽管如此，人们已经认识到农业生产需要特定的生态适宜区域。以我国为例，早在2000多年前的古代名著《禹贡》中，全国领土被划分为九州，每个州都详细记载了土壤、物候、农产、交通、田赋等方面的信息，构成了当时的农业布局体系。这体现了人们对农业生产空间要求的认识，尽管在那个时期的条件下，农业生产布局仍然相对简单。

在《史记·货殖列传》中，司马迁借助农业自然条件，将汉代国土划分为四大区域，进一步分为11个小区，并系统地描述了各区的自然、社会经济条件以及农业资源的利弊。这一农业布局思想相对于早期更为复杂和周密，为当时农业生产提供了有力的理论支持，展示了对农业空间布局的深入思考和实际认知。

在近代，农业生产布局学和区位论的理论逐渐形成，西方国家的地理学家、农学家和农业经济学家发挥了关键作用。德国、美国和英国的学者，尤其是德国的恩格尔布雷许特和美国的伯克尔，在18世纪末至19世纪末期积极参与农业区划与布局的研究，提出了具有代表性和深远影响的理论观点。其中，恩格尔布雷许特提出按农作物和农林牧渔部门优势划分农业区的方法，被广泛应用，成为西方国家农业区划与布局论的普遍采用模式。1926年，德国学者屠能提出了按最大利润原则配置农业的理论，为后来的学者如艾烈波、布林克曼、劳尔继承和发展。这一理论演变为按农业经营制度和"区位"来划分农业地带的学说。同时，英国学者史坦普在20世纪30年代提出了以土地利用结构和农业中的优势部门为依据划分农业类型的理论，具有国际影响。这些理论在20世纪30年代传入我国，成为我国划分农业生产布局的主要理论依据。

三、合理的农业生产布局的意义

合理的农业布局不仅能够发挥各地区的优势，提升经济、生态和社会效益，还有助于引入先进技术和装备，提高农业生产的区域化和专业化水平。此外，通过在关联设施的区域配置上协调配合，农业、工业、交通运输和商业可以更有效地相互配合，提高全社会生产力要素的合理配置。最终，这种布局有助于推动各地区经济的均衡发展，促进边疆和少数民族地区的经济繁荣，同时加强民族团结。

四、农业生产布局的影响因素

农业作为既涉及自然再生产又涉及经济再生产的物质生产部门,其生产布局受到多方面影响。自然要素如光热、水、土直接影响农业生产,同时,市场、区位、技术、环境等因素在不同经济社会发展条件下也对农业生产布局产生间接影响。

（一）资源因素

农业生产的自然再生产过程受到气候、土壤、植被、燃料、动力、森林、水利资源等自然要素以及地理位置的综合影响。农产品的生理过程在光、热、水、土等条件下受到制约。各种农产品对其生产环境有适宜性的要求,不同地域存在最适宜区、适宜区、较适宜区和不适宜区。因此,农业生产的布局必须遵循农业自然资源的生态适宜性,以实现有效的农产品生产。

（二）市场因素

市场需求规模、结构差异及其变化对农业产业布局有着至关重要的决定性影响。不同农产品的需求结构不同,因而产业区域分布要求各异。举例而言,粮食作为刚性产品,适合远离消费中心的生产布局,而蔬菜则因商品率高、与人民收入水平关联密切,以及保鲜程度对价格影响大,适合靠近消费中心布局。经济作物则因为商品率高、为轻工业提供原料,需要与轻工业发展品质相适应,因此布局应尽可能接近加工企业。这表明,农业产业布局需要灵活应对市场需求和结构的差异,以实现最优化的生产和供应。

（三）区位因素

交通区位和贸易区位在降低运输成本和交易成本方面对农业产业布局具有关键性影响。运输成本高、交通不便利的地区难以经济有效地利用适宜的农业资源,使得资源优势难以转变为商品比较优势。因此,通过改善交通区位条件或靠近交通干线和枢纽的地区,能够有效发挥区域农业自然资源的优势,促进农业生产的规模和布局的合理性。

贸易区位是影响外向型农村产业布局的关键要素，尤其在经济一体化和区域化趋势的背景下发挥着重要作用。这对于农产品市场和国际贸易产生深远影响。在中国这个幅员辽阔的大陆国家中，不同地区对外部空间的区位条件各异，而沿海和沿边地区则具备更为有利的农产品国际贸易区位优势。

（四）技术因素

农业生产布局直接受到农业生产、储运、加工、销售等技术的影响。现代以生物技术为核心的生产技术创新能够打破时空约束，通过改良农作物品种、推广抗逆品种和优质专用品种，显著提高产品的生态适宜性，改变生产空间分布格局。同时，应用农膜、新农具和新栽培技术有助于提高农时利用，扩大产业布局的范围和规模。储运、加工、销售技术的创新有助于改善鲜活农产品的区位条件、提高附加值、开拓新市场，推动农业生产布局向广度与深度的拓展。

（五）环境因素

农业产业布局的形成受到生态环境和政策环境的紧密影响。随着生态环境问题的凸显，人们越来越关注农产品的产地环境质量，原产地环境在农业生产布局和市场竞争中的作用逐渐显著。政策环境通过制度环境的塑造对农业生产布局发挥作用，忽视或夸大政府因素都是不科学的。国家政府通过介入农产品国际竞争力研究，不断修改和完善政策和法律，创造有竞争力的经济环境，影响农业生产布局的空间位置和规模，最终推动优势农产品区域竞争力的提高。这表明农业布局与环境和政策环境密不可分，需要综合考虑各种因素以实现科学的产业布局。

第四节 我国农业生产布局的调整与优化

一、中国农业生产布局体系

调整和优化农业产业布局是我国农业供给侧结构性改革的关键任务之一。考虑到各地的自然生态类型、发展基础、环境容量、结构调整潜力等多方面因素，尤其是在农业环境问题凸显、资源环境压力增大的情况下，决定将全国农业生产布局划分为优化发展区、适度发展区和保护发展区。

（一）优化发展区

我国的主要农产品产区，如东北区、黄淮海区、长江中下游区和华南区，具备良好的农业生产条件和潜力，但也面临着水土资源过度消耗、环境污染、农业投入品过量使用、资源循环利用不高等问题。解决这些问题的关键在于在坚持生产优先、兼顾生态、种养结合的原则下，确保主要农产品生产能力稳步提高。尤其在水土资源匹配较好的区域，应发展特色产业，保护农业资源和生态环境，实现生产的稳定发展、资源的永续利用、生态环境的友好，以促进农业现代化的加速实现。

（二）适度发展区

西北及长城沿线区、西南区地域广阔，自然资源丰富，是我国特色农产品的主产区。然而，这些地区存在生态脆弱、水土配置错位、资源性和工程性缺水严重、资源环境承载力有限、农业基础设施相对薄弱等问题。为了解决这些问题，应坚持保护与发展并重的原则，充分利用资源环境优势，发挥特色优势，扬长避短，控制资源消耗大的产业规模，适度挖掘潜力，实行集约节约、有序利用，以提高资源利用率，实现农业可持续发展。

（三）保护发展区

青藏区和海洋渔业区在生态保护与建设中扮演着特殊而重要的角色。青藏区是我国大江大河的发源地和生态安全屏障，具有丰富的高原特色农业资源。海洋渔业区发展较快，具备发展特色农产品、草地畜牧业和生态渔业的优势。但青藏区面临着农业水平低、农村经济滞后和生态脆弱的问题，而海洋渔业区则面临渔业资源衰退和污染的问题。为解决这些问题，需要坚持保护优先、限制开发，尤其是在生态脆弱区域，划定生态保护红线，禁止特定产业，适度发展生态和特色产业，以促使草原、海洋等资源得到休养生息，推动生态系统的良性循环。

二、中国农业综合分区

在三大农业区（东部、中部、西部）的基础上，根据各区的农业自然资源、社会经济条件和农业生产特征的地域差异，结合农业存在的问题和未来发展需求，进行了更为详细的划分，形成了八大分区。这一划分提出了各区农业生产布局调整的方向和重点，旨在更精准地引导各区农业的可持续发展。

（一）东北区

东北区域地理独特，由辽宁、吉林、黑龙江三省和内蒙古东北部大兴安岭地区组成，被大小兴安岭和千山山脉环绕。这片地区纬度最高，因其独特的自然环境和地理特征，形成了独具魅力的地理风貌。

1.自然经济条件和农业生产概况

东北区域具备多样化的气候特征，从暖温带到寒温带均有涵盖，为农业提供了理想的生长环境。核心地区的松嫩平原、三江平原、辽河平原以其肥沃且集中连片的耕地，成为适宜农业机械化的区域，被视为我国条件最佳的一熟制作物种植区和商品粮生产基地。

2.发展方向

东北区作为世界三大黑土带之一，提出了面向未来的发展方向。这一方向以保护黑土地、合理利用水资源、推动农牧结合为核心，旨在打造一个现代化的粮畜产品生产基地。其关键特点包括资源的永续利用、种养产业的融合以及生态系统的良性循环，为实现可持续发展提供了全面而有前瞻性的战略框架。

3.布局重点

为了维护典型黑土带的生态平衡，实施了一系列综合治理措施。这包括在不同地区推行保护性耕作、有机肥施用、粮豆轮作等策略。在不同积温带内，采用了灵活的轮作方案，如玉米大豆、小麦大豆、马铃薯大豆轮作。通过深耕深松全覆盖，有针对性地提高土壤有机质，显著提升土壤的保水保肥能力。对于水稻主产区，通过控制水田面积、限制地下水开采，计划在2030年前实现以渠灌为主，以更加可持续的方式满足农业水需求。针对农牧交错地带的特点，推动了一系列农牧结合、粮草兼顾、生态循环的种养模式。实施"525轮作"计划，强调5年苜蓿、2年玉米、5年苜蓿的轮作方案，注重奶业和肉牛产业的发展，逐步规模化养殖，加强疫病管理，建设"免疫无疫区"。同时，提升粮油、畜禽产品深加工水平。在城市周边，发展设施蔬菜以提高冬春淡季蔬菜自给率。在大小兴安岭等地，推行小麦油菜轮作，实现用地养地相结合，重视森林草原的保护作用，以维护和改善农田生态系统。这一系列措施旨在推动农业发展，保障食品安全，并注重生态环境的可持续保护。

（二）黄淮海区

黄淮海区地理范围广泛，横跨秦岭—淮河线以北、长城以南的区域，包含了北京、天津，河北中南部，河南、山东，以及安徽、江苏北部。

1.自然经济条件和农业生产概况

黄淮海区划分为北部、西部、中部、东部四个部分，地形包括丘陵、山地、盆地以及华北大平原和山东丘陵地带。该区气候为温带大陆季风，具备优越的农业生产条件，平坦的土地、丰富的光热资源。年降水量、积温、无霜期和日照时数等多个气象指标适宜农业发展，使其成为我国冬小麦、玉米、花生、大豆以及传统的棉花产区，同时也是我国重要的应季蔬菜和设施蔬菜产区。

2.发展方向

在面临资源环境压力的背景下，构建现代农业生产体系成为当务之急。这一体系以治理地下水超采、控制肥料和农药使用，以及废弃物资源化利用为关键方向，旨在实现资源利用的最大化和环境的可持续性。通过科学的管理和技术创新，不仅能够提升农产品的质量和产量，还能够保护土壤和水资源，为粮食和"菜篮子"产品的稳定生产提供有力支撑。这样的现代农业生产体系不仅符合可持续发展的要求，也为农业的长期健康发展奠定了坚实基础。

3.布局重点

为解决华北地下水严重超采问题，采取因地制宜的综合措施，其中包括调整种植结构，降低小麦种植比例，引入更适应干旱条件的作物，如棉花和油葵，以及扩大耐旱作物如马铃薯和苜蓿的种植面积。与此同时，通过大力推进高效节水灌溉措施，包括水肥一体化和灌溉定额制度的实施，加强灌溉用水水质管理，并推动农艺节水、深耕深松和保护性耕作等农业技术，共同致力于有效减缓地下水超采问题，为可持续农业发展提供了科学而可行的路径。为解决淮河流域等面源污染严重的问题，实施一系列综合措施。其中，推广配方施肥和绿色防控技术，积极推行秸秆肥料化和饲料化利用，通过调整畜禽养殖布局，稳定生猪、肉禽和蛋禽生产规模，加强粪污处理设施建设，提高水循环利用水平，有效降低面源污染。在沿黄滩区，因地制宜发展水产健康养殖，为地方经济提供了可行的发展方向。全面加强区域高标准农田建设，改造中低产田和盐碱地，配套完善农田林网，通过稳定养殖规模，发展净水渔业，推动京津冀现代农牧业协同发展，为提高农业可持续性作出了积极贡献。

（三）长江中下游地区

长江中下游地区地理范围横跨淮河、伏牛山以南，福州、英德、梧州一线以北，鄂西山地、雪峰山一线以东，主要包括江西、浙江、上海、江苏、安徽中南部，湖北、湖南大部。这一地区地势复杂，包括山脉、河流和城市，涵盖了多个省份，具有丰富的自然资源和文化底蕴，是中国经济发展的重要区域之一。

1.自然经济条件和农业生产特点

我国温带与热带过渡地带以其独特的气候和地理特征，成为我国农业发展的重要支持区域。这里南北植物种类共存，拥有亚热带季风气候，水资源充足且水系发达，使其成为传统的"鱼米之乡"。气候条件适宜，年降水量、无霜期、积温等指标为农业提供了良好的生长环境，同时水田占比较高，主要种植水稻、小麦、油菜、棉花等作物，使其在我国的粮、棉、油生产中发挥着重要的作用。这一地区凭借其农业丰收和资源丰富，为我国农业经济注入了强大的动力。

2.发展方向

为了解决农业面源污染和耕地重金属污染的问题，提出了建立水稻、生猪、水产健康安全生产模式的举措。通过这一模式的建立，不仅可以保障农产品的质量，巩固农产品主产区的供给地位，还能有效改善农业和农村的生态环境。这一举措在保障粮食和畜产品供给的同时，也为实现农业可持续发展和环境保护提供了有效途径。

3.布局重点

提高水稻综合生产能力，巩固长江流域"双低"油菜生产，并降低重金属污染区水稻种植面积，同时促进高效园艺产业的发展。在农业生产中，要科学施用化肥农药，采取措施如建设拦截坝、种植绿肥等，以减少化肥、农药对农田和水域的污染。在沿海、沿江以及环湖盐碱滩涂资源开发利用方面，应推动棉花种植和在冬季休耕田地扩大种植黑麦草等饲草作物。

在畜禽养殖方面，要适度规模化，特别是在人口密集区域，要适度减少生猪养殖规模，并控制水网密集区的生猪和奶牛养殖规模。同时，要适度开发草山和草坡资源，发展草食畜牧业，加速畜禽粪污资源的化肥利用和无害处理，推进农村垃圾和污水治理。

强化渔业资源保护，着力发展滤食性和草食性淡水鱼类以及名优水产品生产。加大力度进行标准化池塘改造，推广水产健康养殖，积极实施增殖放流措施，同时探索在稻田中开展养鱼业。为防止水体污染，要切实控制工矿业的污染排放，从源头上确保水体质量，以保障农业用水的水质。在耕地管理方面，要加强对重金属污染的治理，增施有机肥，实施秸秆还田，使用钝化剂，设立缓冲带，调整种植结构，降低重金属污染对农业生产的影响。确保污染治理区域内生产的食用农产品符合标准，有效遏制农业面源污染扩大的趋势。

（四）华南区

华南区域地理辽阔，涵盖福建、台湾、广东、广西和云南的南部地区，南至南海诸岛。这一地带在福州、大埔、英德、百色、元江、盈江一线形成一体，形成了多元的自然和文化景观。从繁荣的经济中心到丰富的自然资源，华南区域展现出多元化的面貌，为中国的发展和文化交流做出了重要贡献。

1.自然经济条件和农业生产特点

华南区位于南亚热带及热带地带，是我国水热资源最丰富的地区，具有南亚热带湿润气候，适宜发展热带作物。其地形复杂多样，包括河谷、平原、山间盆地、中低山等，具有良好的农业条件。主要经济作物包括花生、甘蔗、柑橘、香蕉、菠萝、龙眼和荔枝等，其中珠江三角洲是全国著名的粮食、甘蔗、蚕丝和淡水鱼生产基地。农、林、水产业在全国经济中占有重要地位，是我国三大林区和四大海区之一。

2.发展方向

在农业发展中，以减量施肥用药、红壤改良、水土流失治理为主要方向，推动生态农业、特色农业和高效农业的发展，旨在构建一个具备优质和安全特性的热带亚热带农产品生产体系。

3.布局重点

通过稳定水稻和糖料面积，利用冬季光温资源开发冬闲田，扩大冬季种植马铃薯、玉米、蚕豌豆、绿肥和饲草等作物，加强南菜北运基地基础设施建设，实现错季上市、均衡供应。同时，推进专业化统防统治和绿色防控，减少化肥农药施用，治理水土流失，加大红壤改良力度，建设生态绿色的热带水果和冬季瓜菜生产基地。在林草植被方面，恢复生态，发展水源涵养林、用材林和经济林，改良山地草场，加快地方特色畜禽养殖的发展。另外，发展现代水产养殖，加强渔业资源养护、水产原种保护和良种培育，推广水产健康养殖，确保农业资源高效利用和生态农业建设取得实质性进展。

（五）西北及长城沿线地区

西北及长城沿线地区处于我国的干旱和半干旱地带，包括新疆、宁夏、甘肃大部、山西、陕西中北部、内蒙古中西部和河北北部。这一地域特征对于农业、水资源管理和生态环境保护提出了独特的挑战，需要采取相应的农业和环境保护措施。

1.自然经济条件和农业生产特点

该地区气候独特，既有广袤的土地和丰富的光热资源，也面临严重的干旱和土壤沙化问题。尽管人口稀少，但农业生产潜力巨大。农业方式多样，包括雨养农业、灌溉农业和绿洲农业，支撑着春小麦、马铃薯、杂粮、春油菜、甜菜、向日葵、温带水果和优质棉花等多元化产业。因此，该地区在充分利用自然资源的同时，也需采取有效措施解决水土流失和土壤沙化等问题，以确保农业的可持续发展。

2.发展方向

以高效利用水资源和维持草畜平衡为核心，注重发挥生态屏障、特色产业和农民收入稳定增长三大优势。应大力发展节水农业、草食畜牧业、循环农业和生态农业，加强中低产田的改造和盐碱地的治理，以实现生产、生活和生态的和谐共存。

3.布局重点

西北地区的光热资源丰富，这为玉米、蔬菜、脱毒马铃薯和苜蓿等作物的种子生产提供了得天独厚的条件。通过建设大型种子基地，可以满足国内生产需求。同时，为了进一步提高生产效率，西北地区积极推动棉花种植的规模化、标准化和机械化。通过采用先进的节水灌溉技术和水肥一体化管理，棉花种植的效益得到了显著提升。此外，为了稳定棉花种植面积，还大力推广机械采收技术。这些措施不仅有助于提高西北地区的农业生产水平，也有助于保障国内棉花供应的稳定性。

在雨养农业区，采取了优化农业生产的措施。通过调整种植结构，减少小麦种植面积，推广地膜覆盖等旱作农业技术，提高了土地的产出效率。同时，建立农膜回收利用机制，确保资源的可持续利用。此外，修建防护林带有助于增强水源涵养功能，保障农业生产的稳定。

在绿洲农业区，发展高效节水灌溉技术。通过续建配套与节水改造，完善田间灌排渠系，增加了节水灌溉面积，实现了节水灌溉全覆盖。在严重缺水地区，采取退地减水的措施，严格控制地下水开采，以保障水资源的可持续利用。

在农牧交错区，推动农业与生态环境的深度融合。通过推进农林复合、农牧结合等模式，实现农业与生态环境的和谐发展。通过调整种植结构、退耕还草等方式，挖掘了饲草料的生产潜力，满足了畜牧业的需求。

在草原牧区，继续实施退牧还草工程，以保护天然草原。通过划区轮牧、禁牧、舍饲圈养等措施，控制了草原鼠虫害的发生，逐步恢复了草原的生态平衡。这些措施旨在实现草原生态系统的可持续管理，促进生态、经济和社会的协调发展。

（六）西南区

西南地区位于秦岭以南，是我国长江、珠江等大江大河的上游生态保护区域。这个地区主要包括广西、贵州、重庆、陕西南部、四川东部、云南大部、湖北和湖南西部等地区。

1.自然经济条件和农业生产特点

该地区地处亚热带，湿度大、日照少，地形包括山地、丘陵、盆地，呈现垂直气候差异。气候条件使得该地区适宜多种作物生长，具备发展生态农业和立体农业的条件。年降水量、无霜期、积温和日照时数等多方面条件有利于玉米、水稻、小麦、大豆、马铃薯、甘薯、油菜、甘蔗、烟叶、苎麻等作物的种植。此地也是我国重要的粮食、油料、甘蔗、烟叶、茶叶、柑橘、生猪和蚕丝产区，同时也是用材林和经济林基地，其中油桐、乌桕、生漆和药材在全国具有重要地位。地下水资源丰富，拥有潜在的可开采能力，且设施完善，是国内水力发电工程的主要区域。

2.发展方向

强化小流域全面治理、草地资源高效利用以及解决工程性缺水问题，同时注重生态保护与特色农业协同发展，实现生态与经济双重效益的和谐统一。

3.布局重点

对于平坝水田，主张采用轻简栽培和小型机具，推广复合种植，以提高土地产出率；在高山夏秋冷凉地区，注重发展特色农作物，同时巩固橡胶和糖料蔗的生产；对藏区青稞地，提倡稳定面积、推广新技术，重点发展优质油菜生产。这一系列措施有助于最大限度地发挥各地的自然资源和气候优势，提高农业生产效益。对坡度25°以上的耕地实行退耕还林还草政策，鼓励人工种草，减少云贵高原非优势区的玉米种植，改种优质饲草，推动生态草食畜牧业的发展。此外，强调加强林草植被的保护和建设，推动水土保持林、水源涵养林和经济林的发展，采取梯田修筑、客土改良、集雨池建设等措施，防止水土流失和推进石漠化综合治理。合理开发水产资源，发展特色渔业。

（七）青藏区

青藏区位于中国最大的高原——青藏高原地带，其地理位置十分特殊。该地区包括西藏、青海、甘肃的甘南自治州及天祝、肃南县，以及四川西部和云南西北部。这些地方不仅自然环境独特，还拥有丰富的历史文化和传统。

1.自然经济条件和农业生产特点

青藏地区的高寒特点使得大部分地区热量不足，但东部和南部海拔较低的地区仍可种植耐寒喜凉作物。该地区的地形多样，包括高山、台地、湖盆和谷地等，但这些地区仅占全区总面积的少数。因此，青藏地区的农业发展需考虑高寒环境和地形多样的特点，并选择耐寒喜凉作物进行种植。南部边缘河谷地区拥有丰富的光能资源和适宜的气候条件，有利于作物高产。同时，该地天然草场和森林资源丰富，是我国主要的林牧区。区内农牧交错，适宜种植多种作物，以青稞为主。东南部地区海拔低、水热条件好，主要种植冬小麦、玉米和水稻，是区内农业和林业的主要产区。

2.发展方向

在三江源头自然保护区和三江并流区，需要重点关注生态保护工作，以实现草原生态的整体改善，并构建起坚固的国家生态安全屏障。

3.布局重点

为了实现高原地区的可持续发展，需要采取一系列措施来保护农业和畜牧业。首先，需要确保区域口粮安全，稳定粮油作物种植面积，并适度发展其他产品生产。其次，需要保护天然草场，推行舍饲半舍饲养殖，实现草畜平衡，遏制草原退化趋势。此外，需要适度发展高原生态畜牧业，加强动物防疫体系建设，保护高原特有鱼类。

（八）海洋渔业区

中国的海洋渔业区是一个广阔的区域，涵盖了多个海域，包括渤海、黄海、东海、南海以及台湾以东的海域。这些海域是我国海洋渔业的主要区域，对我国的渔业生产和海洋生态保护具有重要意义。

1.自然经济条件和农业生产特点

该地区的气候环境涵盖了温带、亚热带和热带，海岸线多样，包括160多个大型海湾、10多个大中河口，以及400多公里的自然深水岸线。为了有效管理和利用这片丰富的海域资源，该区域被划分为不同的功能区，包括农渔业区、港口航运区、工业与城镇用海区、矿产与能源区、旅游休闲娱乐区、海洋保护区、特殊利用区、保留区等。

2.发展方向

为了保护海洋生态和实现渔业资源的可持续发展，必须对海洋渔业捕捞进行严格管控。通过限制机动渔船的数量和功率，加强禁渔期的监管，可以有效地控制捕捞强度，减少对海洋生态的破坏。同时，这样的措施也有助于维护渔民的生计和渔业的稳定发展。因此，政府和相关部门应采取有效措施，确保海洋生态和渔业的健康和可持续发展。

3.布局重点

在推进海洋渔业发展的过程中，应该采取综合性的策略，既重视海水养殖的规模和布局，也要保护和修复海洋生态环境。这包括控制近海养殖规模，发展外海养殖，发展海洋牧场和深水养殖技术，同时也要开展水生生物资源的增殖和环境修复工作。通过这些措施的实施，可以确保海洋生态系统的健康和可持续性，为海洋渔业的发展提供有力的支撑。

三、中国特色农产品区域布局

全球农业发展的普遍趋势，即区域化布局、专业化生产、产业化经营，这被认为是农业现代化的重要标志。当前，我国农业生产面临的主要问题已经由总量不足逐渐转变为结构性矛盾。因此，推动农业供给侧结构性改革、加速改变农业发展方式成为当前和未来农业农村经济的紧迫任务。我国自2003年起，通过两次发布《全国优势农产品区域布局规划》和2017年的《特色农产品区域布局规划（2013—2020年）》，致力于充分发挥各地资源比较优势，培育独特的区域特色产业，以实现农业增效和农民增收的目标。这一系列规划的核心思想在于通过优势农产品布局，推动不同地区的特色农业发展，提高特色农产品的市场竞争力。

（一）特色粮油

我国特色粮油产品在种类繁多、品质优良的基础上，呈现出巨大的市场需求增长空间。这些特色粮油大多为抗旱作物，是半干旱地区的主要粮食作物，不仅可食用，还在化工和医药等领域有广泛应用，具备高度的营养保健功能和综合利用价值。在国际市场上，我国特色粮油产品凭借明显的品质和价格优势，成为重要的出口农产品，出口量约占全球的10%。然而，我国特色粮油产品生产面临一系列突出问题，包括种植粗放、品种混杂、土地退化严重、加工开发不足以及出口市场秩序混乱等。这些问题影响了特色粮油产业的可持续发展，迫使我们需要采取措施，以提高生产的科技水平、优化品种结构、加强加工技术，同时整顿出口市场秩序，确保我国特色粮油产品在国际市场上保持竞争力。通过解决这些问题，我国特色粮油产业有望实现更健康、可持续的发展，同时在全球市场上更为突出地展示其品质和竞争力。

1.区域布局

分区域重点发展19种特色粮油，见表6-1。

表 6-1　特色粮油区域布局

特色粮油	区域分布
芸豆	河北、山西、内蒙古、吉林、黑龙江、山东、重庆、四川、贵州、云南、陕西、甘肃、新疆等地的部分县市
绿豆	河北、山西、内蒙古、辽宁、吉林、黑龙江、江苏、安徽、山东、河南、湖北、广西、重庆、四川、贵州、陕西、新疆等地的部分县市
红小豆	北京、天津、河北、山西、内蒙古、辽宁、吉林、黑龙江、江苏、山东、湖北、四川、贵州云南、陕西、甘肃等地的部分县市
蚕豆	河北、江苏、安徽、湖北、广西、重庆、四川、贵州、云南、陕西、甘肃、青海、宁夏等地的部分县市
豌豆	河北、山西、江苏、山东、湖北、广东、重庆、四川、贵州、云南、甘肃、青海、宁夏等地的部分县市
豇豆	大兴安岭南麓地区
荞麦	河北、山西、内蒙古、安徽、广西、重庆、四川、贵州、云南、西藏、陕西、甘肃、宁夏等地的部分县市
燕麦	河北、山西、内蒙古、吉林、四川、贵州、云南、甘肃、宁夏等地的部分县市
青稞	四川、云南、西藏、甘肃、青海等地的部分县市
谷子	河北、山西、内蒙古、东北三省、山东、河南、陕西、甘肃等地的部分县市
糜子	河北、山西、内蒙古、东北三省、陕西、甘肃、宁夏等地的部分县市
高粱	河北、山西、内蒙古、东北三省、山东、湖北、重庆、四川、贵州、陕西、甘肃、新疆等地的部分县市
薏苡	浙江、广西、贵州、云南等地的部分县市
啤酒大麦	内蒙古、黑龙江、江苏、安徽、河南、云南、陕西、甘肃、新疆等地的部分县市
啤酒花	甘肃、新疆等地的部分县市

续表

特色粮油	区域分布
芝麻	吉林、江苏、安徽、福建、江西、河南、湖北、陕西、新疆等地的部分县市
胡麻	河北、山西、内蒙古、陕西、甘肃、宁夏、新疆等地的部分县市
向日葵	山西、内蒙古、东北三省、新疆等地的部分县市，内蒙古巴彦淖尔市
木本油料	浙江、武陵山区、云南大部

2.主攻方向

首先，强化良种繁育与鉴选，推广优质专用品种，提升粮油产品质量和产量。其次，加强出口和加工基地建设，推广保优节本高产技术，推进标准化，提升产业竞争力。再者，扶持龙头企业，推进产业化，开发优质特色产品，培育名牌，提高产业附加值和影响力。最后，加强产品质量安全管理，建立全程质量控制体系，确保产品质量和安全。

3.发展目标

为了提升粮油产品的市场竞争力，需要培育100个以上的特色名牌产品，并提高产品的优质率。同时，需要建立专用化生产基地，满足国内外市场的品质和规格需求。此外，加强即食性食品的研发，创造新的消费热点，增加市场份额，并扩大出口规模也是重要的策略。

（二）特色蔬菜

在蔬菜生产过剩的背景下，特色蔬菜以其独特的品质、营养价值和功效逐渐受到市场的青睐。为了满足消费者对营养保健的需求，蔬菜生产应注重开发特色蔬菜，提升其品质和营养价值，以开拓更广阔的市场空间。

1.区域布局

分区域重点发展14种特色蔬菜，见表6-2。

表 6-2　特色蔬菜区域布局

特色蔬菜	区域分布
莲藕	江苏北部、浙江区、山东微山、江汉平原、广西中部
魔芋	秦巴武陵区、云贵川区
莼菜	江苏太湖区、浙江杭州、湖北武陵山区、重庆石柱、四川雷波
藠头	鄂湘赣区、云南区
芋头	浙闽区、山东、桂东北区、云南弥渡
竹笋	东南区、湖北、西南区、陕南区
黄花菜	湘黔区、甘陕区
荸荠	浙江区、鄂中区、桂东北区、滇西区
山药	黄淮海区、云贵区
黑木耳	东北区、浙闽区、秦巴伏牛山区、长江中上游地区、广西
银耳	福建区、秦巴山区、黔西北区
辣椒	东北区、黄淮海区、西南区、湖南区、西北区、海南区
花椒	西南区、藏东南、陕甘青区
大料	桂西南区、桂东区、滇东南区

2.主攻方向

要促进特色蔬菜产业的进步，必须重视良种繁育和推广工作，积极发展优质特色蔬菜。同时，加强产后处理和深加工环节，突出功能性开发，以提升产品的附加值。此外，建立和完善质量标准体系、规范行业标准也是必不可少的。最终，通过培育名牌产品，推动产业的品牌化发展。

3.发展目标

为了提高特色蔬菜的市场竞争力，需要实现良种覆盖率达到96%以上，并建设特色菜种植基地。以加工企业为龙头，实现高档蔬菜的标准化生产，并开发系列特色蔬菜产品。通过做精做强名牌产品，提高特色蔬菜在国内外市场上的消费空间。

(三)特色草食畜

随着人们生活水平的提高,对特色畜禽产品的需求不断增长,这为牛、羊和驴等特色草食畜提供了广阔的市场空间。

特色牛如延边牛、郊县红牛等,因肉质优良、味道独特受市场欢迎,需求增长。但生长速度慢、优质种群规模有限,与发达国家有差距。牛肉国际竞争力弱,高档产量不足,质量档次不满足需求,多数依赖进口。

推动特色牛产业发展需加强科技支持,提高生产效率与质量。关键是培育优质种牛,扩大规模化养殖,引进先进生产与深加工技术。加强国际合作,提高特色牛肉竞争力,减少进口牛肉依赖。

特色羊方面,国产细羊毛在出口中发挥重要作用,使我国羊绒衫占国际市场份额75%,原绒产量占全球80%。藏系绵羊毛的独特性使其成为地毯优质原料,滩羊主要用于裘皮制品。但特殊羊品种退化,优质种羊规模小,舍饲技术待完善。羊绒羊毛剪毛机械化程度低,产品质量无法满足市场需求。

解决以上问题需加强特用羊品种培育,提升舍饲技术,扩大规模。推动羊绒羊毛剪毛机械化,保证产品纯度质量。优化产品结构,满足市场多样性需求,提高国际竞争力。努力推动我国特色羊绒产业健康发展,巩固全球市场地位。

特色驴方面,随着人们生活水平的迅速提高,对驴肉和阿胶的市场需求不断增加,一些优良地方驴品种的肉用、药用和乳用等多功能价值逐渐凸显。然而,当前面临的主要问题是优质种驴规模较小,驴肉及其产品深加工技术相对滞后,高档驴肉产量有限,质量和档次不高,无法满足市场需求。

为了解决这些问题,需要加强优质种驴的规模化养殖,通过科技手段提高繁育效率和品质。同时,推动驴肉及其产品的深加工技术,提高产品附加值,满足市场对高档驴肉的需求,促进产业升级,确保驴肉产业的可持续发展。通过这些努力,可以更好地满足市场需求,提高国内驴肉产业的竞争力,并促使其更好地适应现代市场的多元化需求。

特色兔方面,兔肉以其细嫩的肉质、味美香浓以及久食不腻的特点而备受青睐。不仅如此,兔肉还具有极高的营养价值和药用价值。其肉质细嫩,口感极佳，食用后不易产生腻感，因此深受消费者欢迎。在营养方面，兔肉富含优质蛋白质、低脂肪、低胆固醇，是一种理想的高蛋白、低脂肪的肉类食品。同时，兔肉还含有丰富的微量元素和维生素，有助于人体的健康。

除了作为美味佳肴，兔肉还在中医传统药物中有着广泛的应用。据传统医学认为，兔肉具有滋阴补肾、清热解毒等功效，常被用于调理身体，尤其适用于一些虚弱体质或需要滋补的人群。

特色鹿方面，鹿身上的各个部位都蕴含着丰富的宝藏，可以开发出多种药品、滋补保健品、食品、化妆品以及优质的有机肥料，其医疗保健价值尤为显著。鹿茸被誉为"药中之宝"，在中医药中有着悠久的历史，被广泛用于滋补强身、补气养血、壮阳补肾等方面。鹿骨、鹿筋、鹿胎、鹿血等也都有其独特的药用价值，常被用于治疗骨折、风湿病、贫血等疾病。

除药用外，鹿肉也是一种高蛋白、低脂肪、营养丰富的食品，具有滋补强壮、补血养颜的功效，深受消费者青睐。同时，鹿角、鹿皮等可以用于制作化妆品，具有保湿、美白、抗衰老等功效。此外，鹿粪经过堆肥处理后可作为优质的有机肥料，用于农业生产，有机肥对土壤改良和作物生长有着良好的促进作用。

1.区域布局

分区域重点发展22种特色草食畜，见表6-3。

表6-3 特色草食畜区域布局

特色草食畜		区域分布
牛	牦牛	青藏高原、南疆地区
	延边牛	东北三省东部
	渤海黑牛	山东北部
	郏县红牛	河南中西部
	复州牛	辽宁南部
	湘西黄牛	湖南湘西北地区
	奶水牛	广西、云南

续表

特色草食畜		区域分布
驴	德州驴	鲁北平原
	关中驴	陕西关中平原
	晋南驴	山西南部
	广灵驴	山西东北部
	泌阳驴	河南南部
兔	福建黄兔	福建西北部
	闽西南黑兔	福建西南部
	九嶷山兔	湖南西南部
鹿	吉林梅花鹿	东北三省
	东北马鹿	东北三省、内蒙古赤峰
羊	细毛羊	新疆天山北坡及南坡地带、内蒙古中东部、甘肃祁连山区、青海中部
	绒山羊	西藏西部、内蒙古中西部、陕北、辽东半岛、新疆准噶尔盆地和塔里木盆地周边、青海柴达木
	藏系绵羊	西藏大部、青海、甘肃甘南、四川西部及云南西北部
	滩羊	宁夏中部、甘肃中部
	奶山羊	陕西、山东、四川

2.主攻方向

（1）特色牛方面。加强原产地保种场和保护区建设，保护能繁母牛养殖数量，开发高档牛肉和牛肉制品，推广专业化育肥新技术，提高饲草料利用率，因地制宜开展人工种草，建设饲草料储备和防灾减灾设施，规范饲养技术，严格投入品和屠宰加工监管。这些措施旨在促进地方牛品种的保护和开发，提高生产效率和产品质量，为牛肉产业的可持续发展提供有力保障。

（2）特色羊方面。通过建设原种场和扩大种羊规模，可以提高个体繁殖性能和产肉、产毛（绒）和羊毛（绒）品质。推广"牧+舍"饲、养、殖技术，可以控制存栏、提高母畜存活量、加快周转、增快出栏，同时保护草地、缓解草畜矛盾。此外，加快建设机械化剪毛和毛、绒分级等基础设施，建立滩羊保护区也是促进畜牧业发展的重要措施。

（3）特色驴方面。首先，加强优良地方驴品种的保种场和保护区建设，通过品种选育和品系繁育来保护和开发这一宝贵的资源。其次，培育和壮大一批具有强大带动能力的养殖、屠宰加工龙头企业，提升产业的标准化、规模化和产业化水平。此外，开发高档驴肉产品和阿胶产品等特色产品，促进精深加工发展，完善产业链条。最后，强化品牌创建，提高驴产业的知名度和美誉度，从而实现驴产业的可持续发展。

3.发展目标

首先，完善良种繁育、动物防疫和市场信息系统等关键环节，确保畜牧业健康、高效发展；其次，建立新型草地生态畜牧业发展机制，以可持续的方式推动畜牧业进步；最后，深化畜产品加工，创建特色品牌，使产品在国际市场上更具吸引力。

（四）特色猪禽蜂

我国猪禽肉市场供需稳定，特色肉类如金华猪、乌金猪、香猪和藏猪等市场需求强劲，因其独特风味和品质受消费者喜爱。随着消费者对高品质健康食品需求上升，特色肉类市场发展空间将进一步扩大。

中国禽类养殖具有丰富特色资源，优质鸡市场扩大，水禽成新增长点。石岐鸽、塔里木鸽等地方肉鸽品种在食用、药用方面具有独特价值，丰富饮食选择，带来经济效益。随着消费者对特色禽肉需求增加，市场前景看好。

我国蜂产品产业全球领先，但需应对挑战。提升品质和竞争力需优化品种、生产、防疫和用药，同时扩大规模和加工产品开发。

1.区域布局

分区域重点发展 11 种特色产品，见表 6-4。

表 6-4　特色猪禽蜂区域布局

特色猪禽蜂		区域分布
猪	金华猪	浙江中西部、江西东北部
	乌金猪	云贵川乌蒙山和大小凉山地区
	香猪	黔东南、桂西北山东北部
	藏猪	西藏东南部、云南西北部、四川西部、甘肃南部
	滇南小耳猪	滇西边境山区
	八眉猪	陕西泾河流域、甘肃陇东、宁夏固原地区、青海互助县等
	太湖猪	江苏、浙江和上海交界的太湖流域
优质地方鸡		长江中下游区、华南区、西南区
特色肉用水禽		长江中下游区、东南沿海区、西南区、黄淮海区、东北松花江区
特色肉鸽		新疆塔里木盆地西部（塔里木鸽）、广东中南部、珠江三角洲地区（石岐鸽）
特色蜂产品		东北与内蒙古区、中南区、华东区、西北区、西南地区和华北区

2.主攻方向

保护与发展特色产业需实施原产地保护，采取一系列措施。一是保种提纯，保持独特遗传基因与品质。二是改进养殖，扩大生产，建立标准化示范区，提高产量质量。加强疫病监控，保障产业健康可持续发展。三是推进精深加工，提升附加值与市场竞争力。四是强化品牌创建与产业链完善，形成完整产业体系与品牌效应。

3.发展目标

系统地进行保种选育，旨在提升养殖业的科技水平与生产效益。此外，深入挖掘精深加工的潜力，发展特色肉产品及其他制品，被视为拓展农产品附加值的有效手段。最终，通过不懈努力，旨在打造知名品牌，提高农业产业的竞争力与市场地位。

（五）特色果品

特色果品在农产品领域具有市场竞争优势和发展前景，国内外需求增长。

我国特色果品发展显著，包括栽培面积、产量、人均消费量和出口增长，以及产业化生产基地形成。但存在品种退化、品质下降、熟期安排不当、市场压力大和产业化程度低等问题。

1.区域布局

分区域重点发展25种特色果品，见表6-5。

表6-5 特色果品区域布局

特色果品	区域分布
葡萄	华北区、东北区、华东区、中南区、西南区、西北区
特色梨	塔里木盆地北缘（库尔勒香梨）、山东莱阳（莱阳茌梨），冀中和鲁西北（鸭梨）、冀中（雪花梨）、鲁苏皖豫淮平原（砀山酥梨、丰水）、河南南部（中梨1号、黄冠）、吉林延边（苹果梨）、辽宁沿海（南果梨、锦丰梨）、甘肃河西走廊（苹果梨）、京郊（京白梨）、浙江中部（翠冠）、云南中南部（翠冠、满天红）
特色桃	北京产区（平谷）、辽南产区（大连）、河北产区（乐亭、顺平）、山东产区（青岛、威海、蒙阴、肥城）、陕甘高原产区（咸阳、秦安）、苏浙沪区（徐州、无锡、奉化、奉贤）、豫北产区（安阳、新乡）、鄂西北产区（枣阳、孝感）、成都产区（龙泉驿）、皖北产区（砀山）、滇黔产区（昆明、贵阳）、桂北产区（桂林）、东南产区（南平、河源）
樱桃	辽宁大连、河北秦皇岛、北京郊区、山东胶东半岛和泰沂西部、陕甘中部
石榴	新疆南疆绿洲、安徽怀远、川滇高原区、山东枣庄、海南
杨梅	浙闽大部、云南东部
枇杷	浙闽粤区、湘桂区、四川区、江苏吴中、安徽歙县
特色柚	闽粤区、桂东北湘南区、浙江中南部、湖北宣恩
猕猴桃	陕西关中、甘肃、渝湘黔区、江西、江苏、川中区
特色枣	冀鲁平原、黄土高原、甘新区、辽西北区、闽南区、海南区
特色杏	冀北山区（仁用杏）、辽西地区（仁用杏）、南疆地区（鲜食杏）
特色核桃	云南中西部、晋冀区、青藏东南、南疆地区、鄂西北、山东泰山、浙皖天目山区（山核桃）、辽东南
板栗	京津冀东北部、鲁中低山丘陵、鄂皖大别山区、陕南鄂西、云南中部
柿子	京冀太行山区、陕甘区、桂北区
香榧	浙江会稽山脉
龙眼	粤桂南部、闽东沿海、海南、滇南干热河谷、四川泸州

续表

特色果品	区域分布
荔枝	粤桂南部、闽南、海南、滇南干热河谷、四川泸州
香蕉	海南-雷州半岛、粤西-桂南、桂西南-滇南-滇西南、珠三角-粤东-闽南
橄榄	闽粤沿海
椰子、腰果、槟榔	海南
菠萝	桂西南、闽粤南部、海南东部、滇南和干热河谷
芒果	粤桂南部、海南西部、滇南、川滇干热河谷、闽南
番木瓜	粤桂南部、滇东南、闽南

2.主攻方向

培育新品种，增加品种数量，发展早晚熟品种，提升上市均衡能力；进行技术示范培训，提升产品品质和一致性，加强采后处理和保鲜研发，开发加工新产品，拓展新市场；强化引进品种和种苗检疫管理，防患重点病虫害；完善果品品质、安全标准及监管机制，加强产地认证。

3.发展目标

为了提升我国特色果品的市场竞争力，需要培育具有独特品质的品种，优化果品结构，加强采收技术研发，推进标准化生产，形成产业链，培育著名品牌，并扩大国际市场份额。

（六）特色饮料

中国茶叶和咖啡产业具有悠久的历史和丰富的资源，但面临着原产地保护不足、技术指导缺乏、质量安全生产体系不健全等问题。为了提升茶叶和咖啡产业的国际竞争力，需要加强原产地保护、提供技术指导、完善质量安全生产体系。同时，对于咖啡产业，还需要提高咖啡园建设质量、优化品种结构、提升生产技术和管理水平、推动精深加工和规模化发展。

1.区域布局

分区域重点发展5种特色饮料，见表6-6。

表 6-6　特色饮料区域布局

特色饮料	区域分布
红茶	皖南、滇西、粤桂部分县、福建部分县市
乌龙茶	闽西北、闽南、粤东
洱茶	滇西南
绿茶	浙江、安徽、江西、湖南、湖北、四川、贵州、重庆、陕西、河南、江苏、福建等地的部分县市
咖啡	云南西南部、广东雷州半岛、海南西北部

2.主攻方向

（1）茶叶方面。为了提升茶叶品质和安全性，促进产业的可持续发展，需要从多个方面入手。首先，应改良茶树品种，稳步推进良种化进程，以提高茶叶的产量和品质。其次，改善茶叶种植环境，加强茶树病虫害监控，以确保茶叶的生长不受不良环境的影响。同时，应全面推广茶叶标准化生产，加强初制茶厂改造与加工环境整治，确保茶叶生产过程中的质量和安全。最后，整合品牌，形成产业聚集，以提高茶叶产业的竞争力和市场影响力。

（2）咖啡方面。为了提升咖啡产业的附加值，需要从种植、加工和品牌建设等多个方面入手。首先，推广优良品种并提高单产是基础，这有助于增加产量和提高品质。其次，建立优质咖啡种植园和精品咖啡脱壳加工厂是关键，这能够确保原料的品质和加工的效率。此外，研发咖啡深加工新产品也是必要的，这能够满足消费者多样化的需求，提高产品的附加值。最后，建立咖啡交易中心和做强品牌也是提升产业价值的重要途径。

3.发展目标

全面实现标准化生产，控制残留；加强资源保护、新品研发，扶持龙头企业，优化加工；整合品牌，规范市场；中西部创建特色饮料名牌，提升认知度。

（七）特色花卉

花卉消费正向日常家居消费转变，市场潜力大。自 20 世纪 90 年代起，全球花卉贸易额以 10%的年增速增长。花卉生产重心由发达国家转向成本较低的发展中国家，为我国花卉业带来机遇。我国花卉产业初具规模，有进一步发展基础。当前问题包括：种质资源保护不足，缺少专利品种，品种结构不合理，生产方式落后，花卉市场建设滞后。

1.区域布局

分区域重点发展 4 类特色花卉，见表 6-7。

表 6-7 特色花卉区域布局

特色花卉	区域分布
鲜切花	云南中部、浙江东北部
种球花卉	福建漳州（水仙）；青海东部（郁金香、百合）；滇西北和滇东北、甘肃中部（百合）；辽宁凌源（百合、唐芦蒲）
盆栽花卉	福建沿海、浙江中北部、广东珠江三角洲、江苏如皋、辽宁海城、天津东丽
园林花卉	湖北、河南

2.主攻方向

研发新品种并申请专利，同时建立完善的行业标准。进一步引进国外先进技术、设备和生产工艺线，特别注重关键技术如种球繁育、产后加工保鲜，以及质量及病毒检测。此外，对鲜切花的保鲜、盆栽花卉的栽培与繁殖等关键技术也进行了强化的研发。在市场方面，加强市场体系建设，致力于建立一个健全的花卉供销网络，以确保整个产业的健康发展和提升市场竞争力。

3.发展目标

首先，培育具有自主知识产权的特色花卉新品种，以优化品种结构，提高花卉品质和附加值。其次，建立技术推广和培训体系，普及花卉种植技术，提高从业者的技能水平，从而实现产业升级。此外，应形成科研与生产互动互惠的研发机制，加强产学研合作，提高花卉产业的创新能力。最后，建设规范的花卉拍卖市场，促进花卉产业的流通和销售，提升产业的竞争力。

（八）特色纤维

我国特色纤维在全球市场具有显著优势，尤其在茧丝和麻类纤维方面。然而，为了保持和提升这一地位，需要解决一些关键问题。首先，需要加强桑园管理和提高蚕茧质量检测技术，以稳定蚕茧收购价格。其次，需要加强麻类优质品种的培育和剥麻设备的升级，以降低劳动强度和环境污染。通过解决这些问题，我国特色纤维产业将能够更好地应对国际市场的挑战，并继续保持其在全球市场的领先地位。

1.区域布局

分区域重点发展4种特色纤维，见表6-8。

表6-8　特色纤维区域布局

特色纤维	区域分布
蚕茧	广西大部、川西川南、渝东南、云南、苏北、浙江中北部和西部、鄂北、粤西粤北、陕甘南部、皖南（桑蚕）；豫南、东北地区（柞蚕）
苎麻	湘鄂赣、川东地区、桂北地区、渝中南地区（主要是涪陵地区）
亚麻	黑龙江、新疆伊犁、甘肃中东部
剑麻	华南南部

2.主攻方向

（1）蚕茧方面。首先，需要控制规模并调整布局，将蚕桑产业向西部地区转移。其次，加强基础设施建设，推行标准化生产，建设优质高产稳产的新基地。此外，推广优良桑、抗寒桑树新品种和省力化养蚕等优质蚕茧生产技术，以提高桑茧生产水平和质量。

（2）麻类方面。为了提高麻类作物的质量和附加值，应积极培育优质新品种并降低劳动强度，提高剥麻效率和纤维质量。同时，增加产品种类，提高综合利用水平，以减轻环境污染。发展特色纤维（麻类）替代森林造纸也是一个重要的方向。

3.发展目标

要实现优势区特色纤维生产的可持续发展，必须加强资源的综合开发利用，推动产业向集约高效和生态型方向转型。同时，应着力构建生产、纺织、贸易一体化的产业体系，提升产业国际竞争力，以促进经济效益和生态效益的共同提高。

（九）道地中药材

中药材产业在国内外市场的需求增长和认可下迅速发展，但面临道地药材品种退化、种植产业化程度低和科技含量不足等挑战。为促进中药材产业的可持续发展，应加强市场监管，提高种植组织化程度和科技含量，以保障中药材质量和安全，进一步扩大中药材的国际市场份额。

1.区域布局

分区域重点发展 25 种中药材，见表 6-9。

表 6-9　中药材区域布局

中药材	区域分布
三七	桂西南和滇东南
川贝母	川西、藏东、甘肃南部
怀药	河南焦作
天麻	西南、秦巴山区、武陵山区、皖西
杜仲	秦巴山区、武陵山区，大娄山区
枸杞	宁蒙河套地区、新疆精河、青海区
黄芪	内蒙古东部、辽宁东部、吉林长白山、黑龙江北部、川西北、山东半岛、陕西中部、甘肃南部、青海东部
人参	长白山
丹参	天津蓟州区、四川中江和青川、湖北孝感、甘肃南部
林蛙	长白山及大小兴安岭
鹿茸	辽宁北部、吉林中南部、黑龙江中南部
当归	滇西北、甘肃南部
罗汉果	桂东北
北五味子	东北区
浙贝母	浙江中部
川芎	四川成都
金银花	河南新乡、山东平邑、四川巴中、广西忻城
白术	贵州松桃县、河北安国市、河南、浙江

续表

中药材	区域分布
藏药	藏区
甘草	黑龙江西南部、南疆地区
黄芩	河北、山东
桔梗	冀鲁豫地区、鄂东北
细辛	辽宁
龙胆草	辽宁、黑龙江
山茱萸	豫西、浙西北

2.主攻方向

首先，通过推动中药材产品原产地认证，着力加强对野生道地药材资源的保护。其次，规范中药材的栽培和产地加工技术，以确保中药材的质量。同时，关注降低农药残留和重金属对环境和药材的污染，保障中药材的安全。最后，强调加快研究中药材病虫害的发生发展规律及防治技术，以提高中药材的产量和质量。

3.发展目标

要提升中药材质量，必须从源头上入手。因此，建立优质道地中药材生产基地和原产地种源基地保护区至关重要。同时，需要加强优势区中药材的标准化和产业化，提高其组织化水平，以确保中药材的可持续生产和供应。

（十）特色水产

随着城乡居民消费水平的提高，国内特色水产市场呈现出大众化的趋势，市场需求逐步增加。然而，在养殖过程中存在许多问题，如优良苗种覆盖率低、养殖标准化程度低、饲料使用率低、养殖环境恶化、病害频发、防治技术滞后等，这些问题限制了特色水产养殖业的健康发展。为了提升特色水产的产量和质量，需要加强产业链条和组织化程度，推广标准化养殖和科学化管理，同时加大对病害防治和养殖技术的研发力度。

1.区域布局

分区域重点发展 15 种特色水产，见表 6-10。

表 6-10 特色水产区域布局

特色水产	区域分布
鲍鱼	辽宁、山东、福建、广东、海南等地沿海
海参	辽宁、河北、山东、江苏、福建等地沿海
海胆	辽宁、山东、广东等地沿海
珍珠	浙江、湖南、江西、广西、广东、海南等地的部分县市
鳜鱼	湖南、湖北、江西、安徽、江苏、浙江、广东等地的部分县市
鳟鲟鱼	北京、河北、山西、辽宁、黑龙江、云南、贵州、四川、青海、山东、湖北、甘肃等地的部分县市
长吻鮠	四川、重庆、湖北、江西、安徽、广东、江苏等地的部分县市
青虾（学名日本沼虾）	浙江、江苏、安徽、江西的部分县市
锯缘青蟹	浙江、福建、广东、广西、海南等地沿海
黄颡鱼	黑龙江、辽宁、江苏、安徽、江西、湖北、四川、浙江等地的部分县市
黄鳝	江苏、安徽、江西、湖北、湖南、四川等地的部分县市
乌鳢	江苏、浙江、江西、安徽、湖北、湖南、山东、广东等地的部分县市
鲶鱼	辽宁、山东、江苏、安徽、江西、湖北、湖南、四川、广东、广西等地的部分县市
龟鳖	江苏、浙江、江西、湖北、湖南、广东、山东、河北、河南等地的部分县市
海蜇	辽宁、河北、山东、江苏的沿海地区

2.主攻方向

首先，加强苗种繁育和养殖技术研究，提高产品品质是关键。其次，实施标准化养殖和建设安全生产基地，确保养殖过程的规范化和安全性。同时，合理控制养殖规模与密度，改善养殖生态环境也是必要的。此外，提高相关病害监测、防控水平，能够及时发现并处理问题，确保水产品食用安全。最后，扶持养殖和加工龙头企业，提高养殖加工比例与产业化水平，能够促进产业链的优化和升级。

3.发展目标

为了提升水产品产量和质量,应该推行健康养殖和绿色加工。通过预防和控制重大养殖病害,可以确保产品的安全性。同时,建设特色水产品健康养殖示范区和培育加工贸易型龙头企业是实现这一目标的关键步骤。这不仅可以巩固我们在国际市场的地位,还有助于扩大出口,提升经济效益。

第七章　农业发展中的劳动力

劳动力在农业发展中具有举足轻重的地位，它是实现经济增长的关键因素之一。劳动不仅仅是人与自然之间的物质交换过程，更是人类利用劳动改变自然资源的形态以满足自身需求的重要手段。要实现经济增长，不仅要注重劳动力的数量，更要关注其质量，培养具备专业技能和创新精神的劳动力，以推动经济的持续发展。农业中出现了大量剩余劳动力，这些劳动力被充实到其他国民经济部门。农村剩余劳动力向其他部门的转移是工业化和现代化的必然趋势，会影响农业、经济和社会的发展。提高劳动者的素质是决定人类未来的关键，对农业发展也适用。因此，提高农业劳动者的专业素质是促进农业发展的前提条件。

第一节　农村剩余劳动力的转移

随着农业劳动生产率的提高和工业化的快速发展，农村剩余劳动力逐渐增多，并产生了强烈的非农就业需求。在这个背景下，越来越多的农民开始离开农业，向城市和城镇的非农行业转移，使得农业从业人员在社会总从业人数中的比重迅速下降。这一现象不仅推动了农村经济的转型和升级，也加速了我国城市化和工业化的进程。

受政策影响，我国农村剩余劳动力转移过程曲折。通过结合农村剩余劳动力转移理论，梳理我国农村劳动力转移的历程、特征与趋势，有助于理解农村剩余劳动力变动的现实与规律。

一、农村剩余劳动力转移的基本概念、历程特征及发展趋势

（一）基本概念

剩余劳动力是指在特定条件下供过于求的那部分劳动力，其规模随着生产力水平和经济周期的变化而波动。生产技术的进步常常会创造更多的剩余劳动力，因为先进技术可以替代部分人力。而在不同的经济周期中，对劳动力的需求差异也会影响剩余劳动力的数量。通常在经济高涨时期，剩余劳动力数量较少，而在经济萧条时期，剩余劳动力数量相对较多。

农村劳动力剩余是一个复杂的问题，需要从多个角度进行分析和解决。针对不同类型的剩余劳动力，应该采取不同的措施，如提高劳动生产率、加强职业技能培训、促进劳动力流动等，以实现劳动力的合理配置和有效利用。同时，政府和社会也应该加强对农村劳动力的支持和保障，提高他们的生活水平和就业质量。

农业剩余劳动力和农村剩余劳动力是劳动力资源配置中两个重要的概念范畴。农业剩余劳动力主要从产业角度出发，指的是农业部门中供给大于需求的那部分劳动力；而农村剩余劳动力则从地域角度出发，指的是农村地区中超过农村经济需求的那部分劳动力。两者虽然有所区别，但都反映了劳动力资源配置的不合理和不平衡。要解决这些问题，需要采取有效的措施，如加强职业教育和培训、推动农村经济发展和城市化进程等，以提高劳动力的素质和就业能力，促进劳动力的合理流动和有效配置。

（二）转移的历程

改革开放以来，我国农业经历了从自然经济向现代化商品经济的转型，这导致了大量剩余劳动力的出现。为解决这一问题，我国采取了一系列的政策和措施，使得剩余劳动力得以逐步转移。总体来看，我国剩余劳动力转移可以分为三个阶段。

1.1978~1991年，"离土不离乡"的就地转移阶段

中国从1978年开始经济体制改革，农村经济体制改革率先展开。家庭联

产承包责任制的实行使农民有了生产经营自主权,提高了农民生产积极性。农业劳动生产率的提高为农村劳动力提供了非农就业机会。政社合一的管理体制解体后,社队企业改为乡镇企业,经营范围扩大。农业产出的剩余促进了乡镇企业的发展,而空闲的农村劳动力则进入乡镇企业实现了非农就业。

2.1992~2001年,以"离土又离乡"为主的易地转移就业阶段

改革开放后,城乡个体私营企业获得空前发展。乡镇企业转型集约化,吸纳更多劳动力。取消粮食定量供应制度为农村劳动力提供更多就业机会。城市个体私营经济的繁荣与城乡收入差距的加大,促使农村劳动力向城市转移。

3.2002年至今,城乡统一就业启动阶段

2002年中央和国务院的再就业会议提出了积极就业政策,旨在建立城乡统一劳动力市场,实现城乡统一就业。政府开始关注农村剩余劳动力的非农就业问题,取消了一系列限制性政策,进入提高就业质量阶段。

(三)转移的特征

1.转移数量巨大

改革开放后,家庭联产承包责任制的实施释放了大量农村剩余劳动力,这些劳动力开始进入城市工业部门,形成了农民工这一特殊群体。农民工为城市提供了大量廉价劳动力,推动了工业化发展,同时也增加了自身的收入。这种劳动力流动模式有效支撑了我国经济的快速发展。

2. 转移受阻

城乡差距和低技能劳动力是中国经济发展面临的两大挑战。农村剩余劳动力在向城市和非农产业转移过程中,由于缺乏必要的技能和知识,他们往往只能从事低技能工作。尽管政府已开始提供培训,但这种情况仍然存在。随着经济和技术的发展,低技能劳动力在就业市场上越来越难以立足,这不仅限制了他们的职业发展,也影响了中国整体的经济增长和社会进步。因此,政府和社会应更加重视劳动力的教育和培训,以提高他们的技能和知识水平,促进农村剩余劳动力的有效转移,推动经济的可持续发展。

3. 就业特点

农民工就业是自发性的，他们主要依靠社会信息网络和亲友介绍实现非农就业。尽管如此，农民工的就业状态并不稳定，他们常常在年轻时外出打工，中年后回乡务农，或者在本地从事非农业工作的同时兼营农业。这种"候鸟式转移"和"兼业式"就业状态是农民工就业的一个重要特点。此外，农民工从事的行业以工业、建筑业、社会服务业为主，而他们转移的主要目的地是东部地区。这些特点反映了农民工在就业市场中的地位和面临的挑战，需要政府和社会各界给予更多的关注和支持。

（四）转移的发展趋势

1. 规模扩大，趋势变缓

我国农村剩余劳动力转移面临新的挑战和机遇。虽然总体规模将继续扩大，但增速将逐渐放缓。随着工业化、城市化和农业现代化的推进，对劳动力的需求将持续增加，但可转移的潜在劳动力数量减少。同时，经济和产业结构调整将提高对劳动力的技能要求，而农村剩余劳动力年龄结构偏大，需要经过培训才能顺利转移。未来，劳动供给增速将趋缓，就业技能门槛将抬高，导致转移步伐趋缓。因此，政府和企业需要采取有效措施，加强培训和教育，提高劳动力的技能水平和适应能力，以促进农村剩余劳动力的顺利转移和就业。

2. 向中部和中小城市转移

随着东部地区和大中城市的土地资源日趋紧缺和劳动力成本上升，产业正沿着一定的梯度动态变化，中小城市和中西部地区成为产业转移的主要目的地。这为剩余劳动力提供了更多的就业机会，并推动了他们向这些地区转移。此外，小城镇的发展和中小城市的户籍改革也为剩余劳动力的转移创造了有利条件。因此，未来的就业市场将更加多元化，不仅限于东部地区和大中城市。

3. 转移、就业和居住的新动向

未来农村剩余劳动力的就业将趋向于就地转移、稳定就业和城镇居住。随着经济发展和政策支持，农民将更倾向于在当地就业，实现离农不离乡的转变。同时，企业也将延长农民工的雇用年限，推动劳动力市场的稳定化。小城镇建设和小城镇户籍制度的改革将进一步吸引剩余劳动力向小城镇转移，实现农民工市民化，为农村剩余劳动力提供更好的就业和生活环境。

二、农村剩余劳动力转移的理论脉络

（一）二元经济理论

在发展中国家经济体系中，工业与农业部门构成了一种二元结构，其中生产要素从农业生产率较低的领域流向工业生产率较高的领域，为经济增长提供了重要推动力。刘易斯指出，由于农业部门存在大量剩余劳动力，劳动力成本在劳动力转移过程中保持相对稳定。当工业部门吸收完农业部门的剩余劳动力后，劳动力成本才会上升。这一过程揭示了发展中国家经济发展的内在机制，特别是劳动力和资本在部门间的流动与分配。

刘易斯的农业劳动力转移机理研究虽然具有开创性，但他未充分重视农业在工业增长中的重要贡献，忽略了农业剩余产品是劳动力转移的先决条件。拉尼斯和费景汉在刘易斯模型的基础上，将农业劳动力转移细分为三个阶段。第一阶段，农业劳动边际生产率降为零，劳动力流入工业领域，农业生产不受影响；第二阶段，农业劳动边际生产率虽大于零，但低于既定工资水平，劳动力继续流入工业领域，粮食产量未能同步增长，导致粮价相对上涨；第三阶段，劳动边际生产率超过既定工资水平，农业部门不再有剩余劳动力，农业劳动报酬与边际生产率直接相关。乔根森则摒弃了农业部门无限制供给和工资外生决定的假设，运用新古典经济学理论，在工资水平上升的背景下分析了农业劳动力的转移问题。

（二）托达罗的城乡劳动力转移模型

美国发展经济学家托达罗提出了关于农村剩余劳动力转移的以下假设。

一是农村人口向城市的迁移量或迁移率与城市就业机会的数量呈正相关，即城市提供的就业机会越多，农村人口向城市迁移的规模就越大。

二是农村劳动力在决定是否迁移时，往往基于自己对城市就业机会的了解，但这种了解可能存在很大的"盲目性"。

三是农村剩余劳动力在城市就业过程中，需要经过两个阶段。在第一个阶段，他们进入城市传统部门工作，如个体商贩、非熟练服务员等。在这个阶段，他们逐渐适应城市生活，积累经验和技能。到了第二个阶段，他们从城市传统部门中出来，进入现代工业部门找到固定工作。为了更好地了解农村剩余劳动力的就业情况，需要研究城市传统部门的规模、比例和城乡实际收入差异等因素。这些因素不仅影响农村剩余劳动力的就业选择，还反映了城市经济发展的状况和城乡差距问题。

四是农村劳动力是否移入城市，主要受到三个关键因素的影响。首先，城乡间"预期收入"的差距是决定性因素，因为人们往往更倾向于前往收入更高的地区。其次，城市就业机会的大小也起着重要作用，如果城市就业可能性小，农村人口可能不会轻易选择迁移。最后，城市人口自身的自然增长状况也会对农村劳动力移入城市产生一定影响。

托达罗模型是一个描述人口迁移决策过程的模型。根据该模型，人们对城乡预期收入的评估决定了是否进行迁移。劳动力是否迁移主要看城市预期收入是否高于农村收入。同时，决定劳动力流动的关键因素是预期收入水平，这由实际收入和就业概率共同决定。只有在预期收入超过农村平均收入时，迁移才是有利可图的决策。因此，托达罗模型揭示了人们基于预期收入差异做出迁移决策的内在逻辑。

托达罗模型在人口流动分析中引入了就业概率这一概念，打破了传统模型对工业部门充分就业的假设。通过对预期收入差异的比较方法的使用，使模型更符合现实中的就业状况。这一改进不仅赋予了托达罗模型的独特性，也为进一步分析人口流动问题提供了更加现实的基础。

（三）推拉理论

推拉理论是研究人口流动和移民的重要理论，其起源可以追溯到19世纪。该理论认为人口流动是由迁出地的推力和迁入地的拉力共同作用的结果。推拉理论最早由英国学者雷文斯坦提出，后来在20世纪60年代由英国学者李进一步完善和发展。推拉理论为理解人口流动和移民现象提供了重要的理论框架，对于制定相关政策和措施也具有重要的指导意义。

李的推拉理论解释了人们迁移的动因，为理解劳动力流动提供理论框架。推力因素和拉力因素共同作用，决定了人们是否迁移。对于农民工来说，城市的高收入和生活条件是主要的拉力因素，而农村的不利条件则是推力因素。随着社会经济的发展，成本收益理论进一步丰富了推拉理论，强调劳动力的流动是一种投资决策，要考虑收益和成本的平衡。因此，要充分认识到各种因素的影响，才能有效引导劳动力的合理流动。

（四）新迁移理论

新迁移理论是一种研究劳动力流动现象的新视角，它不再仅仅关注宏观层面的因素，而是深入到个体的行为和选择。该理论认为，劳动力的个体特征和家庭特征对于其迁移决策有着重要影响，同时也强调了劳动力迁移的自选择性。因此，新迁移理论为理解和预测劳动力流动现象提供了更全面的框架，有助于更好地指导政策制定和实践操作。

劳动力迁移并非单一因素驱动的过程，而是受到多种内外因素的综合影响。收入激励是推动迁移的重要力量，而流动成本则构成迁移的制约因素。个人的教育程度和家庭条件也是影响迁移决策的关键因素。此外，新迁移理论强调了家庭在迁移决策中的核心地位，因为家庭会综合考虑收入和生活水平来做出决策。通过投资组合理论，我们可以更深入地理解家庭如何在农业与非农业领域配置劳动力资源，以实现收入的最大化与风险的降低。

（五）劳动力市场分割理论

劳动力市场分割理论强调了社会和制度因素对劳动力市场的分割作用，导致了不同人群在就业机会、职位和收入上的差异。这种分割不仅存在于不同人群之间，还存在于同一人群内部。为了解决劳动力市场的分割问题，需要从社会和制度层面入手，提高劳动力市场的透明度和公平性，促进不同人群的就业机会平等。

劳动力市场分制理论认为劳动力市场并不是一个统一的连续体，而是被划分为多个独立的领域,每个领域有其自身的规则和运行机制。这种分割的存在导致了劳动力在市场之间的流动性受到限制,形成了一些难以逾越的壁垒。这些壁垒的形成,主要是由于不同利益集团的诉求和各种制度因素的制约。

我国劳动力市场的分割主要由户籍制度造成,这种分割使得城市劳动力市场分为主要和次要两个部分。主要劳动力市场主要由城市居民构成,而次要劳动力市场则主要由农村进城务工人员构成。由于户籍制度的限制,农村进城务工人员只能在城市劳动力不愿意从事的行业或岗位中就业,这使得他们在城市中的就业机会受到限制,也进一步加剧了城市和农村之间的经济差距。因此,为了实现更加公平的劳动力市场,需要改革户籍制度,打破劳动力市场的分割,促进劳动力的自由流动。

三、农村剩余劳动力转移的溢出效应

(一)经济溢出效应

随着改革开放的深入推进,农村剩余劳动力向城市和区域流动已成为我国社会经济发展的重要特征。2022年全国农民工数量达到近3亿人,其中外出农民工和本地农民工各占一定比例。这一趋势预计将继续发展,对我国的经济和社会发展产生深远影响。政府和企业需要关注农民工的权益保障和生活质量,推动城乡融合发展,实现更加公平和可持续的社会经济发展。

农村剩余劳动力的流动虽然有助于优化劳动力资源配置,但城乡分割的二元劳动力市场结构导致了农村转移劳动力在工资、福利、社会保障等方面受到歧视。这种现象使得我国在参与国际分工和发展制造业,尤其是出口加工业时,得以保持低劳动力成本的优势,吸引包括资本在内的各种要素集聚。为了更好地利用这一优势,政府和企业应关注农村转移劳动力的权益保障,促进劳动力市场的公平竞争和发展。

(二)人力资本溢出效应

人力资本溢出效应是指个体通过投资和积累人力资本,不仅提升自身价值，还对他人和社会产生积极影响。教育的私人投资具有正外部性，因为个人对教育的投入不仅增加自身收入，还为社会培养了更多具备知识和技能的人才，促进社会整体发展。因此，政府和社会应该鼓励个人对教育的投资，以促进人力资本的积累和社会的可持续发展。

卢卡斯认为，"人力资本投资具有溢出效益，每一单位人力资本的增加除了引起产出的提高外，还同时引起社会平均人力资本水平的提高，而社会平均的人力资本水平决定社会平均的运作效率，总体效率的提高又使每个企业和个人从中受益"。

教育外部性和人力资本溢出效应在经济发展中发挥着重要作用。教育的社会溢出效应体现了个人投资教育所带来的社会回报，而劳动力的流动则带来新的人力资本溢出。地区经济增长与劳动力流动和人力资本投资密切相关，城乡人力资本投资的差异是导致城乡收入差距的主要原因。为了缩小城乡收入差距，需要加大对农村的人力资本投资，促进人力资本的均衡发展。

第二节　未来农业劳动力的发展方向

随着经济的持续增长，我国非农就业比重不断上升，这是解决"三农"问题的重要途径。为了实现这一目标，我们需要逐步将大部分农民从农业中转移出来，促进城镇化发展，并培养专业农民以提高他们的收入水平。这样不仅可以解决"三农"问题，还可以推动我国经济的持续发展。

一、未来农业劳动力要求

（一）农业现代化需要高技能人才

随着农业劳动人口的减少和农业现代化的推进，规模化经营已成为农业发展的必然趋势。这一变革不仅涉及生产方式和组织形式的改变，还对农业劳动力提出了新的挑战。为应对这一挑战，我国需要转变农业生产方式，加大物质和服务投入,以实现农业的高效可持续发展。

随着农业生产趋向"物质化"与"服务化",农业技术将发挥越来越重要的作用。资本代替劳动的趋势以及对农业劳动力素质的要求,进一步凸显了农业技术提升全要素生产率的重要性。这意味着农业的未来发展将更加依赖技术创新,同时对劳动力的技能和知识也提出了更高的要求。

（二）农业社会化需要专业化人才

农业社会化是农业生产的发展趋势,它将农业生产分解为独立的环节,通过市场机制的调节,与农业生产部门形成了紧密的合作关系。这种分工细密、协作广泛的生产方式,使得农业生产更加高效、灵活,同时也促进了农业的可持续发展。农业社会化是农业现代化的重要标志之一,也是农业发展的必经之路。

农业社会化服务涵盖了多个方面的服务,包括供应、销售、加工、储运、科技、信息、经营决策、生活保障等。随着农业社会化服务的不断细化,对农业服务人才的需求也日益专业化,需要具备更高水平的技能和专业知识。因此,培养和引进高水平的农业服务人才是推动农业社会化的关键。

二、当前农业劳动力的制约

（一）素质质量的制约

提高我国农村劳动力的文化素质对于推动农业技术的发展至关重要。首先,政府应加大对农村教育的投入,提高农民的受教育程度,特别是加强职业教育和技能培训,使农民能够更好地掌握和应用新技术。其次,鼓励农业科技人员深入农村,开展技术指导和培训,帮助农民解决生产中的实际问题。通过这些措施,可以提高我国农村劳动力的文化素质和技术水平,推动农业技术的进步和整体发展。

农村劳动力素质偏低是影响农业发展的重要因素。由于缺乏对农业科学技术的认知,农民在接受和应用新技术时存在疑虑和畏难情绪,导致农业科学技术的推广和应用受阻。此外,农民缺乏市场驾驭能力,种植作物选择过于随大流,生产经营缺乏计划和策略,这不仅增加了农民的经济风险,也制约了农业劳动生产率的提高。因此,提高农村劳动力素质,加强农业科学技术的推广和应用,以及培养农民的市场意识是促进农业发展的关键。

(二)数量结构的制约

随着城市对农业人口的吸引力增强,农村年轻劳动力大量流向城市,导致农业生产的主力军逐渐转变为妇女、老人和儿童。这一趋势预计在未来10~15年内将持续,农业劳动人口将进一步减少。为应对这一挑战,农业需探索新的发展模式,充分利用49~64岁的农村劳动力资源,确保农业生产的可持续性。

三、未来农业劳动力的着力点

(一)提高基础教育和职业教育水平

农村发展的关键在于教育,特别是基础教育和职业教育。通过加大投入,提高教育水平,可以提升农村劳动力的素质,促进农村经济的繁荣。

第一,政府应加大对农村基础教育的投资力度,特别是贫困地区的投资,以改善农村教育发展不均衡的现状。通过调整财政支出结构,将农村基础教育作为国家财政支出的重点,确保校舍、基础设施和师资队伍等得到保障。这不仅可以促进农村教育的发展,还可以帮助贫困农村脱贫致富,实现社会效益和经济效益的双赢。

第二,农业是一个弱质产业,劳动生产率低,因此农村劳动力流出农业是必然趋势。这种劳动力转换有助于提高劳动者收入和整体经济增长,但也导致农村人力资本外流和经济增长缓慢。因此,必须强化农业知识的普及范围,重视职业教育,以提升农村劳动力的素质和技能,促进农村经济的可持续发展。为了推动农村地区的可持续发展,必须重视对农业劳动者的教育。针对不同地区和人群的需求,应采取个性化的培训方案,以提高农民的文化素质和劳动力技能。这不仅有助于提高农业生产效率，还能促进农村经济的多元化发展，为乡村振兴注入新的活力。

（二）农民的专业化

随着新农村建设的推进，农民这一传统身份正在向专业化、技术化的职业转变。培养具备农业技术的高素质农民，将有助于推动农业现代化，提升农村经济竞争力。在未来，新型农民将成为农业发展的中坚力量，通过先进的生产方式，推动农业持续、健康的发展。

新型农民的主要培育方向有以下几种。

1.科技型农民

科技进步是农业发展的驱动力，尤其在农业技术自主创新方面。新型农民需要具备深厚的知识储备和专业能力，以科技为工具进行农业生产。为了实现这一目标，政府、企业和科研机构需要紧密合作，培养和集聚农业技术人才，为农业产业的特色发展提供关键的人才保障。

2.市场型农民

在市场经济和全球化的大背景下，农业发展需要应对诸多挑战。为了提升农业竞争力，我们需要从多个方面入手。首先，加强农村信息供给，打破信息壁垒，让农民更好地把握市场动态和机会。其次，发挥中间组织的作用，如农民经纪人等，通过他们的专业能力来提高农业生产效益。此外，减少流通环节，让农民直接参与市场，有助于降低成本并增强农产品的市场竞争力。最后，扩大农民的从业范围，增加其受益途径，可以激发农民的积极性和创造力。这些措施的实施将有助于提升农业的整体竞争力，促进农业的可持续发展。

3.管理型农民

为了适应农业发展趋势和政府农业政策导向，新型农民培育应注重培养能够担任农村基层干部和农村合作经济组织管理者的专业人才。同时，面对激烈的市场竞争和复杂的内部管理挑战，农村专业合作社需要有能力的管理者来有效组织和协调资源，提高合作社的管理能力和市场竞争力。

4.企业家型农民

未来农业正经历着深刻的转变，农民不再仅仅是土地的耕耘者，更成为具备经营头脑和领导能力的"企业家型农民"。他们通过创办农业公司，将目光延伸至整个产业链，致力于提升农产品的附加值。这一趋势不仅推动了农业的产业化发展，还为农村经济注入了新的活力，使农业成为现代经济体系中不可或缺的组成部分。

未来农业将迎来新型农民的时代，其发展呈现多元化特点。科技型农民致力于提升生产技术水平，市场型农民搭建农产品与市场之间的桥梁，管理型农民推动农业规模化和专业化，而企业家型农民在农业产业化中扮演引领角色。这四种农民类型相互协同，共同构筑了新型农民的发展格局，为农业的可持续发展提供了有力支持。

（三）农民的组织化

随着农民融入市场，农村经济面临专业化和组织化的挑战。解决这一问题的重要路径是发展农民专业合作组织，成为农村经济体制改革的关键方向。特别是农民专业合作社作为培养新型农民的主要平台，在规范提升的新阶段，需要通过强化规范建设、提升服务带动能力以及促进联合发展等方面的努力，加速推进农民专业合作社的转型升级。这将有助于解决农村经济发展中的现实问题，推动农业向着更加专业、有序的方向迈进。

1.实现股权均等

农村专业合作社在发展过程中面临着股权集中的问题，大户主导格局导致散户处于被动地位，违背了合作社创立初衷。为激发社员和投资方的积极性，建立合理的利益分配机制至关重要。当前的股权集中现象使合作社更像是大户的交易平台，与合作社的初衷背离。因此，确保股权均等，依法公平、合理地进行盈余分配，是升级合作社分配机制的最佳实践，有助于充分发挥合作社的活力，实现社员和投资方的利益共享。

2.管理规范化

目前一些农民专业合作社存在着只停留在注册登记层面、提供有限服务或缺乏实体化经营的问题，特别是依托龙头企业形成的合作社，其合作特征不够明确。为解决这些问题，规范运作成为当务之急，而章程作为内部规章制度的制定则成为基础。相关部门应加强对章程的规范指导，确保其符合国家政策和法律规定，要求通过全体成员讨论并报送地方政府或行业主管部门，使章程真正成为规范合作社运作的有效制度规范。这将有助于确保农民专业合作社的正常运转，真正发挥其在农村经济发展中的积极作用。

3.优化发展环境

在全面执行国家优惠政策的基础上，农民专业合作社可通过依法制定详细扶持措施，在注册、信贷、税收、用地、用电等方面得到更多的支持和引导。结合扶贫工作，可以选择强大的农牧业龙头企业或村级党组织与贫困地区农牧民联合实施"公司（村委会）＋合作社＋基地＋农户"的合作模式，推动农村资源的集中有效利用，走向合作发展、脱贫致富的新途径。在财政扶持方面，整合各类资金的利用；在指导服务上，强化基层服务机构，提高服务水平，实施服务承诺制度，以增强合作推进的氛围。

4.摆脱融资困境

由于农民专业合作社存在规模小、内部管理混乱等问题，未能纳入信用评级体系，这使得它们难以获得商业银行的贷款，融资渠道受限。同时，农村金融制度不健全，缺乏对农业合作组织的制度性资金支持，难以吸引外部资金。为解决这一问题，需要建立适合农民专业合作社的信贷评级体系和管理政策，加强银行信贷管理体制改革，设立激励机制，同时创新金融服务产品以应对其融资难题，从而推动农民专业合作社更健康地发展。

第八章 农业绿色发展

第一节 农业绿色发展的概述

人类在经济和科技领域的进步取得了显著的成就，但这也带来了气候变暖、环境污染、能源危机等严重问题，威胁到社会的可持续发展。从20世纪60年代中后期的《寂静的春天》开始，关于环境和人与自然关系的著作引起广泛关注。《增长的极限》《只有一个地球》《我们共同的未来》等作品逐渐唤起人们对人与自然和谐共处的认识。1992年在里约热内卢举行的环境与发展大会上，各国签署了《21世纪议程》等文件，标志着可持续发展成为全球发展的指导原则，从理论阶段走向实践领域。这一进程意味着人们正逐渐认识到，经济的增长必须与环境保护和社会公正相协调，以实现全球可持续发展的目标。

21世纪初，国际社会的新型发展观日益完善，其中"绿色发展"理念在中国成为引领经济建设和发展的核心思想。联合国开发计划署的《2002年中国人类发展报告：绿色发展，必选之路》标志着这一转变。中国作为全球最大的发展中国家，面对经济新常态、资源约束、环境污染、生态系统退化等严重问题，高度重视并积极探索绿色发展道路。

一、绿色发展的内涵

（一）关于绿色发展的研究历程

1995年，戴星翼在《走向绿色的发展》中首次引入"绿色发展"一词，从经济学角度强调了可持续性的不断增加是实现绿色发展的关键。刘思华在1994年的《当代中国的绿色道路》一书中详细阐述了绿色发展的理论与实践问题，提出中国绿色发展的核心在于走向"经济发展常态化之路"。他强调所有发展都应围绕改善生态环境展开，确保市场经济建立在生态环境资源可承载力的基础上，实现有益于生态环境的经济社会发展。

2012年，胡鞍钢将绿色发展定义为经济、社会、生态三位一体的新型发展道路。这种绿色发展的特征包括合理消费、低消耗、低排放，同时注重生态资本的不断增加。他强调绿色创新是实现绿色发展的基本途径，该发展道路的根本目标是积累绿色财富和增加人类绿色福利，同时追求人与人之间和谐以及人与自然之间和谐。

学者如张哲强、关成华、周宏春等对绿色发展进行了各自的研究和定义。然而，截至目前，学术界尚未就绿色发展提供一个统一而精确的概念定义。但绿色发展在内涵和外延两方面具有两层含义。首先，将生态环境容量和资源承载力纳入社会经济发展的要素，实现生态资源的经济和社会双重效益。其次，通过提高能源和物资的使用效率，推动循环经济，促进低碳经济和清洁发展，以实现人与自然的和谐发展，协调经济、社会和生态的平衡。不论绿色发展如何被定义，上述概念都强调了合理消费、低耗能、低排放的特征，在增加人类绿色福利的同时，实现人与自然和谐共生。

（二）绿色发展的具体内涵

研究者通过对相关文献和政策文件的研究认为，绿色发展是将经济系统、资源系统、生态环境系统和社会系统有机结合的四位一体发展理论。在生态环境容量和资源承载力的约束下，绿色发展以经济绿色发展、资源节约、环境友好、社会和谐为主要内容，以绿色创新为基本途径，以实现经济可持续发展、资源利用效益最大化、环境保护最优化、社会福利分配最佳为根本目标的发展模式。绿色发展被形象地描述为"前人种树，后人乘凉"，并以辩证的方式强调"绿水青山就是金山银山"。这一定义全面涵盖了绿色发展的多个维度，强调了在发展过程中实现经济、社会、环境和资源的协同发展。

绿色发展系统由经济绿色发展、资源节约、环境友好和社会和谐四部分内容组成，它们相互联系，缺一不可。社会和谐在此指的是狭义上的社会系统良好运行。资源节约和环境友好为经济绿色发展提供了基础条件，为其创造了初始财富和良好外部环境。反过来，经济绿色发展为资源节约利用和环境保护提供了支持。环境友好是资源节约的外在约束，而资源节约又是环境友好的重要组成部分。经济绿色发展是实现和谐社会的动力，而社会和谐则为绿色经济发展提供了智力支持和社会保障。最终，环境友好和资源节约不仅是构建和谐社会的前提条件，也是其必然要求。

（三）绿色发展的主要发展方式和发展目标

绿色发展将绿色经济、循环经济、低碳经济作为主要发展方式，转变了对单一经济增长的追求，将其定位为实现社会永续发展的动力和支撑。该发展理念强调经济发展和环境资源的协调，要求经济的规模和速度必须在生态可承担的范围内，并强调发展的合理性和持续性。绿色发展不仅调整经济结构，使其更加合理，还将环境保护和资源节约融入各个方面，追求一种既能促进经济发展又能保护生态环境的双赢方式。

绿色发展的目标是在生态系统和经济系统中实现盈余，从粗放增长过渡到集约发展，社会走向公平正义，同时坚持人本思想和共享发展成果。强调个体的主观能动性和创造力是最为有效的生产力，将人的发展置于绿色发展的核心。推动绿色发展不仅有助于提升经济发展的质量，实现人们对幸福生活的向往，还使人们能够在更良好的自然和社会环境中工作生活，享受绿色发展带来的各项福祉，由此改善民生，提高幸福指数。

二、农业绿色发展

（一）农业绿色发展的必要性

中国农业在改革开放的推动下取得了显著的发展成就，为全球粮食安全作出了巨大贡献。然而，这一成功也伴随着生态环境问题和城乡资源不均衡的挑战。当前，我国面临的主要矛盾已经从经济层面演变为人民对更好生活需求与不平衡不充分的发展之间的矛盾。为解决这些问题，必须采取生态农业、城乡一体化规划和农业科技创新等措施，以推动农业转型升级，实现可持续发展。

农业的绿色转型不仅在于保护资源和提高农产品竞争力，更涉及国人健康水平和农村生态文明建设。这一转型被视为解决当前农业瓶颈问题的最佳途径，也是农业产业积极践行绿色发展理念的实际行动。

（二）农业绿色发展的内涵

党的十八大标志着中国全面推进绿色发展的关键时刻，将生态文明建设列为国家层面的发展战略。2015年，提出的"创新、协调、绿色、开放、共享"五大理念成为"十三五"规划的指导思想，绿色发展成为党和国家治理的重要理论指导。在这一大背景下，中国农业经历了巨大的变革，绿色发展成为其突出的亮点。

新时期农业发展强调全面发展，兼顾数量、质量、效益，特别注重土地的持续产出能力。通过推动"五大行动"，致力于绿色、生态、可持续发展，强调保护生态、减少资源消耗，实现绿色增产。农村增绿成为现代农业发展的引擎，农业经济逐步向优化和绿色化方向发展，绿色农产品供给增加，农业结构调整和供给侧结构性改革取得显著成效。

农业绿色发展的定义因侧重点不同而存在多样性，根据林卿和张俊飚的观点，它强调符合农业生产的生态经济本质，追求提供多功能服务的农业发展目标。关键在于将农业视为一个直接以土地为基础的生态经济系统，其发展必须以保护自然生态系统、利用自然规律、建设农业生态经济系统为基础。

1.资源节约是农业绿色发展的特征

农业绿色发展的关键在于转变传统农业高投入、高消耗的发展模式，以资源节约为核心特征。这需要依靠科技创新和提升劳动者素质，通过提高土地产出率、资源利用率和劳动生产率来实现农业生产的节约成本与增加收益的目标。

2.环境友好是农业绿色发展的重要属性

农业绿色发展的内在本质是注重环境友好，认识到农业与环境的密切关系。农田、菜园、果园等被看作是"生态之肺",然而长期以来,我国农业发展模式的粗放性导致了农业生态系统结构的失衡和功能的退化。为了解决这一问题,农业绿色发展需要通过大力推广绿色生产技术、治理环境问题,重点加强生态保育,推动生态农业建设,培养可持续、可循环的发展模式,以使农业成为美丽中国的生态支撑,同时实现经济效益与环境保护的双赢。

3.产品质量是农业绿色发展的重要目标

农业绿色发展的关键目标之一是提高产品质量,这在农业供给侧结构性改革中具有重要地位。实现这一目标的核心策略是增加绿色、优质、安全、特色的农产品供给,以促进农业产品供给由过去主要满足数量需求逐渐向更加注重品质需求的方向发展。

4.生态保育是农业绿色发展的终极目标

农业绿色发展的本质要求在于强调生态保育。这意味着要积极推动生态农业建设,培育具有可持续性和循环性的发展模式。通过将农业发展融入美丽中国的生态支撑体系中,实现农业与自然环境的和谐共生。这不仅有助于提高农业的生产效益,还有利于生态系统的健康发展,为未来农业可持续性打下坚实基础。

三、农业绿色发展的评价指标

为实现农业绿色发展,不仅需要在理论层面明确发展的框架和结构,还需要根据实际情况建立可量化的指标来评价农业的现状和潜能。已有学者提出了相关评价指标体系,为推动农业朝着更可持续、环保的方向发展提供了参考和支持。如郭迷构建的中国农业绿色发展指标体系,如表8-1所示。

表 8-1 农业绿色发展指标体系

一级指标	二级指标	二级指标占一级指标的比重（%）	三级指标占一级指标的比重（%）	三级指标
农业绿色发展指标体系	绿色生产指标	37.75	12.5	单位耕地面积化肥使用量
			10.92	绿色农作物种植面积
			6.73	单位农田地膜残留量
			5.13	畜禽粪便处理率
			2.47	自选指标
	绿色产品指标	24.5	8.7	绿色农产品产量占农业总产量的比重
			8.4	食品卫生检测总体合格率
			3.28	单位耕地面积农药使用量
			3.11	农田灌溉水质达标率
			1.01	自选指标
	绿色经济效率指标	26.75	6.43	土地产出率
			7.29	人均农林牧渔产值
			6.48	产额结构调整指数
			4.77	农村每万人拥有农业科技人员数
			1.78	自选指标
	生活水平指标	11	3.4	人均住房情况
			3	农村人均纯收入
			1.9	农村社会救济费
			1.7	人均生活污水净化沼气池个数
			1	自选指标

资料来源：郭迷，中国农业绿色发展指标体系构建及评价研究.北京林业大学，2011。

农业农村部于 2023 年 10 月颁布了《农业绿色发展水平监测评价办法（试

行）》，明确了农业绿色发展评价的指标设置原则和监测评价指标体系的构成。该通知的发布为各地评估农业绿色发展水平提供了明确的指导，旨在推动农业全面绿色转型，提高整体绿色发展水平，为未来农业可持续发展提供了有力支持。

（一）评价指标设置原则

（1）坚持分类指导。通过根据不同生态类型设定综合考虑共性和个性的指标体系。这一体系旨在全面多角度地反映农业绿色发展情况，以引导各地因资源禀赋差异而探索独特的农业绿色发展路径和模式。

（2）坚持目标导向。通过全面对标未来农业绿色发展目标，科学设定各项指标的目标值和权重值。这种方法能够更有效地引导农业发展，促使各地找出存在的差距，弥补短板，加强强项，提高整体水平。

（3）坚持动态优化。在评价指标体系总体稳定的前提下，根据农业绿色发展任务的变化适时调整和优化评价指标。这一灵活的策略有助于提升监测评价工作的适应性和适配度，使其能够更有效地应对农业发展中的动态变化。

（4）坚持科学规范。通过衔接国家统计体系、统一指标口径、规范解释、科学数据采集等方式，确保评价指标具有可衡量性、数据可获取性以及结果可评价性。

（二）监测评价指标体系的构成

监测评价指标体系由五个一级指标构成，包括资源节约利用、产地环境治理、农业生态修复、绿色产业发展以及绿色技术支撑。这五个一级指标下共有18项二级指标，每个指标都有相应的权重。

（1）资源节约利用。主要衡量农业资源保护与合理开发利用的成效，包括耕地保有率、耕地质量等级提升、农田灌溉水有效利用系数等三项指标。

（2）产地环境治理。该指标主要衡量农业生态环境的保护状况，包括化肥施用比例、农药使用比例、秸秆回收率、畜禽粪便处理率以及农用地膜回收率等五个方面。

（3）农业生态修复。农业生态修复工作，主要是为了提升农业生态系统的保护与修复水平。该领域涵盖了五项核心指标：森林覆盖率、草原综合植被盖度、水土保持率、受污染耕地安全利用率以及村庄绿化覆盖率。在这五项指标中，森林覆盖率和草原综合植被盖度是两个可互选的指标，可以根据实际情况选择其中一个进行评估。

（4）绿色产业发展。这一指标主要强调农业的环保特性和经济效益，通过以下四个关键指标来衡量：单位农业增加值的能耗效率、绿色优质农产品在全部食用农产品中的生产规模、农产品质量安全的常规监测合格率，以及农村居民的人均可支配收入水平。

（5）绿色技术支撑。主要体现农业绿色发展中的科技含量，包括农业科技研发、推广和应用，以推动农业的可持续发展。具体指标包括农业科技研究与开发投入强度、农业科技成果转化率等。

第二节　农业绿色发展的主要实践模式

当前，中国的农业绿色发展正在如火如荼地推进。在绿色发展理论兴起之前，中国已经涌现出一批农业绿色发展的先行者，并通过不断努力和完善，形成了具有中国特色的农业绿色发展模式。其中，有机农业、生态农业和循环农业等模式表现突出，成为绿色农业发展的典范。这些模式注重环境保护和可持续发展，通过科学合理的生产方式，降低了对环境的负面影响，提高了农业产出的质量和效益。

一、有机农业

（一）有机农业提出的背景和发展历程

1.有机农业的发展历程

在20世纪初，有机农业开始崭露头角。这一时期，一系列重要事件的发生，为有机农业的启蒙和发展奠定了基础。例如，1909年，美国农业土地管理局局长金对中国农业的繁荣进行了考察和总结,这为有机农业的理念提供了借鉴。而在 1924 年,奥地利的鲁道夫·斯坦纳博士开设了生物动力农业课程,进一步推动了有机农业的研究。

进入 20 世纪 70 年代,有机农业得到了更广泛的关注。1972 年,国际有机农业运动联合会(IFOAM)成立,这是一个国际性的有机农业民间机构,它的出现标志着有机农业进入了一个新的发展阶段。同时,一些国家和地区的有机农业协会和研究机构也相继成立,进一步推动了有机农业的发展。

到了 1999 年,IFOAM 与联合国粮农组织共同制定了有关有机农业产品生产、加工、标识和销售的各项准则,这为有机农业的规范化发展提供了依据。进入 21 世纪后,随着人们对健康和环保意识的提高,对有机食品的需求不断增加。这促使世界各国的有机农业进入了全面发展阶段,为人们提供了更多健康、环保的食品选择。

自 20 世纪 80 年代起,中国开始发展有机农业,至今已经历了三个主要阶段。在初期阶段,中国积极与国外认证机构合作,促进了有机农业的起步和发展。中国农业大学是最早开展生态农业和有机食品研究的机构之一,而国家环保局有机食品发展中心的成立则标志着中国有机食品认证和管理工作的正式启动。

随着时间的推移,中国有机农业逐渐步入规范化阶段。2003 年,《中华人民共和国认证认可条例》的颁布为中国有机农业的规范化发展提供了有力支撑。同年,国家发布并实施了《有机产品认证实施规则》,有力推动了有机产业的标准化和规范化发展。同时,中国合格评定国家认可委员会的成立也为中国有机产品的认证提供了更加权威和可靠的保障。

进入新的发展阶段后,中国有机产业继续取得重要进展。2012 年,新版的《有机产品认证实施规则》正式实施,进一步规范了有机产品的认证和管理。2014 年,《有机产品认证管理办法》的发布和实施则标志着中国有机产业进入法治化轨道,为产业的持续健康发展提供了坚实的法律保障。

如今,中国有机农业已经取得了长足的发展,不仅在生产规模上有所扩大,而且在产品质量和安全管理方面也取得了显著提升。未来,随着消费者对健康和环保意识的不断提高,中国有机农业将继续保持强劲的发展势头,为人们提供更加安全、健康、环保的食品选择。

2.有机农业的提出

有机产业是指围绕有机产品进行生产、加工、经营的一系列相关行业。这些行业在经营方式、形态、模式和流通环节上存在差异，但都以有机产品为核心。在有机产业中，各个行业可以独立完成各自的循环，形成一个完整的业态。

有机农业在历经百余年的演进后，已从原先的探索性和模糊理念，逐渐成长为今天这样一个具备完善理论框架、法律法规、认证和生产标准，以及生产、加工、销售链条的产业模式。

在生产流程中，有机产业包括各种活动，如农作物种植（如粮食、蔬菜和水果等），畜禽养殖，水产养殖（包括捕捞），蜜蜂养殖，以及野生植物产品的采集。在后续的加工环节，有机产业还涉及食品、药品、饲料、纺织品、化妆品等的加工，以及农业生产投入物的加工，如肥料和农药添加剂等。这些活动都遵循有机生产的规范和标准，确保产品的有机品质。

在销售领域，形成了包括商超、个体配送、礼品卡、家庭农场、社区支持农业等多种业务模式，从而构建出一个日渐完善的产业链。这个产业链已经扩展到健康、医疗、养老、美容、餐饮和旅游等多个服务行业。由于有机产业具有丰富的内涵和外延，它与其他行业存在许多交叉点，这些交叉点为新的经济增长提供了巨大的潜力。例如，在某些有机产业发展较早且拥有优越自然资源的地区，有机产业与旅游业相结合，推动了生态旅游的发展，使其成为当地的支柱产业。因此，无论从国际还是国内的角度来看，有机产品的概念已经得到了广大消费者的认可。有机产业已经深入到多个相关行业中，为国民经济的发展做出了贡献。

（二）有机农业的内涵和特点

1.有机农业的内涵

联合国食品法典委员会（CAC）将有机农业定义为：一种促进和加强农业生态系统健康的整体生产管理系统，包括生物多样性、生物循环和土壤生物活动。国际有机农业运动联合会对有机农业的定义是：一种能够促进环境、社会和经济良性发展的农业生产系统。

中国国家环境保护总局有机产品认证中心（OFDC）的有机农业定义，融合了国际标准与国内实际情况，旨在确立一种可持续发展的农业生产方式。该定义明确了有机农业的关键特征，包括不使用化学合成农药、化肥等化学物质以及基因工程生物，而是依据自然规律和生态学原理，采取一系列可持续的农业技术。此外，有机农业还强调了种植业和养殖业的平衡发展，以维持农业生态系统的持续稳定。

2.有机农业的特点

（1）有机农业的核心理念在于确保为人类提供安全、有营养的农产品的同时，强调重点保护自然和维护生态平衡。通过拒绝使用常规农业中的农用化学制剂，有机农业有效地降低了潜在危害。全过程中，有机农业努力平衡生态效益、社会效益和经济效益，实现植物、动物、人类与生态环境的和谐相处。通过循环利用自身系统物资、减少外部投入、维护基因多样性和生物多样性，有机农业致力于处理好代际之间的利益关系，追求可持续发展，为构建一个健康、可持续的农业生态系统作出贡献。

（2）有机农业的成功实施离不开对产地的严格选择和科学设计。这包括确保有机农业生产地避开市区、各类污染源以及潜在的污染地点。土壤的质量必须达到不对有机农作物和周围环境造成危害和污染的标准，考虑到土壤pH值、各种重金属含量、灌溉用水质量以及周围环境的空气质量。此外，与常规农业生产地或可能引起污染的区域相比，有机农业生产地需要采取有效的隔离措施，如设置缓冲带或其他物理屏障，以确保生产的有机性质得以保持和维护。

（3）有机农业的生产过程对从选种到收获的每个环节都有严格要求。在选种时，应优先选择适应当地气候的有机种源或繁殖材料，如无法获取有机来源，可选择处理禁止物质的种源。轮作是耕种阶段的关键，一年生作物需进行轮作，水稻地区至少两种农作物轮作，冬季休耕的地区可例外。采用农作物间作方式不仅有助于防治病虫害，还能增加土壤有机质含量，提升生物多样性。有机肥的使用为农作物提供养分，而植物毒素则替代化学剂用于防治病虫害。在有机农作物收获阶段，尽量采用有机采摘方法，强调全过程的有机管理，确保产品的有机性质得以维持。

（三）有机农业的主要模式

1.直供模式

有机农业直供模式是一种较为低风险的运营方式。在这种模式中，农业生产者与国内外大型农业企业达成协议，共同合作发展有机农产品。按照有机农产品的生产标准，以分批次、按照时间顺序的方式进行种植，以确保对直供有机农产品的连续、不间断供应。最终，有机农产品在收获后进行冷藏保鲜，并直接供应到需求地。

2.体验式农庄模式

在体验式农庄中，会员可以亲身体验有机蔬菜的种植，享受农田管理的乐趣。农庄将土地划分为小块，供会员租用，他们可以选择自己种植或委托农庄代为管理。农庄提供种子、种植服务和收获服务，会员可以通过在线账户实时监控自己的农田，并下达农田管理指令。此外，农庄还提供各种休闲设施，如棋牌室、茶室、书画室以及各种运动设施，供会员免费使用。根据城市人的需求，农庄还提供一些收费项目，如食宿和钓鱼等。体验式农庄不仅是一种有机农业模式，也是一种休闲农业模式，为城市人提供了亲近自然、体验田园生活的机会。

3.观光生态农业模式

在大都市的周边地区，许多地方利用其独特的地理优势，大力发展观光生态农业。在政府的积极引导下，这些观光生态农业实现了规模化、标准化的发展，充分突出了生态农业的特色。每年在有机农产品成熟的季节，还会举办特色有机农产品节，树立起独具特色的有机农产品品牌，成为都市人休闲、度假和娱乐的好去处。这种观光生态农业不仅让消费者可以在园内直接品尝到新鲜有机农产品，而且无须雇人采摘，农产品便可以一销而空。此外，这些有机农产品的价格还高于市区同类产品。这不仅为消费者提供了高品质的农产品，也为农民带来了可观的收益。

4.CSA（community supported agriculture）生态农场模式

CSA生态农场模式，也被称为社区支持农业，这一概念最早出现在20世纪60年代的德国和瑞士。随着时间的推移，它在70年代的日本得到了发展，并在20世纪80年代传到了美国。这种模式的出现，最初是由于对食品安全的关注以及城市化进程中对土地的忧虑。

在这种模式下，生产者和消费者之间建立了一种风险共担、利益共享的关系。消费者会提前支付生产费用，并与生产者共同承担未来种植过程中可能出现的风险。这种模式的另一个重要特点，是生产者会使用生态可持续的种植方式。与传统的收益方式不同，生产者在季节开始时就获得了整年的收益，而且这部分收益对生产者付出的努力来说是公平的。同时，消费者也能获得由生态有机种植方法生产出的健康农产品。

CSA生态农场模式的核心理念是"农民和消费者相互信任，风险共担"。在这个理念下，农民和消费者之间建立了一种紧密的关系，他们共同为农产品的生产负责，同时也共同承担可能出现的风险。这种模式的好处在于，它可以让消费者了解到自己食用的农产品是如何种植的，同时也保证了农民能得到合理的收益，促进了农业的可持续发展。

5.打造高于有机标准的原产地农产品模式

在农业发展中，与传统的体验式农庄相比，更有前景的是打造高水平的原产地有机农产品。与"企业＋农户"模式存在的质量不确定性相对，采用产业工人，专注于生产稀缺且具有区域优势的特色农产品，并按照更为严格的有机农产品标准进行种植，是确保产品质量和推动农业可持续发展的有效途径。

二、生态农业

（一）生态农业提出的背景与发展历程

生态农业从20世纪初的欧洲起源，经历了多个阶段的演变，成为全球可持续农业发展的关键模式之一。在西方国家经历了工业大发展和环境污染加剧的背景下，生态农业在20世纪90年代崭露头角，成为全球环境问题的有效缓解途径。中国政府在21世纪积极响应生态农业发展的机遇，将其作为应对气候、资源和环境挑战的战略之一，为构建可持续的生态经济体系贡献力量。

（二）生态农业的内涵和特点

1.生态农业的内涵

生态农业在学术界有多重解读，但核心要素却表现出一致性。它被视为基于生态学和经济学原理，借助现代科学成果和管理手段，结合传统农业经验建立的一种能够实现经济、社会和生态效益的现代化农业。不论是强调集约化经营，遵循生态学、生态经济学规律，还是强调生态系统与农业生产系统的融合，生态农业的核心目标都在于实现生态动态平衡和农业可持续发展。

基于生态学和经济学的有机结合，生态农业将农业生产与生态系统相融合，通过物种共生、物质循环、能量多重综合利用等手段，实现农业生态系统的良性循环。这种现代化农业模式旨在达到经济、社会和生态的三大效益，为构建可持续的农业体系提供了理论依据。

2.生态农业的特点

（1）系统性。生态农业以"整体、协调、循环、再生"为原则，将生态系统与农业生产系统融合成复合系统。通过全面规划、调节和优化农业产业结构，生态农业追求由量变到质变的发展，旨在实现农业的全面提升。

（2）因地制宜发展。生态农业的发展受制于各地的自然地理、水文条件和社会经济文化水平的多样性。为了有效推动生态农业，必须根据各地的独特条件，制定适应性强、符合当地实际的发展路径。只有通过各地区的定制化发展，生态农业才能在不同地方得到大力发展，实现更好的适应性和可持续性。

（3）高效率性。生态农业以物质循环和能量多重综合利用为手段，通过一系列深加工的方式，成功实现经济的增值。

（4）可持续性。生态农业的推动在于其对农业生产与生活环境的保护和改善。通过实现资源的节约化高效利用，生态农业在经济发展与资源、环境之间找到了平衡点。通过正确处理这种矛盾，生态农业真正实现了农业可持续发展的目标，为未来农业的健康发展创造了可靠的基础。

（三）生态农业的基本原理

1. 整体效应原理

"整体效应原理"通常是指在特定系统或环境中，各个组成部分之间相互作用的结果，即整个系统的效果不仅仅取决于各部分的个体效应，更受到它们之间相互作用的影响。这一原理在不同领域都有应用，包括生态学、经济学、社会学等。

在生态农业中，整体效应原理指的是农业生产系统各个组成部分相互协作、互利共赢，从而创造出整体上更好的效果。例如，在生态农业系统中，作物、土壤、水源、动植物等各个要素相互影响，共同维持了一个相对平衡的生态系统。通过这种整体协同作用，生态农业可以更有效地提高农产品的产量和品质，同时减少对环境的负面影响。

整体效应原理的关键点包括：①相互依存性。不同要素之间存在相互依存的关系，它们的协同作用能够带来整体效益。②协同作用。各个组成部分之间的相互作用不是简单的相加效应，而是通过协同作用创造出整体效果。③平衡和稳定性。整体效应有助于维持系统的平衡和稳定，降低系统发生失衡的风险。

在生态农业中，充分发挥整体效应原理，通过协同作用最大化各个农业生产要素的效益，是实现可持续、高效、环保农业的关键。这意味着需要综合考虑土壤、植物、水源、动植物等各个方面的因素，以整体的视角优化农业生产体系，最大限度地实现综合效益。

2. 生态位原理

自然生态系统中，随着生态演替的进行，各生物种群逐渐增多，形成丰富的生态位，为系统的稳定提供了有力支持。在农业生态系统中，人为活动导致生物种群单一，产生空白生态位，易受到害虫的侵害。通过引入适宜的物种，如在稻田引入鱼类，可以填补空白生态位，实现除草、除虫、促进作物生产的多重效益，有效提高农田效益。生态位原理在农业生态系统的应用强调在不同物种间创造差异化的生态位，以防止生态位重叠导致的竞争。通过采用多层次立体种植、种养结合、水体的立体养殖等方式，实现各种生物的和谐相处，最终达到提高农田生产效率的目的。

3.食物链原理

生态系统中，食物链通过不同生物之间的链状单向连接形成，分为捕食者食物链、腐烂者食物链和寄生食物链。这些食物链相互交织形成复杂的食物网，构成生态系统的营养结构。由于生物之间的密切关系，一旦其中某个环节发生变化，可能影响整个生态系统的平衡。因此，生物管理应该从整体生态系统的角度来进行，以维护生态系统的健康和稳定。

农业生态系统中的简短食物链通常导致能量和材料的低效利用，同时降低系统的稳定性。为解决这一问题，生态农业采用了建立更为复杂的食物链，以及利用食物选择作为营养源的策略。这样的措施使得各种营养物质能够得到更充分的循环和利用，有效提高了生物能源的利用效率。

4.物质循环与再生原理

生态系统具备自我维持和自我调节的能力，通过物质循环和能量流动机制实现。自然生态系统通过生物固氮和养分循环维持平衡，而农业生态系统更开放，需要依赖大量外部投入来维持生产。这一对比凸显了生态系统内外环境的不同，也强调了在农业系统中需要更多的管理和干预。生态农业体系通过采用多种手段，如立体种植、选择高归还率作物、合理轮作和有机肥的使用，建立了良性物质循环体系。着重强调物质的再生利用，追求系统内养分的反复循环，实现了无废弃物生产，提高了营养物质的转化和利用效率。这种循环机制使得系统内的"废物"成为下一阶段的"原料"，形成了生态系统中最佳的营养物质循环。例如，珠江三角洲地区的人工"基塘"（如桑基鱼塘）是一种传统农业生产方式，符合生态系统物质流动规律。

（四）生态农业技术

1.立体种植与立体养殖技术

立体种植是一种改变传统种植方式的方法，通过采用多层次的作物构成复合群体。立体养殖则是生态农业中的一个重要组成部分，整合了生态学、现代科技和传统养殖技术，建立了生态合理、功能协调、资源再生、良性循环的养殖体系。这两种技术都强调劳动密集型，有助于多种经营，提高光能利用率，调节生态平衡，增强作物抗灾能力。

2.有机物质循环利用技术

在生态农业中，通过多层次、多途径的物质循环利用是最为代表性的技术手段，旨在实现生产与生态的良性循环，提高资源的利用效率。这一技术主要通过优化组装种植业和养殖业的动植物种群、食物链以及生产加工链来达到目的。

生物物质的多层次利用技术可以极大提高物质和能量的转化利用效率。以湖南的试验为例，通过饲料喂鸡，鸡粪喂猪，猪粪制取沼气，再利用沼渣进行蘑菇种植、养鱼、养蚯蚓，并最终将废弃物作为肥料还田，实现了多级利用。这一过程使得能量利用率从一次利用的64.7%提高到90.5%，氮素利用率从45%增加到92.4%。农业生态系统中的物质多级利用技术在提高资源利用效率方面发挥着重要作用。

（1）畜禽粪便综合利用。畜禽粪便的合理利用是一项备受重视的生态技术，这种技术在美国、欧洲等许多国家都已经得到广泛应用。这些国家通过将干燥膨化的鸡粪作为替代粗饲料及粗蛋白饲料的原料，实现了对鸡粪的有效利用。在我国的一些地区，也已经开始采用这种利用方式。由于鸡的消化道较短，饲料中的营养成分往往未被充分吸收就排出体外，因此鸡粪中约70%的营养成分仍有利用价值。经过适当的处理，这些鸡粪可以作为猪、鱼等动物的优质饲料。

除了作为饲料外，畜禽粪便还有另一种利用途径，那就是作为沼气原料。沼气发酵是一种将有机物质转化为沼气的过程，沼渣和沼液是发酵后的副产物。这些副产物不仅可作为优质的有机肥料供作物利用，而且可以作为食用菌的培养料以及猪、鱼等动物的饲料。因此，通过沼气发酵的方式利用畜禽粪便，可以实现废弃物的资源化利用，减少对环境的污染。

（2）农作物秸秆的有效利用。农作物在生长过程中会产生大量的秸秆，这些秸秆占到了生物量的很大一部分。据统计，我国每年产出的作物秸秆总量超过5亿吨。然而，目前仍有很大一部分秸秆被焚烧，这不仅对环境造成了污染，还浪费了秸秆中富含的粗蛋白、纤维素以及大量微量元素等资源。因此，如何合理利用这些秸秆成为生态农业发展中亟待解决的问题之一。

秸秆有多种利用方式，除了直接作为有机质用于农田，还可以作为饲料供草食动物食用。此外，通过特定的处理技术，如氨化处理和微生物发酵，秸秆的营养价值和适口性可以得到显著提升，甚至可以作为部分粮食的替代品。除此之外，秸秆还可以作为培养食用菌和生产沼气的原料。

3.生物综合防治技术

农药的过度使用已经导致许多有害生物产生了抗药性，这使得有害物种的危害逐年加重，对农业生产构成严重威胁。因此，加强有害生物防治已成为农业发展的重要任务。城市地区由于其特殊地位，常常成为外来有害生物入侵的重灾区。这些外来生物不仅来自与中国接壤的国家，而且随着各类产品的进口，城市也成了入侵的重要通道。控制城市的有害生物，对于整个防治工作具有至关重要的意义。然而，传统的有害生物防治方法主要依赖于大量使用农药。这不仅提高了有害生物的抗药性，还可能杀死它们的天敌，破坏生态平衡。此外，农药的过量使用还会增加农作物中的农药残留，对人类健康构成威胁。

病、虫、草害是导致作物减产的关键因素，利用生物措施和生态技术来有效控制这些危害具有巨大的潜力。与化学农药相比，生物防治的优势在于无毒性和残留，不会对环境造成污染，同时还有助于保护生物多样性和生态系统的自我调节机制。通常生物防治技术有以下几个方面。

（1）建立合理的种植制度。科学合理的种植制度在农业中具有重要作用，不仅能够改善生态环境和土壤条件，提高土壤肥力，还有利于作物生长和有益微生物的繁殖。其中，轮作被强调为一项关键措施，通过改变病原物和害虫的生存环境，中断其传播，有效减轻了连作带来的障碍。另外，间作也被提及为一种有效手段，通过不同作物的搭配，可以控制病虫害的发生。

（2）加强田间栽培管理，充分利用园艺设施。科学的田间管理是改善农业环境的关键手段，对于防治病虫害具有显著效果。通过适时播种和定植、合理施肥和灌溉、中耕除草等措施，可以改善植物的生长环境和营养状况，促使植物茁壮成长，提高抗病虫害能力。此外，这些措施还能改变病虫害的生存环境，抑制或消灭病虫害的发生。利用园艺设施调节设施内的温度和湿度，可以减轻梨黑星病、黄瓜霜霉病和番茄叶霉病等病害的发生。温室和塑料大棚在一定程度上能够产生物理阻隔作用,防止病虫害的危害。此外,合理灌水可以防治瓜类和蔬菜疫病等对湿度敏感的病害。

(3)通过适时调整种植和收获的时间,可以预防或减轻病、虫、草害的威胁。病、虫、草害都有其特定的生命周期,通过合理地安排作物的种植和收获时间,可以打乱害虫的食性周期或错开它们的活动季节,从而有效降低它们的危害程度。此外,选用具有抗病、抗虫、抗草害特性的品种也是一种经济实用的方法。

(4)利用有益微生物来防治病害。通过生物间的相互作用来控制病原物的数量,以减轻病害的发生。例如,利用木霉制剂来防治园艺植物的立枯病、根腐病、白绢病等。

(5)生物防治害虫的策略包括利用天敌生物,其中应用广泛的方法包括利用病原微生物和天敌昆虫。它利用自然界的生物关系,通过有益生物来控制害虫的数量。苏云金杆菌作为一种微生物农药,在防治鳞翅目害虫方面具有显著效果。这种微生物通过产生晶体毒素,专门针对害虫的消化系统,导致其死亡。相比传统化学农药,苏云金杆菌具有选择性高、对环境友好、不易产生抗药性等优点。此外,通过引入天敌昆虫和其他食虫动物,以及利用昆虫生理活性物质,也是有效控制害虫数量的手段。

(6)利用生物有机体提取的生物试剂来替代农药,以防治病、虫、草害,是未来农业发展的新趋势。这种新型农药将利用生物分泌物间的相互作用,结合生物化学和生态学技术,实现环保、安全和高效的防治效果。

4.再生能源开发技术

利用生物能(如木材、沼气)和生态能(如太阳能、风能、水能)等可再生能源,替代部分化工商品能源,是实现生态农业可持续发展的重要手段。

(1)沼气发酵技术。沼气发酵是一个生物化学过程,通过厌氧微生物的作用,将有机物质转化为可燃性气体,如甲烷。在这个过程中,复杂的有机大分子,如淀粉、蛋白质和脂肪,被分解为更小的化合物,如碳、氮等元素。这种转化不仅产生了有价值的能源,如甲烷,还有效地解决了环境污染问题。更重要的是,通过沼气发酵,秸秆、粪尿和其他有机废弃物得到了有效的利用,增强了生态系统的自我净化能力,从而实现了无污染的生产。

（2）太阳能利用技术。太阳能是一种持续的、可再生的、环保的能源，是农业生产过程中必不可少的能源。目前，我们已经开发出了多种常规技术，如地膜覆盖、塑料大棚、太阳能温室和太阳灶等，这些技术都可以有效地提高太阳光能的利用率，满足作物生长过程中的热量需求和生活能源需求。

（3）风能、地热能、电磁能利用技术。在风力强劲、海拔较高的地区，风能资源为当地提供了巨大的潜力，可用于发电、照明和取暖。此外，地热能的利用也具有显著的发展前景，为当地带来高价值的植物栽培机会。这些措施为这些地区带来了经济效益和环境可持续性的双重利益。

（五）生态农业的主要模式

在生态农业实践中，人们认识到农业生产中复杂的生物与环境相互作用，以及生物之间的紧密关联，以及输入与输出之间的相互影响。为了协调农业社会效益、经济效益和生态效益的发展，采取积极措施将原本分散操作的农业生态系统重新组织成一个相互联系的整体，被定义为生态农业模式。这些模式包括景观模式、循环模式、立体模式、食物链模式和品种搭配模式等，为推动可持续农业的发展提供了多样化的途径。

1.景观层次的农业土地利用布局——景观模式

景观模式是针对特定地域或流域的土地利用方案，其目标是为各类活动提供合适的场所。这包括：①在特定行政区域或地理区域内，对农业生产、自然生态保护、旅游开发、居民休闲以及工业生产等项目进行统筹规划，确保各区域的功能得到合理发挥；②在流域范围内，通过实施水源保护、生物多样性保护等措施，以及优化水利设施和农业用地布局，实现整个流域的生态平衡和资源高效利用。

景观模式根据布局主要考虑的因素划分为多个类型，包括：①关注生态安全的模式，如用于北方沙化防治或沿海台风防护的农田防护林模式、防治水土流失的坡地模式；②资源安全模式，例如西北地区考虑水资源短缺的集水农业模式、保护生物多样性的自然保护区串联设置模式、水源林的乔灌草结合模式；③环境安全模式，包括各种污染源阻断模式；④产业优化模式，如流域布局的"山顶戴帽、果树缠腰、平原高产、洼地鱼虾"模式；⑤关注环境美化的模式等。

2.生态系统层面农业生态系统组分能量流和物质流动联结——循环模式

循环模式专注于农业生态系统中能量和物质的水平流动方式，其目的在于实现对能量和物质的有效循环利用。

循环模式根据循环系统的范围可划分为多个类型，包括：①农田循环模式，例如堆肥回田模式；②农牧循环模式，如猪-沼-果模式；③农村循环模式，例如生活废物循环模式；④城乡循环模式，如工业废物循环模式和城市垃圾循环模式；⑤全球循环模式，如碳汇林营建模式。

3.群落层面的生物种群结构——立体模式

在生物群落中，通过合理配置生态位互补的生物，可以更高效地利用光照、养分、温度和水等资源，从而增强抵抗生物逆境和物理逆境的能力，形成互利共生的关系。

立体农业模式在推进生态农业建设时，可以根据土地资源的类型进行分类。首先，山地丘陵立体模式，如乔木、灌木和草本植物相结合的植被恢复模式，果园与草地的间作模式，橡胶和茶叶的间作模式等。其次，农田平原立体模式，这包括农田的轮作、间作和套作模式，例如泡桐和小麦的间作模式，玉米和大豆的间作模式等。此外，还有水体立体模式，如上层、中层和下层水产品的混养模式。最后，草原立体模式，如不同种类的饲料植物混种，以及不同食性的家畜品种在草地上混养或轮牧等。

4.种群层次的生物关系安排——食物链模式

食物链模式主要涉及初级生产者、次级生产者和分解者之间的相互关系，这种关系反映了不同生物之间的能量传递和物质循环。

食物链模式根据结构可分为两大类。首先是食物链延伸模式，包括利用废弃物生产食用菌、蚯蚓、蝇蛆、沼气等的腐生食物链模式，以及为有害生物综合防治建立的取食、寄生、捕食、偏害等食物链模式。其次是食物链阻断模式，当污染出现时，采用非食物生产模式，如在农田生产中种植花卉、用材林、草坪等，以及在水体中采用养殖观赏鱼类的生产模式，以阻断污染物的食物链浓缩。

5.个体与基因层面的动植物品种选择——品种搭配模式

品种搭配模式关注动植物品种的选择,以适应当地的自然生态条件和社会经济需求。在考虑品质与产量要求的同时,选用具有抗旱、抗寒、耐高温、抗浸、抗盐碱、抗病虫、抗草等特性的品种,以抵御当地的生态逆境。此外,所选品种还需充分利用当地的气候、养分和水分等生态资源。在追求高产优质的前提下,品种搭配模式可根据品种的主要依据分为抗逆性搭配模式和资源利用效率搭配模式等,旨在实现对当地环境的最佳适应和资源的最有效利用。生态农业模式的基本类型归纳见表 8-2。

表 8-2 生态农业模式的基本类型

生物层次	模式基本类型	分类型	举例
生态景观	景观模式	生态安全模式	农田防护林模式
		资源安全模式	自然保护区模式
		环境安全模式	污染土壤修复模式
		产业优化模式	农田作物布局模式
		环境美化模式	乡村绿化模式
生态系统	循环模式	农田循环模式	秸秆堆肥回田模式
		农牧循环模式	猪-沼-果模式
		农村循环模式	厕所和农家肥堆沤回田模式
		城乡循环模式	加工副产物利用模式
		全球循环模式	碳汇森营建模式
生物群落	立体模式	山地丘陵立体模式	果草间作模式
		农田平原立体模式	作物轮间模式
		水体立体模式	鱼塘立体放养模式
		草原立体模式	家畜混养与轮牧模式
生物群落	食物链模式	食物链延伸模式	腐生食物链模式(蘑菇)
		食物链阻断模式	污染土地的植物生产模式
个体群落	品种搭配模式	抗逆性搭配模式	耐低磷大豆的利用
		资源利用效率搭配模式	高光合效率品种利用

三、循环农业

（一）循环农业提出的背景与发展历程

随着社会的不断发展，人类活动的范围和影响力不断扩大，但由于长期以来不合理的发展理念，人与自然之间的矛盾不断加深。试图征服自然的行为引发了自然的报复。在面对这一现实的挑战时，人类进行了深刻的反思，开始寻找更加可持续与和谐的共处之道。循环经济思想应运而生，成为解决人与自然矛盾的一种重要方案，旨在通过有效的资源利用和循环利用，实现经济的可持续发展，促进人与自然的协调共生。

循环经济思想的萌芽可追溯到 20 世纪 60 年代，当时美国经济学家波尔丁提出了著名的"宇宙飞船理论"，标志着循环经济思想的出现。此后，一系列著名的生态经济学作品，如《寂静的春天》《增长的极限》和《21 世纪日程》等，进一步推动了循环经济理念的发展。这些著作在思想层面对循环经济进行了深刻的阐述和推动，为后来循环经济的理论体系和实践探索奠定了基础。

随着资源约束不断加剧和农业生产环境的不断恶化，传统农业经济增长面临多方面问题。为应对这一困境，循环农业应运而生。全球多个国家积极实践循环农业，如日本采用物质再生模式推动程度循环农业、美国实施减量式精准农业、以色列开展节水农业等。

中国对循环农业的发展十分重视。农业部在 2007 年 12 月确定了 10 个市或自治州，如河北省邯郸市、山西省晋城市等，进行循环农业示范市建设。其中，山西省晋城市以农村沼气、秸秆气化为核心，积极推动循环农业。阜新市则制定了多项规章措施，包括《阜新市循环经济试点实施方案》《阜新市循环经济发展规划》《阜新市发展农业循环经济管理办法（暂行）》等，进一步促进了循环农业的发展。

（二）循环农业的概念与特征

1.循环农业的概念

循环农业是一种将循环经济理念应用于农业生产领域的模式，旨在实现农业的可持续发展。其核心理念在于对传统农业的反思和对环境的尊重，循环农业试图模仿和遵循自然生态系统物质循环和能量流动规律，以减少对环境的负面影响。循环农业不仅关注农业生产的效率，更重视对自然资源的合理利用和保护，通过优化资源配置和废弃物的回收利用，实现农业的可持续发展。

循环农业的本质是在农业生产和生态系统中实现物质和能量的循环利用。通过合理的生产布局和废弃物处理，循环农业可以有效地减少对自然资源的消耗，同时降低废弃物的排放，减轻对环境的压力。在循环农业中，废弃物不再是"废物"，而是可以再利用的资源。这种转变不仅提高了农业生产效率，还有利于生态环境的改善和农业经济的持续发展。

循环农业的应用需要综合考虑多种因素，包括当地的资源条件、环境容量、生态阈值等。在此基础上，通过合理的规划和设计，实现农业生产体系的优化配置。这需要借助循环经济的方法和技术手段，例如生态农业、有机农业、绿色农业等。这些模式在实践中已经取得了显著的效果，为循环农业的发展提供了有益的借鉴。

2.循环农业与传统农业的区别

循环农业与传统农业的区别主要体现在以下几个方面。

（1）农业系统中物质和能量的流动方式不同。在传统农业系统中，物质和能量流动是单向的，从外部获取资源，生产农产品，再排放废弃物。循环农业通过内部合理组织，遵循"3R"原则和循环经济思想，构建了"废弃物—资源"对接的环流系统。这样的组织方式形成了"自然资源—产品和用品—再生资源"的反馈循环，实现了资源的多次利用和减量化。循环农业的理念是将经济活动组织成一个更为可持续的系统，最大程度地减小对自然环境的影响。

（2）农业生产目标不同。传统农业的生产目标主要是通过外部物质和能量投入获取尽可能多的农产品，但未被转化为生物产品的部分成为废弃物。这使得传统农业需要不断投入物质和能量来维持和扩大生产。相较之下，循环农业的目标除了获得农产品外，还加入了一个重要目标，即实现生态环境的可持续。在循环农业中，获得产品和生态环境保护的目标被有机地协调和统一，使得农业生产更为可持续、环保和综合效益更为显著。

（3）循环农业生态环境保护的手段有别于传统农业。传统农业在面对生态保护和生产发展的矛盾时感到束手无策，陷入两难的境地。传统农业的资源观念认为环境保护主要通过节能生产来实现。相对而言，循环农业通过按照循环经济"3R"原则，重新安排不同农业生产环节和项目的时空，通过"资源—利用—资源"的方式，实现了农业生产发展和生态环境保护的双赢。这种方式最大程度地减少了系统外物质和能量输入，降低了系统的排放，使得农业在可持续发展和环保之间找到了一种更为合理的平衡点。

（4）生产的环境后果不同。随着人类需求的不断增长，传统农业的物质和能量单向流动方式导致了环境负荷的增加。与传统农业相比，循环农业通过形成闭环系统，实现了物质和能量的循环利用，使得排放能够最大限度地减少，有效地控制在环境容量和生态阈值之内，如图 8-1 所示。

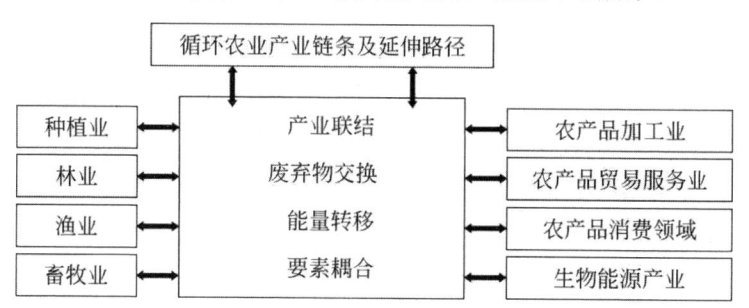

图 8-1 循环农业系统内部的物质能量循环

3.循环农业的特征

循环农业的特征主要可以归纳为以下几个方面。

（1）生产流程的"循环"化设计。循环农业的最大特色在于，它的目标在生产操作的层面得到了实施。是否是"循环"的农业，取决于是否遵循了"3R"原则。在循环农业中，我们努力减少外部物质和能量的输入，并确保这些物质和能量在经过一个生产环节后，能够进入另一个环节实现再利用。

这使得外部物质和能量可以在"资源（外部输入）—利用（农业生产过程）—资源（再利用）"的循环中，获得更长的作用时间和更多的利用次数。当它们失去直接经济价值后，还可以通过发酵处理，转化为肥料，进一步提高土地的肥力，实现再利用。此外，循环农业向外界排放的废弃物质和能量也极低。

（2）环境目标与经济目标相互依存，实现资源节约与高效利用。循环农业通过优化生产流程，实现了生态环境保护与农业经济效益的双赢。它不仅关注产出的增加，更重视投入的合理性和资源的高效利用。通过提高资源利用效率和节约物质能量投入，循环农业为农业生产带来了新的发展路径。这种模式不仅注重短期的经济收益，更着眼于农业的长期可持续发展，为全球农业的进步提供了新的思路。与传统农业相比，循环农业更加注重资源的合理配置和生态环境的保护，成为未来农业发展的主导方向。

（3）低污染甚至零污染排放。循环农业的理念强调了延长物质和能量在农业生产和生态系统中的使用流通过程，旨在实现资源的循环利用。通过这种方式，循环农业能够有效地减少废弃物的排放，从而降低对生态环境的影响。在循环农业的生产过程中，进入农业系统的物质和能量经过多个环节的循环利用，大部分转化为生物产品。这种空间和时间的组织方式，使得上一环节的废弃物成为下一环节的资源，实现了"排放（上一环节的废弃）—投入（下一环节的资源）"的有效对接。因此，循环农业通过减少向外界生态环境排放废弃物的次数和数量，实现了对生态环境的保护。

（三）循环农业的发展原理

1.农业循环经济思想的发展

农业循环经济旨在最大化利用农业资源，优化生产要素配置，推动农业生产与环境和谐共生。通过科学合理地利用自然资本、物质资本和人力资本，农业循环经济致力于实现农业的可持续发展，确保农产品供应满足当代和后代需求，同时保护生态环境。这种模式强调资源的循环利用和生态平衡，以实现经济和社会的长期稳定发展。

农业循环经济作为农业可持续发展理念的新兴模式，是循环经济系统的一个组成部分。它通过在整个农业过程中实现资源投入、生产、产品消费和废弃物利用的循环，将传统线性增长的农业经济体系转变为依赖生态型农业资源循环的体系。农业循环经济的本质是一种生态经济，要求以生态学规律为指导，而非机械论规律，来引导人类社会的农业经济活动。

与传统农业经济模式相比，农业循环经济具有显著差异。在传统农业经济中，资源流动呈现单向性，即"资源—农产品—废弃物排放"。这种模式以高开采、低利用、高排放为特点，导致农业资源被粗放式、一次性利用，对环境产生较大压力。

相反，农业循环经济倡导与环境和谐共生的经济发展模式。它构建了一个"农业资源—农产品—再生资源"的反馈式流程，强调低开采、高利用、低排放。在这种模式下，农业资源得到合理且持久的利用，从而将农业经济活动对自然环境的影响降至最低。

农业循环经济是一种新型的农业经济发展模式，它以低开采、高利用的方式利用农业资源，实现农业的清洁生产和绿色消费。这种模式运用生态学规律来指导农业生产活动，符合可持续发展的理念，是对传统农业经济的根本变革。农业循环经济通过科学技术成果和现代管理手段，实现农业资源、环境、经济的有机融合，形成良性循环，实现农业的可持续发展。

农业循环发展的核心思想是以人为本，以科学发展观为指导，全面考虑农业资源利用、经济发展和环境保护之间的关系。通过优化农业经济活动过程，将资源转化为产品，再由产品转化为消费，进而转化为废物，最后再转化为新的资源，形成一个完整的经济循环链，如图8-2所示。在这个过程中，上一个环节的废弃物和污染物经过适当的处理，可以转化为下一个环节的资源。农业循环的目标是实现农业资源和能源消耗的零增长，以及农业生产环境退化速率的零增长。这是一种高效、永续的农业资源利用方式，也是生态环境良性循环的农业发展模式。

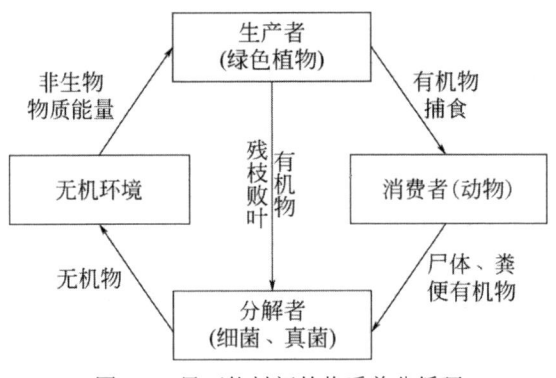

图 8-2 尽可能封闭的物质养分循环

2.循环农业的路径流程

循环经济发展理念要求对各种农产品进行加工,以满足人类多样化的需求。此外,为了最大限度地利用废弃物资源,需要运用生物相生相克的原理或进行废弃物资源化利用,以最大程度地实现废弃物的价值,同时降低对环境的不良影响。

循环农业的物质流程和产业体现了"横向共生、纵向闭合和系统耦合"的特点。各要素按照物质流动的方向形成了产业链条,物质和能量在这些链条上实现了循环、流动、信息传递和价值增值。这种系统性的组织方式使得农业生产更为高效、可持续,并更好地实现了资源的利用和废弃物的减少。

从农业生态系统的结构入手,分析种植业—养殖业—农副产品加工业—副产品利用业(生物质产业)—种植业的纵向闭合产业链条的结构及各产业之间的关系,可得到循环农业系统基本结构及各产业链条路径。

(1)循环农业的物质循环路径。从宏观角度来看,一个健全的循环农业系统包含四个基础子系统:农业种植、养殖、农产品加工以及副产品综合利用。这些子系统在物质交换和产业链中相互依存,形成了一个紧密结合的循环体系。农产品加工业和副产品综合利用业在构建这一体系中起到不可或缺的作用,它们是确保整个循环农业系统高效运转的关键因素。随着产业链的完善和多样化,我们可以提供更多高质量的农产品,同时也能提升农业的经济效益。

循环农业系统中,各产业链条通过物质循环联系在一起,包括有价值的农产品和过去被认为无价值的农业废弃物。这两类物质在农业生产过程中是相伴而生的。过去人们更注重有用资源，而忽视了废弃物资源的潜在价值。循环农业的研究主要关注如何在农业生产系统内实现这两类物质的最合理循环利用，以达到环境友好和价值增值的目标。

在物质流动和资源产品链的基础上，循环农业产业链的运行主要包括两个方向的循环，如图8-3所示：首先是农产品的顺时针外循环，这一循环将农业经济系统从生产阶段引向消费阶段，有助于农业资源的节约使用；其次是可再生资源的逆时针内循环，该循环将废弃物资源的再生产和再利用转化为可再生资源，有助于实现对农业"废弃物"的资源化利用。这表明，循环农业的物流特征在于物质的闭环循环以及产业链条的延伸和反馈。表8-3概括了两种循环路径的基本特征。

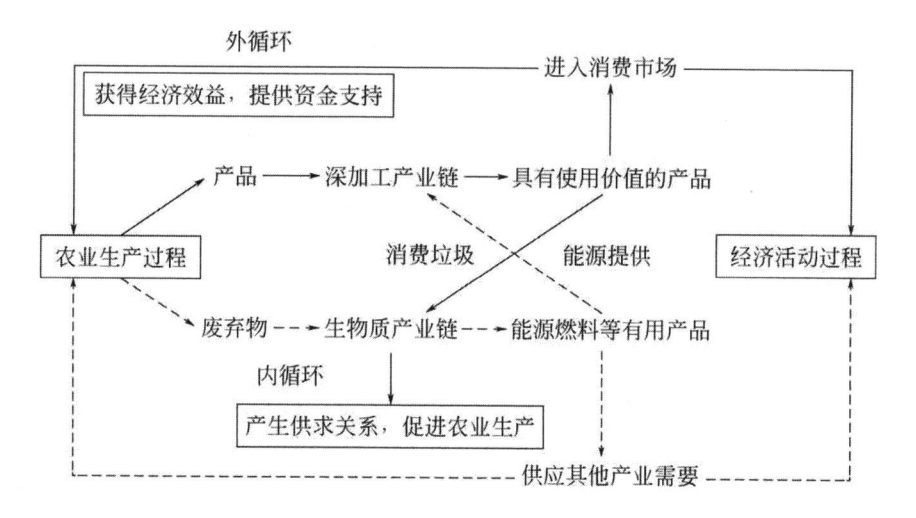

图8-3 循环农业的闭路循环路径及产品链流程

表 8-3　循环农业系统闭路循环路径的基本特征

循环路径	循环方向	模式类型		循环特点	关键节点
外循环	顺时针	农业产业链的延伸模式	农业资源的节约利用模式	完成由原料到产品的转化，实现价值的增值。农副产品加工业的原料以作物果实和植物纤维为主，产品以食品、药品、农副产品加工品为主	农业生产与农产品加工
内循环	逆时针		农业"废弃物"的资源利化利用模式	完成由废弃物资源到能源的转化，实现资源的再生利用和能源节约，环保。生物质产业的原料以非食用性的木质纤维为主，产品以能源、材料、生物化工产品为主	生物质利用与清洁生产

（2）循环农业的主要环节与层次。循环农业是推动清洁生产、物能互换、废弃物资源化和物质能量循环的过程。在农产品生产环节，致力于实施清洁生产，全程控制污染，以最小化污染排放。农业清洁生产涵盖了清洁的投入、清洁的产出和清洁的生产过程。在农业产业内部，促进物能互换，使一个生产环节的产出成为另一个生产环节的投入，以提高资源的利用率和能量的转化率，实现废弃物排放的最小化。例如，种植业的立体种植和养殖业的立体养殖等模式，都是循环农业的典型实例。

在农业产业间，通过将农业废弃物与其他产业连接起来，形成跨产业的链条，实现废弃物的深加工和梯度利用，使废弃物得到资源化利用，同时延伸农产品产业的价值链。在农产品消费层面，包括消费过程中和消费后的物质能量循环，将循环农业纳入社会整体循环，实现废弃物的多次利用，进一步提高资源利用率。

循环农业的发展需要分层次进行，主要有以下三个层次：

首先，在最小范围的物质循环系统中，主要由农户来实施。农户自身拥有的土地、劳动、技术等生产要素数量有限，即使他们采取了清洁生产和资源循环利用等措施，所获得的经济效益和社会效益也比较有限。

其次，通过发展农业加工业和产业集群，由工业企业来推动主要的物质循环。这种模式形成了"农户＋公司＋基地"的利益组合，由于公司拥有更多的生产要素，可以在更广泛的范围内调动各种资源，从而促进资源的循环利用。目前，世界各国已经将这种融入了现代生产技术和管理手段的农业、工业之间的资源循环作为循环农业的重要推广方向。我国部分发达地区已经进入了这个层次。这些地区通过发展农业加工业和产业集群，将现代生产技术和管理手段融入农业和工业的资源循环中，从而在更广泛的范围内实现资源的有效利用和循环利用。

最后，在全社会范围内实现资源的有效循环利用，需要构建一个生态化的经济网络，覆盖更广泛的区域。在这个生态化的经济系统中，循环农业和循环经济只是其中的一部分。发展更高层次的循环农业系统，是构建完善的循环经济体系的关键步骤。与前两个层次的循环农业体系相比，这个层次的循环农业经济体系能够更充分地利用资源，创造更大的经济效益和社会效益。然而，构建这样的生态化经济系统，对技术支撑的要求更高，同时也需要人类具备更高的规划和管理能力。

循环农业经济体系可以分为三个层次，这些层次主要是基于技术水平的差异来划分的。在循环农业经济体系中，第二和第三层次的技术在工业革命后才开始发展，因此，建立循环农业经济体系的核心要素是技术支持。

（3）循环农业的能量转换与效率。在循环农业系统中，物质与能量的关系密不可分。物质循环的过程，实际上也是能量的流动过程。然而，由于热力学第二定律的限制，任何过程中的能量利用都不可能达到完美，这就意味着在一个封闭系统中，随着物质的循环，能量会逐渐减少。

农业生态系统作为一个开放的系统，需要不断地从外界获取能量，以补充系统内部的能量损失。这些能量来源主要包括自然资源，如光、热、水等，以及通过购买获得的资源，如化肥、农药、机械动力等。正是这些外部能量的持续输入，保证了农业生态系统的能量流动，从而维持了整个系统的存在和持续发展。

为了经济效益和环保，必须提高农业生产的能量转换效率。在农业生产中，可以借助食物链加环技术，实现物质和能量的多层次利用。循环农业利用不同营养级的生物，通过分级、分层次的反复循环，最终将这些物质转化为直接可用的生物产品和生物质能。通过食物链的加环和组链，减少非生产循环，加强生产循环，提高物质循环周转率，增进能量转换效率，同时减少废弃物排放。

循环农业倡导在尽可能减少不可再生能源投入的基础上，充分利用自然能源和自然辅助能源。通过引入可再生能源替代传统农业的高能量投入模式，结合科学合理的农业系统内调整，包括种植结构和产业结构的调整以及引入高新技术，实现农业系统内能量的最充分利用。循环农业通过整合农业系统内外的循环，旨在提高物质循环利用率和能量转化率，以促进农业的可持续发展。

3.循环农业产业创新与价值增值

根据经济学原理，经济增长和产业结构变动是相互影响的。产业结构的变动在经济增长过程中是不可避免的，而经济总量的增长也必然引发产业结构的变化。产业结构的调整驱动着经济增长，随之带来国民收入的提升，而这又引起需求结构和消费结构的调整，反过来影响产业结构的变化。因此，产业结构的不断调整推动了经济的增长，而经济总量的增长又促使了产业结构的演变。产业结构调整的方向在于资源结构和资源分配结构的制约，并受到需求结构和消费结构的影响。产业结构是国家经济增长基本态势和途径的反映。优化产业结构的目标是通过不断提高产业转换的效率和质量来实现。经济增长的动力与产业创新、价值增值密切相关。

（1）产业结构与功能。根据生态学原理，系统结构是系统功能的基础。只有构建合理的生态系统结构，才能实现较高水平的整体功能。在产业模式上，传统农业常局限于农业系统内的小产业，忽略与相关产业的链接和循环。循环农业通过整体构建农业及其相关产业的物质循环体系，将农业系统与生态工业系统相互交织，形成大产业系统。

产业经济学原理指出，通过调整农业产业结构可以实现结构效应，实现"第一生产力最大化"，即在不增加任何要素投入的情况下，通过调整配置方向来获得更多的产出。这可以通过调整土地、资金、劳动力等要素在不同农业产业内部或产业间的配置来实现，使得各业之间的比例更加协调。这种调整不仅影响各业的产值，还会增加农业的总产值，从而促进农民收入的增长。因此，产业结构调整是实施循环农业的重要措施，合理的调整能够提高循环农业的效果。

循环农业产业化经营的核心目标是提高农业生态系统的整体功能。这一经营方式以科学发展观为指导，旨在建设资源节约型、环境友好型社会，以国内外市场为导向，核心理念是企业增效、农民增收。循环农业产业化将现代农业和循环经济理念融入农业产业化经营中，形成一种新型经济模式。农业产业系统包括了种植业、林果业、畜牧业、水产业以及相关的农产品加工、贸易与服务等，这些相互依存、紧密联系的组成部分形成一个协同作用的耦合体，整体性的农业产业结构是建立现代循环农业产业化经营模式的基础。

①现代农业的产业化发展以种植业为依托，将先进科技融入产业化运作中，进一步优化农业结构。在粮油加工的产业链上，我们需要对其进行延伸和加强，打造"农作物种植—初步产品加工—精深产品加工—成品配送—销售市场"的全链条。这样可以促进初级农产品的进一步加工和升级，大力推进农产品的精细化和深加工企业的发展。同时，通过上一个环节的废弃物转化为下一个环节的原料，在循环过程中实现多重加工和增值，减少对环境的污染。

②循环林果业产业是一种新型的林果业发展模式。它以林果业为基础，充分利用林地资源，将现代科技融入产业链的各个环节。通过林下生态种植、养殖和加工等方式，形成了一个完整的循环经济体系。

③现代循环畜牧业产业化以畜牧业为基础，充分应用现代科技在各环节实现三大循环。首先，通过深加工畜产品，开发高附加值产品，增加产值。其次，充分利用畜禽副产品，生产多种产品，包括饲料、食品、保健品、医药原料等，通过科研力度提升附加值。最后，通过科技手段实现畜牧业粪便的无害化处理，实现资源的循环利用。

④现代循环水产业产业化通过生物控制实现水产循环中各主体互补互助，共生共利，实现水域和陆地的相互配合，以推动水产品加工企业的发展，不断提升水产业的质量和效益。其中，水产品循环加工、水资源的循环利用以及水上、水中、水下循环模式，如"上粮下渔"模式，成为主要发展方向。

（2）产业创新的动力。在农业产业链中，物质流动主要通过三种方式进行：一是产品链，以种植业和畜牧业为主线，经过初加工和深加工等环节，形成各种满足人们需求的农产品和加工品。在这个过程中，物质流动不仅实现了能量传递和价值增值,同时,种植业还为畜牧业提供原材料。二是废弃物链,这是指在产业链的各个环节产生的废弃物经过多次、多环节的转化,最终形成满足种植业和畜牧业所需的肥料、饲料,或者转化为各种能源和再生产品,以满足人们的需求。此外,各类农产品消费后形成的生活垃圾也可以再次进入废弃物链,通过堆肥加工成为生物有机肥重新进入农业生态系统。三是再生产品链,如图8-4所示,通过农副产品链各环节转化形成的饲料、肥料、能源或再生产品沿着不同方向流动形成的链路。这些再生产品可以满足不同的需求,同时也促进了物质的循环利用。这三种物质流动方式相互关联、相互依存,共同构成了循环农业的核心部分。

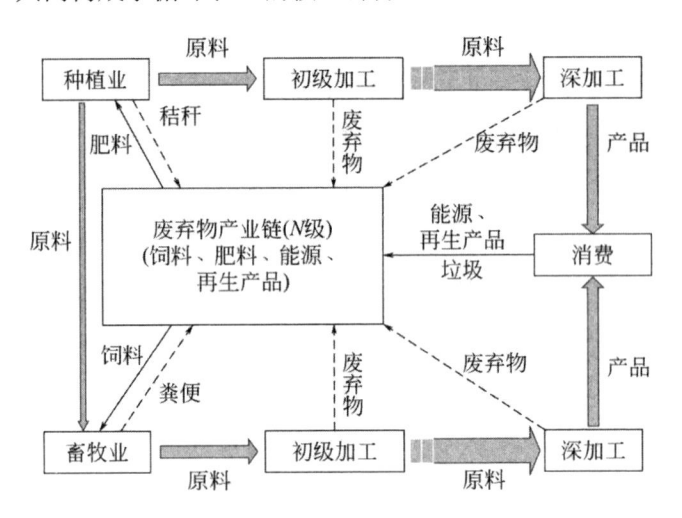

图 8-4 循环农业产业链延伸的结构

因此,循环农业实现正常运转依赖于内在的产业链价格机制和竞争机制,同时外部的资金、技术和政策也对其发展起到推动作用。市场机制通过调整农产品、废弃物和再生产品的供需关系,成为循环农业运作的关键动力。这种内外协同机制为循环农业的可持续发展提供了动力和支持。

物流在循环农业中扮演着重要角色,其驱动力是价值流。物质从上一级产生者向下一级利用者流动,交易形成的价值链是脆弱的。如果某一环节不能产生可接受的利益,价值链会断裂,物流可能改道或成为真正的垃圾。因此,为了实现循环农业的可持续发展,需要加强各环节的合作与价值共享,确保物流的顺畅流动和资源的有效利用。

循环农业产业链通过引导物流运动，不仅能够吸引资本的逐利介入，而且会促使物流的进一步发展，同时资本介入的方向也将左右技术的开发方向。因此，如果循环农业产业链能够实现在价值链引导下的物流运动顺畅，将吸引资本和技术的持续介入，形成资本与技术推动产业链良性发展的循环机制。

当前受制于资本、技术和制度的限制，农产品难以实现产业链延伸和价值逐级增值，废弃物难以有效利用，导致物流断裂，循环农业产业链的物质和能量循环流动受到阻碍，引发资源浪费和环境污染。为了有效实施循环农业，必须深入探索产业链运作机理，采取措施提升对物流运动的拉动和推动力。

（3）价值增值的形式。循环农业通过农业产业化网络体系的优化，有效提升整个系统的功能，尤其在农产品价值增值方面表现显著。这一增值体现在农产品生产加工过程中以及废弃物资源再生产和再利用过程中的双重层面。

循环农业的外循环通过农副产品加工业实现了原料到产品的有效转化，涉及多个方面如食品、药品等。与此同时，内循环则将废弃物转化为能源、资源，以非食用性的木质纤维素为主要原料，产出生物能源、材料和生物化工产品，实现了资源再生利用和能源节约，进一步推动价值的增值。

在农产品的生命周期中，首先，农民将种子、资金和劳动力等资源转化为农产品，完成了初次的价值提升。接下来，深加工环节对这些农产品进行再加工，这个过程需要机械设备、劳动力和资本等资源，从而生产出具有新使用价值的产品，实现了第二次价值增值。部分产品会进入生物质产业链，进行进一步的转化和利用。最终，这些具有使用价值的产品进入市场，经过储存、运输和销售等环节，到达消费者手中，完成了第三次价值增值。

消费者通过购买和使用产品，实现了自己的需求和价值。然后，这些产品被回收和处理，转化为再生资源，再次投入到农业生产中。在这个过程中，农业生产产生的废弃物（如秸秆等）被利用起来，通过生物质产业链的循环，转化为能源和有用产品。这些有用产品不仅为农业生产提供了必要的投入，同时也满足了其他产业的发展需求。此外，这些产品还可以进入经济活动过程，促进供需关系的平衡，进一步推动农业生产的持续发展。

（四）循环农业的实践基础

循环农业以高效利用和循环利用资源为核心，通过减少农业生产、消费和流通过程中的资源、物质投入，以及降低废弃物产生和对环境的污染，实现了农业经济效益和生态环境效益的双赢。科技创新是循环农业实践的基础，是推动其发展的主要驱动力。

1.标准化生产技术体系

农业标准化是农业现代化的重要基础，旨在提升农产品质量安全水平，增强市场竞争力，提高经济效益，增加农民收入。它通过将科研成果和先进技术转化为标准，对农业生产进行全过程控制，包括农田环境、投入品、生产过程到产品等环节。农业标准化不仅关注技术层面的提高，还注重管理水平的提升，以实现经济效益、社会效益和生态效益的统一。

农业标准主要包括农产品品质、产地环境、生产技术规范和产品质量安全标准等方面。通过农业标准化，可以促进农业生产的规范化、科学化和可持续化发展，提高农业的综合生产能力和市场竞争力，为农民带来更多的经济收益。

农业标准化技术体系综合了生产技术规程、基地标准和技术标准，旨在确保农产品生产的全方位质量与安全。通过建立规范化的标准体系，涵盖了产前、产中、产后各环节，以及环境、技术规范和产品质量安全，为制订标准和执法提供科学依据，促进了农业的可持续发展。

2.农产品质量安全监测技术体系

农产品质量安全监测技术体系是保障农产品全程质量管理的关键组成部分，涵盖了产地环境、农业投入品和农畜产品等多方面的监测内容。通过对水、土、气等产地环境，以及种子、农药、肥料等农业投入品的监测，实现对从农田到餐桌全过程的安全监测，为确保农产品质量安全提供科学技术支持。农产品质量安全监测技术体系在确保农产品质量的同时，通过完善检测方法和建立限量标准，实现对农产品农药残留、兽药残留、有毒有害物质等的全面监控。此技术体系不仅涉及复杂的检测分析方法，还包括了快速、简便、实用、高效的设备和技术，覆盖了从土壤到种子、种苗、种畜的全方位检测。其中，转基因食品的检测技术更是值得重视。

3.农业投入品替代及农业资源高效利用技术体系

为了降低农业投入品对农业环境和农产品安全的潜在风险，迫切需要加速更新替代现有的化肥、农药和添加剂，以减少其对环境的不利影响。国际上普遍采纳的农产品安全生产技术趋势包括肥料生物化、有机复合化、缓效化；生物农药工程化、产业化、高技术化，以及饲料的环保化、添加剂的生物化、产品的健康化。农业投入品替代技术体系通过多方面的创新和发展，努力实现对传统农业投入品的替代。这一体系包括以生物菌肥、新型专用复合肥、缓释肥、叶面肥、生物农药、植物源农药、低毒低残留农药、兽药、兽用生物制品、兽用消毒剂为主的动植物肥药替代技术；在畜禽饲料方面，采用微生态和酶制剂类饲料添加剂，以及环保型配合饲料，如低排泄的氮、磷等，作为畜禽饲料及添加剂的替代技术；同时，引入新型环保覆盖材料，如液体地膜、渗水地膜、可降解地膜等，以及建立新型种业体系，选育高抗性、多抗性、高产、优质的农畜品种。

农业资源高效利用技术体系致力于以节水、节肥、节药、节地和节能为核心，实现农业生产的可持续发展。该体系涉及多方面的创新，包括在灌溉方面建立低成本、智能型的节水灌溉关键技术和设备，研发多功能、实用型的中小型抗旱节水机具，以及环保的节水生化制剂；在水资源利用方面，建立循环利用技术提高农灌水利用效率；在施肥和施药方面，推广测土配方施肥技术、低容量施药、烟尘施药、静电喷雾技术等先进技术；在农机设备方面，研发低耗能的农机设备；在土地利用和病虫害防治方面，建立新型的耕作制度和保护性耕作技术。

4.产地环境修复和地力恢复技术体系

产地环境修复技术体系旨在创造良好的产地环境和提升地力，以确保循环农业生产的可持续性，是源头控制农产品污染的关键。该体系涉及建立农产品产地环境监测与评价制度，通过统一评价和划定生产区，实现对产地环境的有效监控。同时，通过土壤障碍因子诊断和矫治技术，采用植物修复、生物修复、化学修复、物理修复等手段对污染土壤进行修复，建立相应的修复标准。耕地地力恢复则以培育肥沃、健康土壤为核心，通过提供优质、高效肥料，创造安全、洁净环境，重点建设高质量标准农田，全面提升耕地质量和综合生产力。

耕地地力恢复技术体系通过多方面的创新和综合技术，致力于提升土地的肥力和可持续利用性。该体系涉及建立耕地分区、分类的评价方法，以更精准地了解不同地区的土地状况。在种植结构和用肥结构方面，通过优化技术，加强试验和示范，推广多种秸秆还田技术、有机肥，以及果肥结合和粮肥结合等生态种植模式，增加有机肥投入，实现有限土壤资源的永续利用。此外，通过控制和治理酸化、盐化等土壤障碍，提高土壤的适种性和安全性，确保土地的可持续利用。

5.农业废弃物资源化及其清洁化生产链接技术体系

农业废弃物管理的关键在于减少、无害化和资源化处理，其中包括农业秸秆、畜禽粪便、废弃地膜和农产品加工废弃物。为实现这一目标，需要集成开发关键技术和适用技术，强化农业产业协会的协同作用，整合思路、途径和模式。通过接口技术，将系统内各部分产生的废弃物连接成良性循环的整体，加速物质循环和能量传递。

农业清洁生产链接技术体系致力于在减少资源环境代价的同时，实现农业生产的生态化改造和清洁生产。该体系首先在农产品加工主导产业中建立生态化改造技术，追求"整体、协调、循环、再生"的模式，以最小化资源环境代价。对于畜禽养殖中的污染，提出农牧、林牧、渔牧结合的畜禽清洁化养殖模式。当前可整合的生态链接技术涵盖平原、鱼塘、动植物共育的生态农业园以及山区生态农业园等，这些模式形成各自相对独立的循环系统，并通过多种渠道向外延伸，与整个社会经济相连接，构成更大的循环圈。

6.农业信息技术体系

农业生产的复杂性较高，受到各种因素的影响，如时间和空间的变化、病虫害的频发等，使得农业生产过程难以稳定控制。因此，农业对信息技术的依赖性较强。农业信息技术主要包括农业信息网络、农业专家系统和农业遥感技术等，这些技术能够为农业生产提供全方位的信息支持，提高生产效率和管理水平。农业信息技术已经成为现代农业的重要支撑和标志，贯穿于农业生产、经营及管理的全过程。

农业信息技术体系主要包括以下三大方面：

首先，建立健全的农业资源环境信息库和网络体系。这要求对各类农业资源，如土地、品种、化肥、农药等进行有效管理和利用。通过全面调查、评价和分等定级全地区耕地质量状况，我们可以建立数字化、动态化的土壤信息管理系统。在此基础上，采取针对性的土壤治理、改良、培肥综合配套措施，从而实现耕地资源的科学利用和管理。

其次，积极开发农业信息应用软件。这包括但不限于农业专家决策支持系统，该系统可用于农作物育种栽培、施肥和灌溉、病虫害防治、田间管理和管理经营等环节的专家决策。此外，还可以建立主要畜禽、水产为对象的生产全程管理系统和实用技术系统。同时，利用地理信息系统软件，我们可以分析并建立土壤肥力、水土流失、环境污染、病虫害动态、生态和生物系统等模型，为农业决策提供科学依据。

最后，结合本地区实际情况，建立精准农业应用技术体系。这主要依赖于全球卫星定位系统（GPS）和计算机控制定位技术，通过精确定量，可以大大提高种子、化肥、农药等农业资源的利用率。这一技术的应用将有助于提高农业产量，同时减少环境污染，实现农业可持续发展。

（五）循环农业模式的构建

1.循环农业模式的内涵

农业循环经济致力于资源保护与合理利用，各地区在借鉴传统农业优点的同时，运用现代科技与管理方法，通过农业生态经济体系的精心技术设计、管理和实施，创造出多种高效的循环农业模式，并取得了显著成效。

由于循环农业形式多样，学术界对循环农业模式的定义存在不同观点。一些学者认为，循环农业模式可以被视为在空间、时间、数量方面实现最佳组合和选择的物质、能量、信息等要素，或者是实现农业可持续发展的农业生态经济动态模型。另一些学者则认为，循环农业模式是实现和发展循环农业系统功能的各种生产要素的最佳组合方式，或者是具有一定结构和功能、效益的实体。

综合不同学者的观点，我们理解循环农业模式是由人类、自然资源、科技等元素构成的，它是一种创新且技术驱动的发展方式。在这种模式下，社会经济的发展是为了更好地保护生态环境，以创造对人类生存和生活有益的生态空间。而不断改善的资源环境，同样也是为了促进经济的持续发展和社会的不断进步。从其出现开始，循环经济模式就具有了新的特点，这些特点引领着社会经济新的发展方向，这些特点涵盖了经济和生态等各个领域。

（1）经济特征。循环农业模式的经济特性主要包括三个方面。首先，在生产投入方面，循环农业模式将合理减少输入端的物质能量投入，以此减轻对资源环境的压力。这意味着，扩大生产规模将不再依赖高物质投入，而是更加注重资源的利用效率。我们将大力开发新能源和清洁能源，以生态经济的理念改造传统的材料经济，从而降低对自然资源的过度开发和利用。其次，在生产方式上，农业循环经济将促进农产品加工业的发展。农作物的根、茎、叶、秸秆以及加工副产品的回收和综合利用，将在农业中形成新的产业并得到快速发展。这种生产方式不仅有助于资源的有效利用，还能带动相关产业的繁荣。最后，在农产品的精深加工方面，循环农业模式将使中间产物和废弃物具有循环使用的功能。这些产品将具有统一标准化和兼容性强的特点，从而避免了一次性消费产品的生产。这种加工方式不仅有利于环境保护，还能促进经济的可持续发展。

（2）生态特征。循环农业模式是对传统农业模式的生态化改造，它旨在解决资源环境问题。在循环农业模式下，资源的开采、生产、运输、消费和再利用都受到严格控制，以减少废弃物的产生和积累。这种模式的目标是在经济流程中积极节约资源，以实现可持续发展的目标。循环农业模式强调生态条件的改善，将其作为经济发展的基础和前提。通过改善生态条件，可以促进农业的可持续发展，提高农业生产效率，同时也能够为农民创造更多的就业机会。

2.循环农业的发展模式

循环农业发展大体可以考虑以下几种模式。

（1）区域循环模式。通过地区产业间的投入产出关系，促进地区专业化和合理分工，打造独特的地区循环农业模式。结合各地的核心产业、特色、生态环境、生产条件以及产业链各环节的关系，形成多种循环模式。这些模式既符合产业结构优化和升级的要求，又形成了以不同主导产业为核心的产业链。基于循环经济的地区循环农业模式，根据当地资源状况进行统一协调和资源整合，构建各产业和部门之间的耦合体系，寻求农业生态系统中各要素及其相关系统之间、系统与外部之间的有序化与整体性持续运作。

在农业生产中，对农作物秸秆和家禽粪便进行处理，利用它们作为饲料，形成循环。家禽粪便经沼气池发酵产生多种产物，包括沼气、沼渣和沼液，分别用于生活能源、农作物肥料、鱼塘养鱼。同时，秸秆等可直接堆肥，用作种植和林果业的肥料。农、林、牧、渔业产品销售到市场，市场提供原料和能源给农产品加工业，而加工品再销售回市场。这形成了农、林、牧、渔业相结合、第一、二、三产业相结合的区域循环经济系统。这一系统在不对环境造成明显改变的条件下，以环保方式利用自然资源和环境容量，实现农业经济活动的生态化，最大限度地降低单位产出的农业资源消耗和环境代价。

区域循环模式不仅对农业第一产业本身的发展产生推动作用，同时也能促使第二产业中的建筑业、加工业等以及第三产业中的交通运输业、金融业、服务业等行业的发展。通过城乡互动和各种要素资源的优化整合，实现了城乡协调发展。

（2）能源综合利用模式。具体包括：

①在农村地区广泛推广太阳能热水器，为大棚生产和农民生活提供热能，能够显著减少对传统能源的依赖。太阳能作为一种可再生能源，具有取之不尽、用之不竭的特点。其替代传统能源不仅能在一定程度上缓解能源危机，而且作为清洁能源的利用结果没有任何残留物质，不对大气和水体造成污染，对改善农村生态环境有着重要的意义。

②立体种植（加养殖）是一种创新的生产模式，通过在有限的空间内合理配置栽培植物和养殖动物，实现不同生态位的生物群体之间的相互促进、互惠互利。这一模式最大化地利用太阳能、空间、水分和矿物质营养元素，充分发挥土地和水域的整体生产能力，构建了空间上多层次、时间上多序列的产业结构。在这种结构中，生物之间通过共生互利或相克互害的关系相互联系，形成了简单而有效的食物链。

③以沼气为纽带的综合利用模式是一种以土地为基础，以沼气为纽带的

生产模式，形成了农带牧、牧促沼、沼促果、果牧结合的配套发展和生产良性循环系统。通过将人畜粪便投入沼气池发酵，得到的沼气、沼渣和沼液应用于农业生产，实现了良性循环。这一模式在不同层面推广，包括农业企业、农产品加工基地和家庭单位，形成了一个涉及农、牧、渔等多个领域的复合生态链。这种综合利用模式有助于增强农业生态体系的稳固性，实现了废弃物的循环利用，是一种环保可持续的农业生产方式。

（3）生态养殖模式。生态养殖工程在循环农业中扮演着关键角色，被认为是建设循环农业的重要而困难的技术核心。生态养殖工程的质量和效果直接影响着整个循环农业的成败，因此成为农业领域关注的重点。

①基于农牧结合的畜禽养殖模式。为解决规模养殖场的污染问题，国际经验表明最佳途径是实现农牧结合。在这一模式中，每个规模养殖场都需要确保拥有足够的农用土地，以确保养殖场排放的粪便和废水能够得到有效利用，被农作物充分消化吸收。这可以通过将粪便和废水直接排放到田间，或者通过分布在田间的小型蓄粪池中待用来实现。

②稻田生态养殖模式。通过在稻田中养殖鱼、虾、蟹等水生经济动物，形成了一个良性循环的稻鱼共生互利的产业链，实现了水、土、气等资源的多层次、多环节的综合利用。这一模式中，稻田为水生动物提供了适宜的生长和栖息环境，而水生动物则通过各种作用促进了水稻的生长。实践证明，采用生物农药和有机肥为主的生态养殖方式，不仅降低了农药和化肥的使用成本，还减轻了环境污染，对农田环境和人民健康都有积极的影响，取得了明显的生态效益和经济效益。

③高效集约式养殖和健康养殖模式。在面对渔业资源有限的现状时，渔业的持续发展需转向养殖渔业，增加养殖密度，提高单位水体的产量，并合理利用可养水域。然而，传统的养殖方式已难以显著提高单位面积产量，导致养殖效益下滑；水产品品质下降，养殖环境恶化；主要养殖品种的疫病问题严重，且呈爆发性趋势。为了控制养殖中的疾病并促进养殖生物的生长，人们提高了养殖密度，但频繁使用药物和添加剂不仅未能遏制疫病的传播，反而引发了环境和食物污染，对人类食品安全构成威胁。为了实现养殖业的可持续发展，必须对现有的养殖设施进行改造。新型的养殖设施除了提供鱼

类生长空间和基本的进排水功能外，还应具备强大的水质调控和净化功能，使养殖用水能够循环使用。这种养殖设施不仅能显著改善养殖效果，还能减少对水资源的消耗和对水环境的负面影响，真正实现健康养殖。

（4）农业废弃物的综合利用模式主要分为两种形式。一是加工废弃物的集中利用模式，通过在特定地区建设大规模、高技术水平的农产品资源化基地，利用现代生物工程和高效提取技术，专门处理农产品加工废弃物，例如从油料加工废弃物中提取维生素 E、卵磷脂等。二是就地利用模式，适用于易腐败或附加值较低的农产品固体废弃物和液体废弃物，在原地通过循环模式进行处理，如图 8-5 所示。

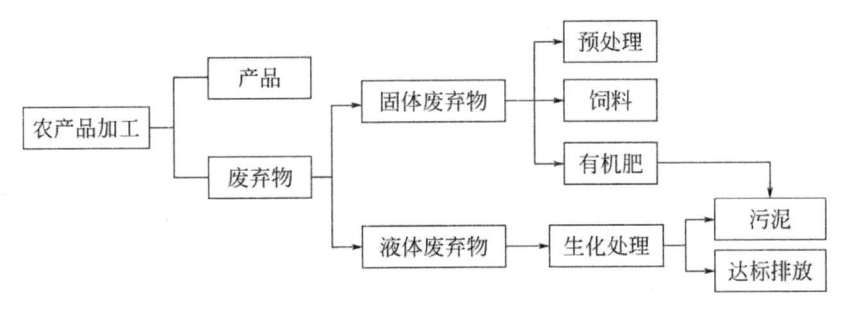

图 8-5　农产品加工废弃物就地利用模式

3.循环农业模式构建中应注意的问题

以循环经济理念指导的生态型村镇建设，成为社会主义新农村建设的重要形式。在各地发展循环农业时，应以制度创新为切入点，逐步实施一系列相互配套、切实有效的措施。在整个发展过程中，要根据国家产业结构调整的总体部署，通过制度和技术创新，充分利用本地农业资源，逐步实现农户的清洁生产、减少排放、资源综合利用，最终引导农业企业实现生态转型，推动农业向循环经济和可持续发展的道路迈进。

（1）实现循环农业的均衡发展。针对循环农业发展现状，主要应从以下三个层面推进循环农业的均衡发展：

①农业资源的地区性循环。政府应采取一系列有效的策略，推动农业部门在不同地区之间建立资源利用的层级关系。这种关系可以使各系统之间通过产品、中间产品和废弃物的交换与再利用相互关联，形成一个完整的生态产业网络，从而实现资源的最佳配置，废弃物的有效再利用，以及环境污染

的最小化。一种典型的模式是以乡镇工业小区为依托，发展农产品加工业，并合理地延长产业链。同时，通过资源层级利用链条的交叉，实现废弃物的资源化，从而实现农业资源的地区性良好循环。

②农业资源的循环利用。在农村乡镇企业中，为了实现清洁生产和绿色管理，我们需要从零消耗和零污染开始，实施物料闭路循环和能量多级利用，将一种产品产生的废弃物转化为另一种产品的原料。根据不同对象，建立水循环、原材料多层次利用和循环使用、节能和能源重复利用、"三废"控制与综合利用等良性循环体系。例如，在种养业中，可以利用农作物秸秆喂牲畜，将牲畜粪便变成沼气，沼气沼液还田施肥。养鱼的水可以用来浇灌农作物，而农作物的秸秆又可以用来饲养牲畜，形成了一个完整的农业资源循环利用体系。

③农业资源的微循环。主要是指构建和推广生态型家庭经济模式，这种模式以生物食物链为基础，形成一个"种植、养殖、加工"和沼气循环使用的微型经济系统。这一系统能够解决厕所卫生、畜圈卫生、秸秆气化、污染治理、庭院绿化以及利用太阳能和风能等一系列问题。

（2）进行合理规划和统筹安排。要实现农业资源的循环利用，将种植业与养殖业有机结合起来是非常有效的方法。这需要在一定区域内进行合理规划和统筹安排，特别是要考虑沼气输送的半径和经济性。为了发挥大型沼气工程的规模经济效应，需要突破以村庄为单位的区域划分。此外，国家资金的支持也是必要的。多年来，国家为农村循环经济发展投入了大量专项资金，如生态家园富民计划、农村小型能源项目、沼气国债等，但这些多为小型项目，难以形成规模效应。建设大型项目能同时实现节约资源和保护生态环境的目标，但所需资金数额较大，仅靠农户投资难以满足需求，因此需要政府提供资金扶持。循环经济具有公益性和低边际成本的特点，应以企业等组织形式为运行基础，主要由国家投资建设，这将有力推动我国农村循环经济的发展进程。

（3）发展循环农业技术。技术是推动循环农业发展的关键工具。然而，我国在绿色技术方面的实力还有待提高。为了更好地推进农业的可持续发展，我们应加大在循环农业技术研发上的投入，从单纯依赖物质资本和劳动力数量的增长，逐步转向更加依赖科技和人力资源的优化。我们应该重视再利用技术的研发与推广，在农业清洁生产技术、绿色生产技术和废弃物再生技术等方面进行整合与集成研究。同时，我们还应建立和完善技术创新体系，实现经济增长方式的转变，从粗放型向集约型转变，推动循环农业的快速发展。

为推行循环农业，需要强大而持续的技术支撑。关键方面包括组织开发和示范有普遍推广意义的绿色肥料、低毒农药、可降解地膜等农业生产资料的研发，以及技术上降低再利用成本。不断提高单位资源消耗产出水平是关键目标。在新能源开发方面，特别要推广节柴灶、太阳能温室、秸秆气化炉等，以扩大可再生能源的利用和开发。同时，要重视提高农业用水效率，研究地表水资源的合理利用与调配，保护性开发地下水，主要推广旱田和水田节水灌溉设备和节水新技术。

①投入减量化。实施循环农业要求大量减少有毒、有害物质的使用，同时要积极研发新型、无毒、高效、优质的替代品。在实现生产和消费目标的基础上，要最大程度地减少和优化所有物质投入量。为了降低环境污染，需要积极倡导农业清洁生产，减少物质投入，提高利用率，科学使用肥料、农药、地膜等农资。为了提高农业的可持续性，一方面需要改进施肥技术，推广测土配方施肥和混合微量元素及有机肥的精准施肥方法，以降低肥料损失、提高利用率，并研发高效低毒、低残留的农药，推动生物农药的使用，从而减少对环境的污染。另一方面，应加大对可降解地膜的研究开发力度，通过试点项目和可行技术实现地膜的大面积回收，并在水资源短缺地区推广应用。同时，提高水的利用率，发展节水农业，特别是在水稻主产区，通过先进的节水技术来有效应对水资源的有限性。在面临难以开发新水源的实际情况下，可采取实际可行的策略，如采用硬化渠道、喷灌、地膜下灌溉等新技术，旨在提高水的有效利用率，降低农业用水量，从而在有限的条件下实现用水减量的目标。

循环经济被定义为清洁生产和废物利用的综合系统，其中清洁生产是其基本形式。尽管农业清洁生产是循环农业的一部分，但要实现循环农业，不仅需要满足清洁生产的要求，还要积极保护农业生态环境，以农业可持续发展为基础。这意味着在提高农业生产效率的同时，还要注重环境保护，以确保农业系统在经济、社会和环境方面的可持续性。

②为实现农业的可持续发展，循环农业需要在建立与自然生态循环相统一的人工生态循环技术系统方面发挥关键作用。这一系统的目标是既保持高效劳动生产率，又消除"石油农业"存在的种种缺陷。除了涵盖传统的种植业、养殖业和农副产品加工业，现代技术还应用于建立以农副产品废弃物为主要原料的人工生态循环体系，以实现农业的可持续发展。

（4）重视农户的环境观念和参与能力。为了推动循环农业的发展，需要提升广大农民的参与意愿和技能，推广绿色文明的生活方式，树立环保意识。在生态种植和养殖等循环经济领域，应用先进技术至关重要，而农户的技术水平决定了这些技术的普及程度。因此，提高农民的自身能力是实施循环经济技术的必要条件。为了增强农民的环境意识，应广泛开展宣传教育活动，强调保护生态环境的重要性，从而增强农村居民的环保意识和观念。通过普及生态知识，培养农村居民对自然的向往和回归自然的审美观，从思想层面促进和谐社会的建设。

实现循环经济需要社会各界的积极参与，而公众的环保理念是至关重要的一环。为此，必须通过大力推进环保教育，提升农户的环境意识和绿色消费观念。在农村学校中加强环境意识的教育，组织环保知识竞赛，可以培养农村居民的环保观念。同时，利用返乡民工和大学生在城市接受的环境意识教育，引导他们在农村传递新思想、新观念，助力改变居民的卫生习惯。通过加强对无公害农产品、有机农产品、绿色农产品的宣传，公布环境污染状况，引导消费者选择环保产品，有助于推动循环农业的良性发展。

循环农业的建设是一个有机联系的系统工程，要取得实质性成果，全社会都需要高度重视，并在思想观念上树立循环经济的新理念。在整个系统建设过程中，需要综合考虑整体功能，同时积极倡导公众广泛参与，特别是要提高农户的参与积极性和主人翁意识。这样才能真正实现人与自然的协调发展，推动农村实现可持续发展。全社会的共同努力和广泛参与是实现循环农业目标的关键。

第三节　农业绿色发展的保障体系

一、政策体系

近十多年来，我国政府加大了农业绿色发展的相关政策规划，各地区积极响应中央部署，严格落实。2009年11月，国务院会议明确提出了2020年单位GDP二氧化碳排放比2005年下降40%~45%的目标，将其作为约束性指标纳入国民经济和社会发展中长期规划。同时，会议还提出到2020年非化石燃料占一次能源消费的比重达到15%左右；森林面积比2005年增加4000万立方米，森林储蓄量比2005年增加13亿立方米。这一系列举措标志着我国低碳经济领域的重大进展，彰显出我国在全球气候变化问题上积极承担责任的态度。

2012年1月，我国国务院颁布了《"十二五"控制温室气体排放工作方案》，其中明确提出了至2015年末，全国单位国内生产总值二氧化碳排放相较于2010年需降低17%。为实现这一目标，我国政府致力于节能降耗、优化能源结构、增强碳汇能力，并加速推进以低碳为特征的产业体系和生活方式的形成。

2014年，在我国与美国共同发布的《中美气候变化联合声明》中，我国政府明确提出，计划在2030年左右实现二氧化碳排放达到峰值，并将会努力尽早实现这一目标。同时，政府还计划到2030年，将非化石能源在一次性能源消费中的比重提升至20%左右。

2015年4月，中共中央、国务院在《关于加快推进生态文明建设的意见》中提出，要建设节能及碳排放交易制度。同年9月，又在《生态文明体制改革总体方案》中再次明确指出，要建立绿色金融体系，推广绿色信贷，发展绿色债券，并设立绿色发展基金。绿色经济在此背景下获得了空前的政策扶持。

2016年3月，我国政府颁布了《国民经济和社会发展第十三个五年规划纲要》，将"绿色"理念与"创新、协调、开放、共享"一并确立为全面建设社会主义现代化国家的主要指导思想。该规划纲要明确指出，在2016年至2020年期间，我国将致力于实现社会生态环境质量的整体提高，提升生产方式和生活方式的绿色、低碳水平；大幅提高能源资源的开发利用效率，有效控制能源、水资源消耗、建设用地和碳排放总量，大幅度减少主要污染物的排放总量；基本形成主体功能区布局和生态安全屏障。

2016年10月，国务院发布的《"十三五"控制温室气体排放工作方案》重申，务必实现"十三五"规划纲要中确定的低碳发展目标任务。通过推动我国二氧化碳排放于2030年左右达到峰值，并争取尽早实现这一目标。

2017年9月，中共中央办公厅、国务院办公厅印发《关于创新体制机制推进农业绿色发展的意见》。这是党中央出台的第一个关于农业绿色发展的文件，也是指导当前和今后农业绿色发展的纲领性文件。

2021年8月，农业农村部、国家发改委等印发《"十四五"全国农业绿色发展规划》是我国首部农业绿色发展专项规划，明确了深入推进农业绿色发展的思路目标、重点任务和重大措施，具有里程碑式的意义。

2021年10月，中共中央办公厅国务院办公厅印发《关于推动城乡建设绿色发展的意见》提出，到2025年，城乡建设绿色发展体制机制和政策体系基本建立；到2035年，城乡建设全面实现绿色发展，美丽中国建设目标基本实现。

此外，我国农业部根据农业发展的实际状况，制定并实施了诸多基础设施建设相关政策文件，如《全国农业可持续发展规划（2015—2030年）》《农业环境突出问题治理总体规划（2014—2018年）》《东北黑土地保护规划纲要（2017—2030年）》。这些政策文件的制定和实施，为推进我国农业绿色发展构建了科学完备的政策体系。

二、制度体系

鉴于社会对可持续发展的热切需求，农业绿色发展战略受到了广泛关注。在我国政府的引领下，农业农村部构建了一套完善的体系，以推动农业绿色发展，其中地方农业管理部门扮演着关键角色。这一制度体系的建立凸显了政府对农业可持续性的认可和重视，同时预示着未来政府将在推进农业绿色发展方面发挥更为重要的作用。

总体来说，依据该体系中推动绿色发展的实施主体差异，可划分为两大类别：

一是推进农业绿色发展的市场制度，主要包括：①资源与环境产权制度，如用能权、用水权等；②交易制度，如水权交易制度，环境污染第三方治理制度，重点单位碳排放报告、核查、核证和配额管理制度等。

二是为推进绿色发展的政府制度体系，主要包括：①激励制度，涵盖生态补偿制度、财税金融激励制度、考核评价奖励制度、绿色认证和政府绿色采购制度等；②约束制度，具体有最严格的水资源管理制度、最严格的源头保护制度、生态修复制度、生态红线制度、最严格耕地保护制度等；③政府监管制度，包括资源环境承载能力监测预警机制、国土空间开发许可制度、污染物排放许可制度、突发生态环境事件信息报告和公开机制等；④问责制度，涉及党政同责制度、环境损害责任终身追究制度、领导干部自然资源资产和环境保护责任离任审计制度、生态环境损害评估和赔偿制度、环境公益诉讼制度、环境污染监管执法制度等。这一严谨的制度体系为农业绿色发展提供坚实保障，更有助于确保农业绿色发展过程的有序性、连续性和持久性。

三、行动体系

我国现阶段已跃居全球化肥产量与消费之首，2014年化肥施用总量达到5996万吨，占全球的三分之一，成为耕地化肥使用量最高的国家。然而，过度施用化肥不仅导致资源冗余，加大了生态环境的压力，同时，农业物质投入（包括化肥、农药、农膜、柴油、灌溉等）占碳排放总量的60%左右，因此，降低化肥使用量迫在眉睫。据金书秦等的研究，2012年，我国规模化畜禽养殖的化学需氧量（COD）和氮排放量分别为1099万吨和63万吨，占全国总排放量的45%和25%，占农业源排污总量的95%和78%。规模化畜禽养殖业已成为农业面源污染的最大排放源，同时也是我国环境污染的重要来源。

为此，2015年我国农业农村部发布的《关于打好农业面源污染防治攻坚战的实施意见》明确了农业面源污染防治攻坚战的总体要求、重点任务和保障措施等，对这场攻坚战进行了具体部署。强化农业面源污染防治，既是转变农业发展方式、推进现代农业建设、实现农业可持续发展的重要任务，也是攻坚战初期的明确目标，即控制用水总量，减少化肥和农药使用，实现畜禽粪便、农作物秸秆、农膜等基本资源化利用，简称"一控两减三基本"。政策实施后，2015年至2017年，农业部相继颁布了《到2020年化肥用量零增长行动方案》和《到2020年农药使用量零增长行动方案》，并启动了农业绿色发展五大行动。

农业绿色发展的五大行动包括：畜禽粪污资源化利用、果菜茶有机肥替代化肥、东北地区秸秆处理、农膜回收以及以长江为重点的水生生物保护。对于这五大行动，分别设定了具体的发展目标。

在畜禽粪污资源化利用行动中，力争到2020年，大规模畜禽养殖场的粪污处理和资源化问题得到基本解决。在果菜茶有机肥替代化肥行动中，力争到2020年，果菜茶优势产区的化肥用量减少20%以上，核心产区和知名品牌生产基地（园区）的化肥用量减少50%以上。

针对东北地区秸秆处理行动，目标是在2020年实现秸秆综合利用率达到80%以上，杜绝露天焚烧现象。

在农膜回收行动中，力争到2020年，农膜回收率达到80%以上，有效控制农田"白色污染"。

以长江为重点的水生生物保护行动中，目标是到2020年，长江流域水生生物资源衰退、水域生态环境恶化和水生生物多样性下降的趋势得到有效遏制。实现水生生物资源的恢复性增长，以及海洋捕捞总产量与海洋渔业资源总承载能力相协调。

四、技术体系

现代农业的蓬勃发展离不开现代农业科技的坚实支持，构建和完善运作高效、顺畅的农业产业技术体系，是实现农业科技对农业发展有力推动的关键举措。相较于传统农业，现代农业具备更高的土地生产率、劳动生产率、资源利用率，以及更强的抗风险能力、国际竞争力、可持续发展能力。在中央一号文件中，利用现代产业体系提升农业的重要性已多次凸显。要壮大现代农业产业体系，科技为其提供核心动力，而财政投入则是保障科技创新成果持续供给的重要基石。

近年来，在国家重大涉农财政支出计划的扶持下，根据优势农产品区域布局规划，我国充分利用具有创新优势的中央和地方科研力量及科技资源，以产业发展需求为导向，以产品为单元，以产业为主线，启动了水稻、玉米、小麦、油菜、大豆等主要农产品的国家现代农业产业技术体系重大专项建设。研发对象涵盖大豆、水稻、蔬菜、生猪等大宗农产品，荔枝、龙眼、水禽等与农民收入密切相关且过去科研关注不足的特色农产品，以及谷子、茶叶、蜂、桑蚕等历史悠久传统农产品，以及啤酒大麦、甘薯、木薯、酿酒葡萄等新兴工业原料支撑的农产品产业。这是新时期农业科技为现代农业建设提供有效服务的重要探索，也是在既定科研管理体制和部门管理体制下，寻求农业科研、农技推广与农业生产实际紧密结合的重要举措。目前已构建了一个庞大的科技服务网络，为农业产业发展提供有效支撑，取得了一定成效。然而，现阶段体系仍处于"边摸索，边前进"的关键时期，因此准确把握现代农业产业技术体系成立以来的运行状况至关重要。这将有助于进一步完善体系运行机制与内部管理制度，提升管理水平，提高运行效率，以及增强公共财政科技支农资金的使用效益。

五、社会化服务体系

农业社会化服务体系的构建为推进农业绿色发展提供了坚实的组织保障。近年来，伴随着市场经济体制的逐步完善，农业产业化龙头企业、农村专业合作组织、专业技术协会等各类服务主体不断壮大，发展态势良好。至 2023 为止，我国农业社会化服务领域已逐步构建起多元化参与的发展格局。

在现代农业发展过程中，我国农业社会化服务逐渐从产中环节拓展至产前和产后环节，服务质量持续上升。在产前服务方面，各地区纷纷启动信息入村项目，建立农业信息中心，为广大农户提供市场信息、技术指导、政策法律咨询等服务。部分地区还在村级层面设立便民服务中心和农业综合服务站，专为农民提供优质种子种苗和农用生产资料，助力农民生产和生活。在产后服务方面，得益于国家政策的支持和引导，农业产业化龙头企业不断壮大，成为农业产业化发展的关键支柱。同时，各类农产品批发市场如雨后春笋般涌现，拓宽了农产品流通渠道，推动了小生产与大市场的融合。在产中服务方面，基层农技推广机构在改革中不断优化完善，农村专业合作组织逐渐成为农户自我服务的重要平台。这两股力量共同推动农业科技推广服务向纵深发展，服务环节从单一的产中服务向涵盖产前、产中、产后环节的系列化服务拓展。

伴随着市场经济进程的推进，我国农业生产正逐步融入社会化大生产的体系之中。农业生产社会化水平的不断提升，使得农民对于社会化服务的需求日益旺盛。在此背景下，各类农业社会化服务组织应运而生，呈现出旺盛的生命力。这些组织的业务领域广泛涉及种植、养殖、农机、林业、植保、技术、信息等方面，服务内容涵盖农资供应、农技推广、土肥植保、加工、储藏和销售等农业生产的全流程，已经成为我国农业社会化服务体系发展中的一种新型组织形式。它们为连接小农户与大市场提供了重要的组织平台。

第九章 农业可持续发展

第一节 农业可持续发展的内涵与特征

一、可持续发展的提出

长期以来，人类依赖消耗资源以满足自身需求，并以此为基础实现发展。在这一过程中，人类经济活动对生存和发展的生态环境产生了影响。在农业社会时期，由于生产力较低且人口增长缓慢，人类对自然界的干预力度总体上并未对生态系统造成严重损害。然而，自产业革命以来，特别是第二次世界大战后的数十年间，科技飞速发展，以增加资源消耗为代价的生产方式，以及忽视资源与环境承载力的消费观念和资源分配不公导致的过度消费模式，使得人类经济活动对自然资源的消耗远超生态系统的供给能力。这加剧了生态系统资源供给有限性与人类经济需求无限性之间的矛盾，导致人类社会和经济发展陷入难以持续的困境。

可持续发展理念的首次明确提出，可追溯至1980年3月5日，世界自然保护同盟（IUCN）受联合国环境规划署之托起草的《世界自然保护大纲》。1983年，联合国第38届大会成立了世界环境与发展委员会（WCED），由挪威前首相布伦特兰夫人担任主席。该委员会提交的考察报告《我们共同的未来》于1987年第42届联合国大会审议通过。报告中全方位、系统性地探讨了全球范围内的可持续发展问题，并为可持续发展给出了明确且严谨的定义："在满足当代人需求的同时，不损害后代人满足其需求的能力的发展。"这一定义得到了广泛认同。

自此，可持续发展作为关键概念和议题，已被自然科学、生命科学和社会科学等多学科领域普遍接受。人们普遍认为，"可持续发展"是 21 世纪以来，无论发达国家还是发展中国家，正确处理人口、资源、环境与经济发展之间关系的发展战略，也是人类谋求生存的唯一途径。这一战略的提出，立即赢得了全球各国及国际社会的重视与关注。1992 年巴西里约热内卢世界环境与发展大会上，《21 世纪议程》确认了"可持续发展"作为全球发展战略的地位。

可持续发展理念以经济可持续发展为基本前提，旨在实现社会全面进步，并以自然资源的可持续利用和优良的生态环境为基石。为实现可持续发展目标，以下几方面的工作尤为重要：首先，提升经济增长速度，致力于解决贫困问题；其次，优化增长质量，摒弃以环境和资源破坏为代价的发展模式；第三，竭尽全力满足人民在就业、粮食、能源、住房、水资源以及卫生保健等方面的需求；第四，将人口增长控制在可持续发展所能承受的范围内；第五，保护并强化资源基础；第六，技术创新应与环境保护同步；最后，将环境与发展问题纳入政策、法规及政府决策之中。

二、农业可持续发展的背景

农业与自然界关系密切，其在人与自然协调中占据核心地位，因而农业可持续发展成为人类经济社会可持续发展之基础。自地球上出现人类以来，在长达两三百万年的时间里，皆以狩猎采集为生；直至约一万年前，人类才开始步入农业社会。在原始农业阶段，人类主要依赖生态系统自然生产力进行农业生产。鉴于人类群体规模较小且能力有限，自然资源相对丰富。尽管人类活动可能导致局部环境问题，生态系统仍可通过自身运作予以修复。

随着人类对自然规律认知的深化，农业生产力在传统农业阶段取得了显著的提升。然而，伴随着人类对农产品需求的持续增长，供需矛盾日益加剧，从而推动农业迈入现代农业阶段。第二次世界大战结束后，各国致力于战后重建，依据以工业化和经济增长为核心的传统发展观，过度追求经济的高速增长，引发了一场前所未有的增长热潮。在这一时期，发展以国内生产总值、国民收入的增长为核心目标，以工业化为主导，逐步形成了"高投入、高产出、高能耗、高污染"的经济发展模式。这种增长模式极大地提升了社会生产力，扩大了经济规模，创造了前所未有的物质财富，有力地推动了人类文明的进程。由此，人类的生活方式发生了重大变革，生活水平实现了极大的提升。

然而，经济发展的代价却是沉重无比。过度区分人与自然的关系，忽视农业生产的生态本质，引发了一系列负面影响。首先，自然资源的过度开发、消耗以及大量污染物的排放，导致全球资源短缺、环境污染和生态破坏。其次，人口爆炸性增长，20世纪全球人口翻了两番，达到60亿，并且每年仍以8000万人的速度持续增长。这些问题不断累积，加剧了人类与自然之间的矛盾，引发一系列生态灾难，对社会经济的持续发展和人类自身的生存构成新的障碍。

面对日益严重的人口膨胀、环境恶化、资源耗竭，以及接踵而至的酸雨、泥石流、臭氧层损耗、厄尔尼诺现象、生物多样性急剧减少、土地荒漠化、大气污染、土壤污染、水污染、城市生活垃圾和工业污染、海洋污染以及森林减少、草地破坏、水土流失、沙尘暴肆虐等问题，人们深感忧虑。

在20世纪60至80年代，经过一系列全球生态环境对经济发展产生的影响和痛苦，人类开始积极反思，努力寻求农业新的发展模式。此时，人们将农业功能的思考从单纯的经济扩展到生态和社会，从而催生了可持续发展这一新兴农业发展模式。农业可持续发展的思想、理论与实践的产生，是农业随经济发展进程而发展的必然产物，也是人类在经济进步过程中对农业多方面功能认识的深化，对农业生态需求的增强，以及使农业在满足人类需求方面功能不断丰富的必然结果。

三、农业可持续发展的含义

农业可持续发展的概念最早出现在1985年美国加利福尼亚会议通过的《可持续农业研究教育法》中。其主要包含三方面的含义：农业资源的可持续利用、农业经济效益的提高以及农业生态效益的持续改善。

1991年4月，联合国粮食与农业组织（FAO）在荷兰举办农业与环境国际会议，发表了著名的《登博斯宣言》，首次将农业可持续发展与农村发展相结合，提出了更为广泛认可且更为完整的可持续农业与发展（Sustainable Agriculture and Rural Development，简称 SARD）的新理念。该理念对农业可持续发展的定义为：管理并保护自然资源基础，调整技术及体制改革方向，以确保满足当代及未来世代的需求。这种农业可持续发展是一种能够维护土地、水源和动植物遗传资源，避免环境退化，同时技术适当、经济可行、社会广泛接受的发展。从农业可持续发展的定义中可见，其目标在于全面改善农民与农村的经济、生态、社会状况，为子孙后代留下一个不断完善的健康资源与环境基础。实现这一目标的方式是通过制度与技术创新，推动农民收入增加和农村全面发展，基础在于合理利用与有效保护资源与环境。

因此，推进农业可持续发展是在确保合理利用和维护资源、保护环境的基础上，实施农村体制改革与技术创新，以生产充足的粮食和纤维，满足当代人类及后代对农产品的需求，促进农业与农村全面发展。由此可见，农业可持续发展是一个内涵丰富的理念，主要体现在以下三个方面。

一是生产可持续性。指的是在保持农产品稳定供应的基础上，满足人类社会不断发展对农产品需求的能力。在自给自足原则指导下，不断增加农作物产量，消除饥荒，确保食物安全。在发达国家，这一问题已基本得到解决，增产不再是主要目标，然而在多数发展中国家，农业增产仍为主要目标。

二是农村经济可持续性。指的是在不断提升农村就业机会，增加农民经济收入，提高其生活质量的能力，主要表现在农村产业结构、农村工业化水平以及农民生活水平等方面。

三是生态可持续性。涵盖人类抵御自然灾害的能力以及开发、保护、改善资源环境的能力。这一能力为农业发展与经济增长奠定基础，若缺乏优质资源基础和良好环境条件，现代农业将陷入不可持续的困境，进而影响子孙后代的长远发展。

四、我国农业可持续发展面临的问题

我国作为全球人口最多的国家，面临着严重的资源与环境压力。在农业可持续发展方面，我国需应对以下几个主要问题。

（一）农业生产可持续性方面

我国农产品供应仍处于较低水平。尽管历经40余年的改革开放，我国农业综合生产能力显著提升，粮食产量相较于1978年翻了一番，肉、蛋、菜、果、鱼产量位居全球之首，但人均粮食和人均肉类占有量仅约为发达国家的一半，农业投入水平相对较低，中低产田占农田面积的2/3。与此同时，我国农业生产还承受着资源和生态环境恶化的巨大压力。由于农业基础设施建设的投入不足，加之盲目垦荒、过量施用化肥农药，导致生态环境恶化、自然生态失衡，对农业生产产生了破坏性影响，具体体现在以下几个方面。

1.导致农业资源总量减少及质量下降

最为显著的是水土资源总量的减少及质量的损害。大规模的植被破坏导致水土流失、土地沙漠化和气候恶化。加之土地遭受风蚀和水蚀，垃圾填埋占用耕地，河流改道引发耕地坍塌等原因，使得我国本就宝贵的土地资源每年仍在大量减少。工业"三废"排放、过量施用化肥和农药，使得农业耕地出现大面积板结，理化性能恶化，地力减弱。未经处理的污废水排放至江河湖库水域，抑或渗入地下水，导致水质污染，进而加剧水资源紧缺状况。农业资源总量的减少和质量的降低，限制了农业的可持续发展，进一步加大了经济和社会发展的压力。

2.导致自然灾害频发，农产品产量下降，直接经济损失增加

生态环境的恶化导致农业自然抗灾能力下降，旱涝自然灾害频繁发生，进一步削弱了我国原本脆弱的农业基础。自20世纪90年代以来，我国每年都有部分地区遭受暴雨、洪涝、台风、干旱、冰雹等自然灾害，以及山体滑坡、泥石流等地质灾害，和农作物、森林、草原等的病虫害、火灾等。1998年，长江流域发生的特大洪涝灾害，便是上游地区长期破坏森林植被和陡坡开垦的结果。

农业生产不仅具有经济和社会职能，还承担着生态职能，包括净化空气、水体，防风固沙，保持土壤和动植物种群平衡等。通过这些职能，农业生产为人们创造了一个良好的生活环境。然而，一旦生态环境遭受破坏，生态平衡失调，便会波及农业生产和人们的正常生活，从而导致经济损失。

3.导致农产品品质下降，不利于人们生活质量水平的提高

自然灾害的频繁发生，不仅直接导致农产品产量的减少，而且对品质造成负面影响。受灾期间，各类农产品的形态及内部物质积累均会出现不理想的改变，从而显著降低农产品的质量等级。更为严重的是，过度依赖化学物质会导致土壤成分的改变，以及化肥和农药在农产品中的大量残留，进而污染农产品，严重威胁人们的身心健康。这种情况与人们追求不断提高生活质量的需求背道而驰，背离了可持续发展的理念。

显然，采用不科学的农业生产方法对自然资源进行过度开发，导致农业生产所依赖的生态环境逐渐恶化，从根本上限制了农业生产的持续与稳定发展。

（二）农村经济可持续性方面

农民收入及生活水平是衡量农村经济发展持续性的关键指标。近年来，我国农民收入呈现迅速增长，但城乡收入差距仍然显著。根据表 9-1 数据，农村居民家庭人均纯收入自 1978 年的 133.6 元增至 2022 年的 20133.0 元，40 余年间的增长幅度达到 151 倍；农村居民消费支出水平也从 1978 年的 116 元提高至 2022 年的 16632.0 元，40 余年间增长了 143 倍。这充分证明，在我国改革开放的 40 余年里，农民收入及生活消费支出实现了较快的增长，尽管过程中存在一定波动。

表 9-1 全国农民人均纯收入与生活消费支出演变情况

年份	农民人均纯收入/元	比上年增长/%	农民生活消费支出/元	比上年增长/%
1978	133.6		116.0	
1988	544.9	17.7	476.7	19.7
1998	2162.0	3.4	1590.3	-1.7
2008	4760.6	8.0	3660.7	13.6

续表

年份	农民人均纯收入/元	比上年增长/%	农民生活消费支出/元	比上年增长/%
2018	14617.0	8.8	12124.0	10.7
2022	20133.0	1.8	16632.0	4.5

资料来源：历年《中国统计年鉴》，2022年中国统计公报。

然而，在我国，城乡居民收入差距长期较大。据表9-2，在改革开放前的1978年，城乡居民恩格尔系数相差10.2个百分点。20世纪80年代，这一差距逐渐缩小，1985年降至4.5个百分点。然而，进入90年代，这一差距又呈现扩大趋势。2000年，城乡居民家庭恩格尔系数之差增至9.7个百分点。此外，我国农民纯收入中较大比例需用于扩大再生产，而城镇居民几乎无生产性开支，且享受多种社会福利补贴。因此，城乡居民的实际收入差距大于上述比例。然而，自21世纪起，城乡恩格尔系数之差呈现出明显下降趋势。

表9-2 城乡居民收入差距分析

年份	农村居民家庭人均纯收入/元	恩格尔系数%	城镇居民家庭人均可支配收入/元	恩格尔系数%	城乡人均收入比	城乡恩格尔系数之差
1978	133.6	67.7	343.4	57.5	2.57	10.2
1985	397.6	57.8	739.1	53.3	1.86	4.5
1990	686.3	58.8	1510.2	54.2	2.20	4.6
1995	1577.7	58.6	4283.0	50.1	2.71	8.5
2000	2253.4	49.1	6280.0	39.4	2.79	9.7
2005	3254.9	45.5	10493.0	36.7	3.22	8.8
2010	6977.6	41.1	21810.8	35.7	3.31	4.4
2018	14167.0	30.1	39251.0	27.7	2.69	2.4
2022	17734.0	33.0	45123.0	29.8	2.45	3.5

资料来源：历年《中国统计年鉴》，2022年中国统计公报。

根据国际经验，当人均GDP在800~1000美元之间时，城乡居民收入的合理差距为 1.5~2 倍。然而，我国在 2001 年的人均 GDP 已超过 1000 美元，城乡居民收入差距却远超 2 倍，显然不符合国际经验标准。尽管近年来，得益于国家政策倾向，农村居民收入增长速度超过城乡居民整体增长速度，但至 2022 年，城乡居民收入差距仍高达 2.45 倍。

依据宏观消费函数，收入水平及增长率是影响消费水平及增长率的关键因素。据《中国统计年鉴》历年数据，1985 年，我国城镇居民家庭平均每人全年消费性支出为 673.20 元，农村居民家庭人均消费支出为 317.42 元，二者之比为 2.12∶1；1990 年上升至 2.19∶1；1997 年增至 2.59∶1；2003 年达到 3.35∶1，2009 年降至 3.07∶1。1985—2009 年，农村居民消费水平增长 8.25 倍，城镇居民增长 17.22 倍，远超农村人均消费增长水平。

自 2010 年起，城乡居民消费差距及恩格尔系数差距逐步缩小，但城乡差距仍不容小觑。这体现在收入、教育、基础设施、医疗及就业等多方面。优质教育资源近乎被城市垄断，农村学校、教师、教室软硬件条件差距显著；城市交通便利、服务业发达，相较之下，部分农村地区交通不便，孩子上学需长途跋涉；优质医疗资源集中在大城市，许多农民面临看病难、看病贵的问题；城市就业机会丰富，农村劳动力为谋生纷纷涌入城市打工，导致留守儿童现象日益严重。

（三）人口和资源环境可持续性方面

我国在人口与土地、资源等方面的配置极不平衡，人均资源量相对不足。认清人口、资源与环境对我国农业生产和农村经济的制约因素，对于我们科学选择我国农业的可持续发展路径、实现人口、资源与环境以及农业经济、农村社会的和谐共生具有深远的意义。

1.我国农村人力资源众多，但存在素质较低和劳动力过剩问题

全民族的科学文化素质以及农业劳动力素质的显著下降，严重限制了农业劳动生产率的提升和农业科技现实生产力的转化。尽管近年来农民的平均文化水平有所提升，但与城镇人口相比，仍然存在显著的差距。农村劳动力的文化程度普遍较低，大部分农民对现代知识与技术以及商品市场观念的了解不足，这严重制约了农村劳动力的转移和农业现代化进程。这种情况不仅

阻碍了农民收入和生活水平的提高，而且已经成为我国农业经济发展乃至整个国民经济发展的关键瓶颈。

2.自然资源短缺、分布不均衡而且质量恶化

在评估可持续发展能力方面，我国面临着人口密集和人均资源匮乏的挑战。

（1）我国农业资源人均占有量相当有限。尽管我国陆地总面积在全球排名第三，耕地面积占全球总额的8.6%，但人均耕地面积仅及世界平均水平的1/3。此外，我国森林覆盖率仅达到全球平均水平的67%，人均森林面积仅为世界人均水平的1/6略多。至于水资源，我国人均拥有量仅为全球平均水平的1/3，因此被列为全球13个水资源匮乏国家之一。水资源短缺已逐渐成为制约经济社会发展的主要瓶颈。

（2）我国资源分布存在显著的区域不平衡特征。北方地区耕地占据全国总量的64.1%，却仅拥有全国19%的水资源；相反，南方地区尽管耕地占比仅为35.9%，却拥有全国81%的水资源。值得注意的是，晋冀鲁豫四省占全国耕地面积的四分之一，但其地下水资源仅占全国总量的10%。我国有限的森林资源主要分布在东北、西南等地，而华北中原地区、黄河下游地区以及西北地区森林资源相对匮乏。这种资源分布的不均衡性使得我国本已有限的自然资源难以得到充分利用，进而加剧了资源短缺的矛盾。

（3）我国在可利用的自然资源方面，面临着严重的质量恶化和环境污染问题。过度开发、不当利用以及短视和局部利益导向，导致整体环境恶化趋势未能得到有效遏制。此外，资源紧缺问题亦饱受水土流失、土地沙化、草原退化、耕地非农化和环境污染等问题的困扰，是世界上水土流失最为严重的国家之一。

水土流失问题导致全国年均损失耕地百万亩，黄土高原严重地区每年流失表土1厘米以上，东北黑土地逐渐变薄，部分地区黑土层甚至流失殆尽。工业污染物排放使农业生态环境持续恶化。水环境问题已成为亟待关注的重要议题。在农区，部分平原灌区地下水位下降，水污染问题严重。地下水超采导致部分地区出现地面沉降、海水入侵等现象。北方许多地区"有河皆干、有水皆污"，南方众多重要河流和湖泊遭受严重污染。

（4）生物多样性面临严峻挑战。我国地域广阔，生物多样性丰富且独具特色，全球排名第 8，北半球位列首位。据相关数据，我国高等植物种类达 383.28 万种，动物种类约 10.45 万种，保存了许多古老的原属种。此外，中国还是世界八大栽培植物起源中心之一，拥有大量栽培植物的野生近缘种。常见的栽培作物超过 60 种，果树品种上万个，畜禽种类达 400 多种。然而，环境污染导致生态失衡，现有物种中有 15%～20%受到威胁，156 个物种濒临灭绝，占全球 640 个濒危物种的 1/4。自然界中，众多生物物种相互依赖，若关键物种缺失或数量锐减，切断生物链，可能导致更多物种消失，甚至引发整个生态系统崩溃。因此，强化生物资源保护，关注农业生物重要种质资源的挖掘和关键性状的遗传改良，已成为当务之急。

中国人口和经济的快速增长导致自然资源消耗剧增，成为制约农业可持续发展和提高综合生产力的主要障碍。

五、农业可持续发展的特征

农业可持续发展的表述各异，但均展现出以下共同特点。

（一）协调性

农业可持续发展致力于实现农业生态系统之间的平衡与协调，坚定不移地遵循农业、资源及环境之间的和谐共生原则。农业发展应以自然资源的可持续利用和生存环境的持续优化为前提条件。人类作为自然界的一部分，其生产经营活动及生活理念应以人与自然和谐共处为基本原则。农业发展的目标应为赋予当前及未来农业经济和农村社会以持续增长与发展之力；农业生产率的提升，需遵循自然生态规律，在开发、利用、保护及重新培育资源与环境的动态平衡过程中得以实现。

（二）可持续性

农业可持续发展关乎其持久性与永恒性。这种发展模式旨在满足当代人的需求，同时不损害后代人满足其需求的能力。其中包含两层含义：首先，发展是农业可持续发展的核心，我们不提倡回归贫穷落后的原始农业或传统农业以阻止资源枯竭。其次，农业可持续发展并非仅追求短期经济增长，而是需要具备长远视野，不以牺牲后代利益为代价来满足当代人的需求。在可持续发展的过程中，对于可再生自然资源的利用，其损耗率应低于或等于其更新率，实现生产一定量农产品所消耗的资源与再生资源的动态平衡，以达到合理配置。对于不可再生且有限的农业自然资源，如耕地等，其总量应保持相对稳定，并不断提升其质量和利用率。

（三）人口规模的适度性

人类既是经济的生产者又是消费者，作为生产者是经济的重要资源，但同时作为消费者也对农业资源和环境造成巨大压力。因此，必须控制人口过快增长，维持农村人口规模，并努力提升人口素质，以增加人力资本存量。

（四）农业发展的高效性

农业可持续发展的关键在于以现代高新技术为基础，追求高产、优质、高效、低耗。这要求科学合理利用各种农业资源，实现农业集约化发展，以达成农业经济、生态和社会效益的统一。

（五）公平性

包括农业发展的"代际平等"和"代内平等"。"代际平等"着眼于在满足现代需求的同时，确保自然资源存量在可控范围内，以维护后代的可持续发展。"代内平等"追求全球范围内发达国家和发展中国家在资源利用和经济发展中拥有平等权利，共享平等的发展机会和地位，以促进全球经济的公平与可持续发展。

第二节 农业可持续发展的目标、原则与内容

一、农业可持续发展的目标

农业，作为国民经济的基础产业，对我国和全球各地区的经济社会发展具有举足轻重的作用。农业经济再生产和自然再生产的相互交织特性，使得农业对自然资源和环境的依赖性较大。因此，作为可持续发展的重要组成部分，农业可持续发展备受关注。总体而言，农业可持续发展的目标旨在实现公平、和谐、效益，以及确保世世代代的持久永续发展。具体来说，农业可持续发展的基本目标应涵盖以下几个方面：

第一，生态可持续发展涉及合理、持久地开发利用现有自然资源，尤其是生物资源和可再生资源，同时保护生态环境，优化生产条件，以实现持续发展。

第二，经济可持续发展。农业、林业、畜牧业和渔业各产业之间实现协调发展，长期保持较高的农业产值，提升食物生产能力并确保食物安全，以满足国民经济发展与人民生活需求不断增长的要求。同时，关注未来生产率提升，确保农业生产能够满足后代人的需求。

第三，社会可持续发展依赖于农业，因为它满足了人类的基本需求，如衣、食、住、行，并逐步改善社会环境，实现社会公平，提升农村及欠发达地区人民的生活质量。然而，由于各国国情各异，对农业可持续发展的理解也因此有所不同，表现在制定农业可持续发展战略目标时的侧重点上。发达国家已成功实现传统农业的转型和农业现代化，农业在国内生产总值中所占比重已降至不足 2%，农业劳动力在社会总劳动力中的比例为 2%~7%，每个农业劳动力生产的粮食产量为 2 万~10 万 kg。然而，三大问题制约了发达国家农业的可持续发展：农产品过剩，农业财政负担沉重，农业资源环境问题日益突出。因此，在这种背景下，农业发展不仅旨在满足生存需求，更注重资源环境的改善和美化，降低投入以及食物生产的营养和安全等方面。

对于发展中国家而言，其农业现状多半仍处于传统耕作阶段，或正处于向现代农业转型的过程中。农业投入水平相对较低，生产力提升仍待时日。农业劳动生产率仅为发达国家的五分之一，人均粮食占有量仅为发达国家的三分之一，人均农业总产值占四分之一。鉴于农业生产在数量和质量方面均未能完全满足国民需求，发展中国家对农业可持续发展中的经济可持续目标愈发重视，同时强调三个持续性的协调统一，我国亦然。

我国面临的特定国情是人口众多，人均资源占有量相对不足。在坚持独立自主、自力更生的基本原则下，如何以有限的耕地、淡水等资源满足人们对农产品日益增长的需求，任务可谓艰巨。因此，确立农业可持续发展的观念，制定农业可持续发展的战略目标，对我国而言具有重大意义。

二、农业可持续发展的原则

中国农业的持续发展是我国经济社会发展的关键问题。在制定符合我国实际国情的农业可持续发展战略过程中，必须遵循以下重要原则：

（一）农业可持续发展必须以发展为前提

人类活动的核心主题便是发展，这一过程不仅需关注当代人的成长，同时也需为后人的发展奠定坚实的基础。作为发展中国家的中国，将经济发展、贫困摆脱及富裕追求视为可持续发展的核心目标。中国致力于探寻一条经济、社会、环境和资源相互协调的发展之路，兼顾当代人与子孙后代的利益。在《21世纪议程》关于人口、环境与发展问题的白皮书中，明确将发展置于首位。

为实现全体人民的基本生活需求和日益增长的物质文化生活需求，中国认为保持较快的经济增长速度至关重要，这是满足人民需求和增强国家综合实力的主要途径。只有当经济增长率达到并维持在一定水平，才能逐步消除贫困，提高人民生活水平，为可持续发展提供必要的能力和条件支持。同时，实现经济快速发展、资源开发利用与环境保护的协调，逐步走上可持续发展的轨道。

农业作为国民经济与全社会发展的基石，既为社会提供生活必需品与工业原材料，又作为一种原始产业，催生出一个庞大的经济体系。农业的终极消费功能在国民经济发展中产生"乘数效应"，保障国民经济持续增长。若无坚实现代化的农业为支柱，国民经济的腾飞与现代化目标的实现便难以想象。然而，我国农业与农村发展仍面临诸多挑战，如农户经营规模较小，农村市场发育不健全，农村产业结构与就业结构待优化，农产品科技含量不高，地区间差距较大，农村改革与农业科技亟待突破等。因此，构建可持续农业的首要任务是将发展置于首位，立足我国农业的历史与现状，改变农业的弱势地位。

（二）必须把握资源节约的原则

鉴于我国人均资源占有量有限，利用不尽合理，后备资源稀缺且质量欠佳，客观上要求我国农业发展必须调整过度投入、高消耗、低产出的粗放经营模式，转向节约资源、保护环境的可持续发展路径。我国单位GDP的能耗是日本的三倍，是美国的一倍；化肥利用率仅为30%，低于发达国家的一半；灌溉用水利用率仅为40%。因此，鉴于人均资源短缺的现状，农业要保持持续发展，关键在于经济合理地利用淡水、耕地和能源，减少资源浪费，改善农业生产环境，进而提高农业产出和农业经济效益。我们应力求以最小的资源消耗换取最大的经济产出，实现农业可持续发展。

（三）实现生产、经济、生态三个持续性相结合的原则

农业生产系统作为一种人工生态系统，构建于自然系统之上。人类通过改良原有农田环境，以及引入良种、化肥、灌溉、机械、农药等外部因素，能够显著提升农业系统的生产力和持续性，进而实现经济效益的提升。然而，农业系统并非纯自然现象，各地自然环境对农业发展的支持也并非完美。只有通过人类努力和科学的外部投入，才能促进农业系统的优化，推动农业持续发展。在此过程中，需秉持生产、经济、生态三者相结合的可持续发展原则。

倘若缺乏生产持续性，农业系统便会陷入萎缩；倘若缺乏经济持续性，

农民的积极性将受到打击；倘若缺乏生态持续性，资源环境便会遭受破坏，后代人享有的持续发展权利将被剥夺，进而错失农业增长和经济发展的契机。由此可见，生产、经济、生态三者之间相互关联、互为支撑。

（四）必须坚持把农业科技作为推动力的原则

我国农业科技与生产力相对滞后，土地生产及劳动生产效率均较低。相较于发达国家，农业科技贡献率低约20至30个百分点。为实现我国农业的高效、高速与可持续发展，我们必须坚定执行"科教兴农"战略方针，培育和稳定农业科技人才队伍，加大农业科技投入力度，提升农业科技水平。同时，大力推进农业教育事业与科技推广事业，提升农民群众的文化素养与科技素养。通过农业科技的跨越式发展，实现农业现代化，进而达成农业可持续发展目标。

（五）必须把握区域协调发展原则

在市场经济高度发达的今天，受自然资源及经济资源配置规律的制约，农业商品化程度的提升将加剧专业化、规模化生产的需求，进而推动农业生产地域化步伐加快。我国东部地区已率先应用生物技术和信息技术，实现了现代农业生产力的突破。然而，广大西部和中部地区仍徘徊在自给自足或半自给自足的自然经济模式。为实现国家整体区域经济的战略转型，农业领域亟须加速东中西部协同发展。我国当前农业生产力结构表现为传统生产力与现代生产力并存，在推行可持续农业发展战略过程中，必须充分考虑这一现实生产力结构，因地制宜，确保生产力布局、发展目标及发展重点的地域性特征得到准确把握。

三、农业可持续发展的内容

农业可持续发展的范畴涵盖整个农业生产体系，核心内容包括农业自然资源的可持续利用，农业再生产过程的可持续推进，农村人口的可持续发展和农业生态系统的可持续维护等。我国地域广阔，各地区资源环境条件存在较大差异,因此,应根据具体情况制定农业可持续发展的战略措施。尽管我国各地区状况不尽相同,但大体可划分为东部、中部、西部和东北四大经济区域,这些区域在资源环境、社会经济和技术条件等方面具有一定的相似性,故可据此划分区域制定农业可持续发展战略。

(一)东部地区农业可持续发展

东部地区位于我国经济发达区域,实现农业可持续发展需遵循市场经济规律,关注农村土地、户籍、金融及城乡一体化等政策关键环节。以下是农业可持续发展战略的重点:

(1)通过对自然资源的改善、恢复和保护增加投资,以减轻对自然资源的压力,确保其安全可靠地利用。在发展农业种植和养殖业的同时,注重提升有机肥的利用效率,鼓励采用对人体健康和环境质量友好的农业生产与加工方式,逐步控制化学物质污染。充分发挥水源丰富的优势,构建沿海、江河沿岸及农田防护林体系。

(2)积极推动农业转型升级,聚焦技术密集和资本密集型发展模式,全力推进高产、优质、高效的现代农业及外向型农业发展,从而显著提升农民收入水平和生活品质。

(3)推动农业产业化加速,构建完备的肉、蛋、奶、鱼、果、菜等农产品生产基地;推进设施农业发展,优化沿海大中城市城郊"菜篮子"工程;关注饲料工业与食品工业的发展,同时警惕规模化畜禽养殖业对饮用水源地及江河、湖泊的污染问题。

(4)促进工业化加速发展,强化乡村工业的结构优化、布局合理性与工业污染防控,关注农业与林业生态环境的整治与保护。

(5)通过成立专业化合作社等农民组织,举办各类提升农民生产技能的教育培训,拓展农产品销售渠道,增强专业化生产能力,研究并实施农业综合管理方法,提升农民市场竞争力,扩大其获取其他生计途径,提高农民组织化水平。

（二）中部地区农业可持续发展

农业产业布局方面，我国中部地区在全国范围内贡献了超过 70%的大宗农产品，国家农产品商品基地大部分亦分布于此。因此，中部地区在食物安全，尤其是粮食安全方面具有举足轻重的地位，对相关政策保护的重视程度不容忽视。然而，近年来，城市化进程中所带来的污染问题以及资源危机的加剧，已对中部地区农业的稳定和发展产生阻碍。为此，中部地区在推进农业可持续发展方面，应聚焦以下战略重点：

（1）推动粮、棉、油及畜禽等主要农产品生产基地的现代化进程，加速粮食产区由传统的粮食作物和经济作物构成的二元结构向粮食、饲料和经济作物构成的三元结构转变，促进农牧业间的互动发展，并合理利用土地等农业资源。

（2）推动食品与农产品加工业的快速发展，延伸农业产业链条，提升农产品附加值。充分发挥丰富的淡水资源及集约化养殖技术的优势，大力推进淡水水产养殖业的可持续发展。

（3）推行农林牧渔综合经营，要根据实际情况有针对性地推进林业发展，在促进经济增长的同时充分发挥大农业的生态效益。在半农半牧地区，根据各地的优势，有条件就发展农业，有条件就发展牧业，并且注重资源和环境的合理利用与保护。

（4）对于中部地区的乡镇企业与小城镇建设，应进行审慎且合理的规划，以防止规划不当导致的资源闲置与生态环境污染问题。

（三）西部地区农业可持续发展

西部地区农业可持续发展战略应遵循自然和经济规律，在确保生物与生态环境相互适应协调的基础上，实现高效益。特别需重视生态环境保护，具体战略要点如下：

（1）在西部生态环境建设领域，根据各区域特点制定相应发展规划。大西北地区为干旱半干旱地带，涵盖草原与荒漠草原生态类型，大部分区域并不适宜高大乔木生长，而是适合草本及灌木植物生长。因此，在生态环境建设过程中，实施"草灌乔相结合，以草为主"的退耕政策。不仅要实施退耕还草，还需推行退牧还草策略，过度放牧行为严格禁止。同时，加大水热资源相对丰富的草地与草场再生能力建设的投入。

（2）实施有力政策，以确保西部地区有限基本农田得到有效保护和建设，着力强化优质棉花、著名特产以及果蔬基地的培育与巩固。

（3）推动先进畜牧业养殖技术的普及，逐步提升牧区畜牧业的集约化生产及畜产品加工层次。

（4）西北防护林体系建设涉及国家与地方共同投资，旨在强化长江、黄河上游生态环境的恢复与保护。

（5）针对西部地区丰富的自然资源，尤其是可再生资源，进行科学合理的综合开发与利用。

（四）东北部地区农业可持续发展

东北地区农业发展具有显著的资源优势。东北大平原约占全国平原面积的1/3，成为我国粮食商品率最高的地区。然而，东北农业生态环境恶化问题依然十分严重。在东北北部，农业生产水平较高的粮食产区，水土流失现象严重，土地"三化"问题突出，农业生态恶化程度加剧；而在东北南部粮食产量较低的产区，受工业发展影响，农业环境污染问题较为严重。因此，东北地区农业可持续发展战略的重点如下：

（1）确立国家专用商品粮基地及优势特色农产品基地。为实现国家优质商品粮生产储备基地的稳定发展，充分发挥国家粮食安全"稳压器"的功能，需根据地域特点充分发挥区域优势，确立国家专用商品粮基地与优势特色农产品生产基地，确保粮食等农产品生产与区域资源及环境相适应。

（2）推动农业基础设施等项目的加速建设。为实现农业可持续发展，有必要加快东北地区农田水利设施的建设，从而拓展水田和旱涝保收田的面积。具体涵盖三江平原大中型灌区工程、西部地区旱涝保收田以及以大型喷灌设施为主导的旱田节水灌溉工程、三江平原综合治理工程等一系列水利工程。

（3）推动土地的适度规模化经营，主要途径是促进农业剩余劳动力向非农产业转移，以实现土地的规模经营。针对东北地区的实际情况，可通过加速城市化进程，如加强中小城市的改建、扩建，以及新建中、小城镇等，促使农业劳动力实现充分就业。同时，进一步提升农业机械化水平，尤其通过实施新修订的土地承包法，推进"三权分置"改革，构建有效的土地规模经营保障体系。

第三节　农业可持续发展的模式与路径

一、农业可持续发展战略的模式

我国人口众多，人均资源相对不足。在借鉴国外经验的基础上，针对我国实际情况，农业可持续发展可采纳如下三种模式。

（一）生态农业模式

生态农业模式是一种在农业生产实践中形成的，兼顾农业经济效益、社会效益和生态效益，且结构与功能优化的农业生态系统。通过运用生态经济原理来指导和组织农业生产，人类的生产活动得以融入自然环境的生态循环链，参与生物共生、轮流交换和物质循环，充分发挥土地、空间、日光和时间的利用价值，以较低的投入实现多目标高产出效益。生态农业模式可分为三个层次，包括区域与景观布局模式、生态系统循环模式以及生物多样性利用模式。关于前两者的详细介绍已在前期内容中阐述，此处不再重复。

（二）高新技术农业模式

高新技术农业模式致力于实现可持续发展目标，以生态农业为根基，依托生物技术、信息技术等高新技术手段，实现农业产业化的模式。通过遗传技术，高技术农业可以设计和培育适应水田、盐碱地、荒漠以及生态敏感区域种植的作物品种，从而拓展耕地面积，弥补耕地资源的不足。此外，通过改良农作物品种，赋予其优良性状以抵抗病虫害，进而提高农产品的产量和品质。在发展高新技术农业的过程中，保护生物多样性至关重要，包括保护物种资源、基因资源、生态系统资源等，这对于农业可持续发展具有重大意义。

（三）集约型可持续农业模式

集约型可持续农业模式主要依赖于农业科技含量的提升及科技附加值的增强，这种模式以内涵式投入为特点，表现为技术密集、知识化及可持续发展。其追求的目标包括土地产出率、劳动生产率和资金收益率，以及农产品品质、市场价值和经济效益。通过运用现代科学技术，结合传统有效经验，增加智力投入以提高劳动者素质，推进农村综合发展并实施多种经营，这种模式能持续提高农业总产值和农民收入。同时，它还强调合理利用、开发和改善农业资源，优化农业基础条件，营造良好的生态环境，以便造福后代。集约型可持续农业模式适用于人口密集、土地资源有限的发展中国家，尤其适合在我国推广。因此，该模式成为我国实施农业可持续发展战略的重要路径之一。

二、我国实施农业可持续发展战略的路径

实施农业可持续发展，需实现经济增长方式的转变，即由粗放型向集约型的变革。现代集约持续农业是我国农业可持续发展的必然选择，其核心在于以当代科学技术为基石，以持续提高的生产率、土壤肥力、农村生态环境及农业自然资源的利用与保护为目标，秉持"高产、优质、高效、低耗"的理念，运用现代科学技术和现代工业武装农业，运用现代经营方法管理农业，从而实现经济增长方式的转变。

为实现这一目标，需提升农业经济整体素质和生产要素配置效率，挖掘资源生产潜力，不断提高资源综合生产力，实现低投入、高效益。具体措施如下：

（一）依靠科技进步促进农业可持续发展

1.发展科学技术和知识经济

首先，我们应该传承并发扬我国传统农业技术的精髓，如复种栽培、有机肥料、豆科作物、生物防治、中兽医技艺、养护结合等。在此基础上，注重与现代高新技术的深度融合与互补，通过研究及推广高产品种、化肥、农药、灌溉、机械化等技术，以及开展针对农民的技术培训，提升农业劳动者的整体素养，逐步构建起科技、推广、生产、消费紧密相连的良性循环机制。

在农业科研领域，跨学科研究和系统方法被优先采纳，以应对重大关键问题。通过探究农业系统要素的构成、相互作用机制以及耦合效应，寻求问题解决的途径。山水林田湖草构成一个生命共同体，农业科学研究应摒弃单要素思维，从资源利用、运作效率、系统弹性和可持续性的整体角度进行深入思考。我国农业生态效率较低、竞争力较弱、生态可持续性问题主要源于土地资源利用方式，因此，农业科技突破应着力于土地资源的治理、修复和提升。

2.促进各种技术的有序组合和综合配套

通过有机技术与无机技术、生物技术与非生物技术、常规技术与高新技术等的综合运用，实现各类物质投入以及土壤、水源、光照、气体、热量等资源的合理配置和高效利用，构建集约化生产体系，以达成持续增长目标。首先，农林牧渔各领域应着力研究并推广以提升土地生产率为目标的技术体系，旨在节约资源、实现持续增产和有效供给；其次，大力研究并推广高产高效农业技术体系，显著提升农业经济效益和农民收入；第三，深入研究并推广资源环境保护与改善技术，强化农业可持续发展的资源环境基础。

3.瞄准世界农业科技前沿、突破战略性关键核心技术

在未来十年中，美国将致力于在农业领域实现五大关键技术突破，包括系统认知分析、精准动态感知、数据科学、基因编辑及微生物组。这五大技术领域同样是我国农业领域亟待攻克的关键核心技术。然而，鉴于我国资源国情的特殊性，科学家们需要在事关颠覆性、引领性及开创性的重要领域，例如山水林田湖草生命共同体重大科学问题以及土地资源安全与管控现代工

程技术难题上取得突破。

我国应致力于构建精准调查、精细感知、精明治理的科学技术体系，旨在突破关键核心技术，包括耕地质量大数据、耕地健康诊断技术、生态良田构建技术、土壤生物多样性保护和耕地养护技术、耕地系统演化模拟仿真技术等。此外，针对重点区域开展修复治理工作，如黑土地的整体保护、黄河流域的系统修复、盐碱地与沙土地的综合治理等。同时，全力以赴推进全球变化与低碳耕作制度研究、耕地资源智慧监测等领域的发展。

当前，新一轮科技革命和产业变革正深刻影响着全球创新格局，我们有必要精心筹划未来技术发展战略，明确创新重点领域，确保耕地资源在我国创新发展中具有重要地位。

（二）提高农业劳动者素质，为农业可持续发展提供智力保障

1.提高农业劳动者和农村人口素质，是农业可持续发展的保证

实现农业可持续发展，转变发展模式，关键在于科技创新与人才驱动，为农业注入科技元素，然而根本之处仍在于提升农业劳动者的综合素质。为提高农业劳动生产率、资源利用率、竞争力及可持续发展能力，我们迫切需要一大批高素质劳动者投身农业生产经营。

2.我国农业劳动者素质现状难以适应农业可持续发展需要

我国农业劳动者的整体文化素质相对较低，绝大多数人的文化程度仅为初中及以下，且参加过专门职业技能培训的人数较少。长期以来，农业效益较低，导致种地收入无法与外出务工相比，从而出现了"70后"不愿种地，"80后"不会种地，"90后"不愿提及种地的现象。在此背景下，具备专业技能和经营管理能力的复合型、创业型人才在农村地区严重匮乏。

为实现农业可持续发展目标，消除"谁来种地"和"如何种好地"的担忧，有必要全面提升农业劳动者的素质，努力培养一支具有文化素养、掌握技术、擅长经营的新农民队伍。提升农业劳动者素质不仅是保护农业资源环境、确保农业发展根基的关键，更是关乎国家长远发展的百年大计。在此过程中，既要关注长远规划，也要重视当下行动；既要政府部门积极推动，也需要社会各界的支持与参与。

3.提高农业劳动者素质，先从内部着手

为了强化农民教育培训，需要秉持"教育优先、培训持续"的原则。教育培训是提升农民素质的关键要素及有效手段。我们应加大对专业大户、家庭农场经营者、农民合作社领军人物、农业企业管理人员等的培训力度，以提高他们的科学文化素养及示范带动作用。在提升路径上，我们需要从侧重学校教育向成人职业教育和实用技能培训相结合转变；在提升目标上，也需要从注重单一技术向经营管理、文化素质等综合能力转变。

通过多种渠道，需构建与农民个人发展和农业产业发展需求相适应的终身教育体系，探索适应成人学习特点和农业生产规律的"分段式、重实训、参与式"的教育培训模式，从而提升农业劳动者运用先进科学技术和经营理念改造传统农业的能力。

4.提高农业劳动者素质，也要从外部着眼

倡导高素质人才回流农业领域，促进农民身份向职业化转型；吸引优秀人才由城市向农村流动，有望迅速提升农业劳动者整体素质。在"大众创业、万众创新"政策激励下，一批具备文化素养和技术能力的大学毕业生及有志青年，纷纷投身农业农村这片广阔的热土。这些新鲜血液的注入，不仅充实了新型农民队伍，同时也在改变着社会对农民的传统认知。例如，部分蓝领农民（农业工人）依托自身专业技术，在农业社会化服务组织中提供植保、农机等服务；白领农民（技术农民）运用先进农业生产设备和新技术，在科技园区或控制室里远程操控农业生产；另有金领农民将农业与市场紧密结合，实现创业致富。可以说，这些新农民的出现既代表了农民身份向职业转变的历程，也体现了农业劳动者素质的提升。

5.提高农业劳动者素质，让新农民成为令人羡慕的职业

充分发挥政策激励的引导作用，促使广大有识之士及有志青年投身农业、振兴农业、创新创业。着力塑造一批新农民创业致富的典范，营造以农业为根基、农业创业为本、农业荣誉为尊、农业富裕为荣的社会氛围。积极开展新农民评选表彰活动，对贡献突出的新农民给予物质和精神奖励，不断提升其社会地位，并宣传推广各类可借鉴、可复制的新农民培育模式。

充分发挥人的主体作用，提升农业劳动者素质，是一项意义重大的战略

任务。新农民作为实施农业可持续发展的推动者和受益者，必将为我国现代农业发展注入新活力。为此，应加强农村可持续发展的教育、培训、推广工作，严格执行义务教育法。通过发展文化科技教育事业，提高农村人口素质，为农业可持续发展提供智力保障。

（三）合理利用自然资源，保护生态环境，提高资源利用效率

农业可持续发展的核心在于维护农业自然资源与生态环境。农业可持续发展旨在将农业发展、农业资源的合理开发利用以及资源环境保护相结合，强调开发与节约并重，力求降低农业发展对农业资源环境的负面影响和污染，使农业发展置于农业资源的可持续循环之中。

1.加强耕地资源的保护

在各项建设中，应秉持尽量减少或避免占用优质耕地的原则；坚持占用与补偿相结合，实现占补平衡；充分挖掘各类空余土地资源，降低占地带来的损失；同时，有序开垦边远地区的适宜农业用地。

2.加强林业资源保护

林业资源具备涵养水分、保持水土、调节气候、净化空气、防风固沙、抗旱防洪等关键功能，在维护自然生态平衡方面发挥着举足轻重的作用。依法有力地阻截人为破坏、乱砍滥伐、滥垦荒地所引发的水土流失和土壤荒漠化现象。通过植树造林、植被恢复，实现生态重塑，积极提升森林覆盖率，使我国顺应绿色文明发展大势，迈向可持续发展新纪元。

3.加强淡水资源保护

在农业污染防控方面，首先要着力削减化学农药，尤其是高毒残农药的施用量，避免过量施用氮素化肥，以防止农用水体富营养化。其次，要高度重视农业淡水资源的高效利用，研发并普及节水设备；同时，关注引进、吸收发达国家关于水资源节约和循环利用的先进技术以及农业设施。

4.加强特有种质资源保护

对于特有种质资源的搜集、辨识及运用，主要涉及以下方面：研究我国特有种质资源，尤其是超高产、优质、抗病虫害及抗逆境特性种质资源的收集与长期保存等新技术；对搜集种质的关键性状进行鉴定研究，并运用DNA

标记技术在基因组层面分析种质的遗传多样性，制定种质资源保护与遗传多样性的综合评价标准，探讨在现代品种改良中充分运用我国特有遗传资源的理论及方法。

5.大力改善农村生态环境

优化生态环境，提升农业发展的层次，旨在实现污染治理与防护。一是严格监管工业企业污染源，杜绝工业"三废"直接侵入农业环境，避免产生危害。二是强化水资源保护与污水处理，维护和拓展植被资源。通过生物资源的合理利用，支持物种保护，提升区域生态环境品质，从而降低自然灾害风险。

农业生态系统，涵盖从植物、动物、陆生生物到水生生物的各个群落，以及整个生态系统的整体，皆需在现代科学技术的促进下，实现综合化发展。以此协调生物与环境、人类与环境之间的关系，构建可持续的资源再循环系统，进而实现农村资源环境与农业生产的整体良性循环。

（四）加强农业可持续发展的法治建设和资源环境管理

法律法规作为资源环境管理的基础和依据，应当成为强化此类管理的关键手段。鉴于对我国农业资源认识的不断深化和实践需求，有必要全面梳理现有关于农业资源的法律法规及管理体系，并提出修订及补充建议。同时，制定相应的法律实施细则、条例和管理办法，将法律原则具体化，提高可操作性，从而为农业可持续发展提供坚实法律保障。

1.建立并完善农业资源产权制度

针对各类农业资源，明确其产权归属，并通过法律手段确保产权持有者在农业资源保护方面的稳定性和持久性。同时，通过法律途径加强农业资源管理协调机制。

2.制定农业资源综合管理法规

关于农业自然资源的管理，包括土地、水源、大气、野生动植物以及地理和气候条件等，有必要进一步加强。然而，在现有的一系列农业资源基本法规中，大多仅针对单一资源进行管理，较少涉及各类资源作为农业资源整体的关联性和综合性管理。因此，应倡导农业自然资源的整体化管理观念，提升农业资源立法的前瞻性，加强综合管理意识，确立农业资源综合管理的法律地位，构建完善的农业资源综合管理法律体系，并严格执行，以实现对农业资源综合管理的有效运行。

鉴于我国人均资源相对匮乏，尤其是近年来农业资源问题日趋严峻，我国农业可持续发展面临巨大挑战。然而，只要我们正视当前困境，积极采取应对措施，选择正确的发展路径，就有望实现我国农业的可持续发展。

第四节　我国农业可持续发展的规划

《全国农业可持续发展规划（2015—2030年）》于2015年5月27日公布，明确了我国农业可持续发展至2030年的战略目标：力求在农业可持续发展方面取得显著成果，确保供应充足、资源利用高效、产地环境优良、生态系统稳定、农民生活富足、田园风光优美的农业可持续发展新格局基本形成。为实现此目标，规划明确了未来一段时间的重点任务、区域布局和保障措施。

一、农业可持续发展的重点任务

（一）优化发展布局，稳定提升农业产能

1.优化农业生产布局

遵循"谷物基本自给、口粮绝对安全"的原则，我们应坚持因地制宜，实行宜农则农、宜牧则牧、宜林则林的策略，逐步构建起农业生产力与资源环境承载力相适应的农业生产新体系。在农业生产与水土资源相匹配的区域，我们应保持稳定发展具有比较优势和区域特色的农业；在资源过度开发和环境问题严重的地区，适度休养，调整产业结构，治理污染；在生态脆弱区域，推行退耕、退牧还林还草等政策，加强农业生态建设，恢复农业生态系统功能。

2.加强农业生产能力建设

致力于在种业及资源高效利用等技术领域实现率先突破,积极普及优质良种与高效栽培方法。大力发展农业机械装备,促进农机与农艺的深度融合,提升主要农作物耕种收综合机械化水平。重点加强农业基础设施建设,提高农业抵御自然灾害的能力。加强粮食仓储及运输设施建设,优化粮食仓储条件。推动多元化适度规模经营,强化农业社会化服务,提升规模经营产出效益。

3 推进生态循环农业发展

针对种养业结构进行优化调整,以推动种养循环、农牧结合及农林结合。鼓励粮食主产区发展畜牧业,实施"过腹还田"策略。大力发展草牧业,支持苜蓿和青贮玉米等饲草料的种植,并开展粮改饲和种养结合型循环农业试点。依据地区实际情况,推广节约型农业技术以及生态循环农业模式。确保国家现代农业示范区和粮食主产县实现区域内农业资源循环利用,目标到2030年,全国基本实现农业废弃物零排放。

(二)保护耕地资源,促进农田永续利用

1.保持耕地面积稳定

严格控制新增建设对耕地的占用,确保耕地保有量不低于18亿亩,基本农田面积不少于15.6亿亩。依据保护优先的原则,将城市周边、交通沿线以及粮棉油生产基地的优质耕地优先划定为永久基本农田,实施永久保护。

2.增进耕地品质

通过实施深耕深松、保护性耕作、秸秆还田、增施有机肥、种植绿肥等土壤改良措施,提高土壤有机质含量,增强土壤肥力。恢复和培育土壤微生物群落,构建营养健康循环途径,促进农业废弃物和环境有机物的分解。构建农产品产地土壤分级管理利用机制。

3.适度减少耕地

执行退耕还林还草政策,根据具体情况,适宜乔木的地区进行乔木种植,适宜灌木的地区进行灌木种植,适宜草本植物的地区进行草本植物种植。在条件允许的地区,实现林草相结合,提高植被覆盖率。

（三）节约高效用水，保障农业用水安全

1.推进水资源红线管理

设定水资源开发利用的红线，目标至 2030 年，全国农业灌溉用水量得以控制在 3730 亿立方米以内。同时，确立用水效率的红线，计划到 2030 年，农田灌溉水的有效利用系数提升至 0.6 或以上。

2.推进节水灌溉

加速农业高效节水体系的建设，旨在至 2030 年实现农田有效灌溉率提升至 57%，节水灌溉率增至 75%。

3.推进雨养农业发展

在半干旱、半湿润偏旱地区，建设农田集雨、集雨窖等设施，普及地膜覆盖技术，实施粮草轮作、带状种植，促进种养融合。优化农作物种植结构，改良耕作制度，扩大优质耐旱高产品种的种植面积，严格控制高耗水农作物的种植面积，提倡种植耗水少、附加值高的作物。

（四）治理环境污染，改善农业农村环境

（1）针对农田污染问题，我国全面加强农业面源污染防控，提倡科学合理地使用农业投入品，提升其使用效率，降低农业内源性污染。积极推广有机肥、生物肥料和绿肥种植，力求实现化肥施用量零增长。同时，推广使用高效、低毒、低残留农药、生物农药以及先进施药机械，推动病虫害统防统治和绿色防控，力求实现农药施用量零增长。此外，对地膜污染进行全面综合治理。

（2）针对养殖污染问题，我国将推动规模化畜禽养殖场实施标准化改造与建设，提升畜禽粪便收集及处理机械化程度，从而减少畜禽养殖污染排放。至 2030 年，养殖废弃物综合利用率达到 90%以上，规模化养殖场的畜禽粪便实现基本资源化利用，达到生态消纳或达标排放的目标。此外，在饮用水水源保护区、风景名胜区等区域，将划定为禁养区与限养区。同时，严格规范兽药及饲料添加剂的生产与使用，控制水域养殖容量与密度，并推广高效安全的复合饲料。

（3）优化农村生态环境。精心制定村庄整治规划，强化生活污水及垃圾治理，加速构建农村清洁能源体系。至2030年，农业主产区农作物秸秆实现全面利用。实施生态村镇、美丽乡村创建工程，保护与修复自然及田园景观。重视农耕文化及民俗风情的挖掘、展示、传承与保护，促进休闲农业持续健康发展。

（五）修复农业生态，提升生态功能

1.推动林业生态效益的提升

加速西部防沙治沙工程，拓展东部林业发展的领域及内涵，实施北方天然林保护与恢复，提升南方林业的品质与效益，全面提高林业的综合生产能力和生态功能。至2030年，全国农田林网控制率需达到95%以上。

2.保护草原生态

全面贯彻执行草原生态保护的奖励机制，积极推动实施退牧还草、治理京津风沙源以及减灾防灾措施。坚持基本草原保护制度，采取禁牧休牧、划定轮牧区等手段，加强草原改良和人工种草，以促使草地与牲畜的平衡，推动牧区的畜牧业由传统的游牧向现代畜牧业转型。目标定在2030年，力争全国草原植被综合覆盖率达到60%。

3.重塑水生生态系统

通过实施流域节水、适度引水和调水、利用再生水等策略，增加重点湿地和河湖生态水量，达成河湖生态修复和综合整治目标。强化水生生物自然保护区及水产种质资源保护区建设，推动水产养殖生态系统的修复。加大海洋渔业生态保护力度，严格控制捕捞强度。强化自然海岸线保护，对重要渔业海域实行围填海禁令。

4.生物多样性维护

强化畜禽遗传资源及农业野生植物资源的保护力度，加大野生动植物自然保护区建设投入，实施濒危动植物物种的特殊救护行动，完善野生动植物资源监测预警机制，从而减缓生物多样性减少的趋势。构建农业外来入侵生物的监测预警体系，开展风险性分析及远程诊断系统，严格防止外来物种入侵。巩固国家边境动植物检验检疫安全防线。

二、实施农业可持续发展的区域布局

针对我国各地区农业可持续发展所面临的挑战,全面考虑各地农业资源的承载能力、环境容量、生态特点以及发展基础等多方面因素,全国范围内可划分为优化发展区、适度发展区和保护发展区。依据地域特点、分类施策的原则,明确各区域农业可持续发展的方向和重点。

(一)优化发展区

涵盖东北区、黄淮海区、长江中下游区和华南区的大宗农产品主产区,具备良好的农业生产条件和巨大的发展潜力。然而,这些问题区域也面临着水土资源过度消耗、环境污染、农业投入品过量使用以及资源循环利用程度不高等挑战。在应对这些挑战时,我们应秉持生产优先、兼顾生态、种养结合的原则。在确保粮食等主要农产品综合生产能力稳步提升的基础上,我们还需着力保护农业资源和生态环境,以实现生产的稳定发展、资源的可持续利用以及生态环境的友好保护。具体措施如下:

东北区域着重于维护黑土地、优化水资源利用、促进农牧业融合,构建资源可持续利用、种植与养殖产业一体化、生态系统循环良好的现代化粮食与畜牧产品生产基地。

黄淮海区以治理地下水超采,控制肥料和农药使用,以及废弃物资源化利用为核心,构建了适应资源环境承载力、保障粮食及"菜篮子"产品稳定发展的现代农业生产体系。全面加强区域内高标准农田建设,改造中低产田与盐碱地,并完善农田林网配套设施。

长江中下游地区立足于治理农业面源污染与耕地重金属污染,着力构建水稻、生猪、水产的健康安全生产模式,以保障农产品质量,稳固农产品主产区供应地位,以及改善农业农村环境。积极推动畜禽养殖适度规模化,加速畜禽粪便资源化利用与无害化处理,促进农村垃圾和污水治理,从源头上控制水体污染,确保农业用水品质。同时,强化耕地重金属污染治理,降低其对农业生产的影响。

华南区着重于减量施肥用药、红壤改良,以及水土流失治理,推进生态农业、特色农业与高效农业的发展，从而构建起优质、安全的热带及亚热带农产品生产体系。

（二）适度发展区

在我国，包括西北及长城沿线区域和西南区域，农业生产具有显著的特色，然而生态环境较为脆弱，水土资源配置失衡，水资源短缺问题严重，尤其是工程性缺水。此外，资源环境承载力有限，农业基础设施相对薄弱。在面对这些挑战时，我们必须坚持保护与发展并重，立足于资源环境禀赋，充分发挥优势，避免劣势，适度挖掘潜力，实施集约节约和有序利用，以提高资源利用效率。具体如下：

西北及长城沿线区域以水资源高效利用和草畜平衡为核心，着重发挥生态屏障、特色产区及稳农增收三大功能。区域内积极推进旱作节水农业、草食畜牧业、循环农业和生态农业的发展，强化中低产田的改造以及盐碱地的治理。通过以上措施，实现生产、生活和生态的互利共赢。

西南区域着重于小流域的综合治理、草地资源的开发利用以及解决工程性水资源短缺问题，借助生态保护推动特色农业发展，进而实现生态效益与经济效益的有机结合。

（三）保护发展区

青藏区和海洋渔业区在生态保护与建设方面具有举足轻重的战略地位。具体而言：

青藏地区着重加强三江源头自然保护区及三江并流区的生态保护，促使草原生态环境整体得到改善，构筑坚实的国家生态安全屏障。保障基本口粮田的稳定，青稞等高原特色粮油作物的种植面积保持稳定，确保区域口粮供应安全，同时适度发展马铃薯、油菜、设施蔬菜等产品生产。持续推进退牧还草工程，保护天然草场，积极推广舍饲半舍饲养殖方式，遏制草原退化现象。

海洋渔业区高度重视海洋渔业资源的保护，实施严格的捕捞强度管控措施，对海洋捕捞机动渔船的数量及功率予以限制，并加强禁渔期的监管。同时，保持海水养殖面积的稳定，着力提升近海水域的生态质量。我国还积极推进海洋牧场的发展，致力于保护海洋渔业生态环境。

三、实施农业可持续发展的重大工程

围绕核心建设任务，着重解决最迫切、最关键以及最脆弱的环节和领域，合理安排中央预算内投资与财政资金，优化调整财政支农存量资金，增设增量资金，积极引导并激发地方及社会投资，实施一系列重大工程项目，全方位巩固农业可持续发展的物质基础。

（一）水土资源保护工程

（1）高标准农田建设项目的重点区域为粮食主产区及非主产区中的产粮大县，同时兼顾棉花、油料、糖料等重要农产品优势产区。项目内容包括土地平整，田间灌排沟渠及机井建设，节水措施的应用，小型集雨蓄水和积肥设施的搭建，农田道路、农田防护林、输配电设施的配置，以及先进适用耕作技术的推广。

（2）耕地质量保护与提升项目在全国范围内实施，旨在分区开展土壤改良、地力培肥和养分平衡措施，有效防止耕地退化，从而提升耕地基础地力和产出能力。

（3）针对耕地重金属污染治理的项目，将在南方水稻产区等重金属污染严重的区域，对现有灌溉沟渠进行改造，同时构建植物隔离带或人工湿地缓冲带，以降低灌溉水源中的重金属含量。在轻中度污染区，将采取以农艺技术为主的修复治理措施；在重度污染区，将改种非食用作物或高富集树种。此外，完善土壤改良配套设施，并为重度污染区配备农作物秸秆综合利用设施设备。

（4）水土保持与坡耕地改造项目采取以小流域为单元、以水源保护为核心的策略，协同推进塘坝窖池等配套设施建设，实施沟道整治及小型蓄水保土工程，着力强化生态清洁小流域建设。针对水土流失严重、人口密度高、坡耕地集中的关中盆地、四川盆地以及南方部分地区，推进坡地改造梯田及其配套工程的建设。

（5）高效节水项目。应着力推进大、中型灌区的续建配套节水改造建设，以优化灌溉条件，实现水资源的高效利用。

（6）关于地表水过度开发和地下水超采区的治理项目，我们应在水源有保障、基础条件优越的地区，大力推进水肥一体化等高效节水灌溉措施。在满足条件的区域，考虑地表水替换地下水进行灌溉，以实现可持续化管理。

（7）农业资源监测项目旨在构建和完善农业资源监测体系。该体系涵盖遥感、固定观测及移动监测等多个方面，旨在对耕地质量、土壤墒情、重金属污染、农业面源污染及土壤环境进行有效监测。同时，项目还设立土壤样品库、信息中心和耕地质量数据平台，以完善农业灌溉用水、地表水和地下水的监测监管体系。通过建设农业资源环境大数据中心，实现农业资源数据的共建共享，为农业资源管理提供有力支持。

（二）农业农村环境治理工程

1.实施畜禽粪污综合治理项目

针对污染严重的规模化生猪、奶牛、肉牛养殖场及养殖密集区，遵循干湿分离、雨污分流、种养结合的原则，推进畜禽粪污原地收集储存转运、固体粪便集中堆肥或能源化利用、污水高效生物处理等设施建设和有机肥加工厂的规划。

2.化肥农药氮磷控制的源治理项目

针对化肥农药氮磷控制的源治理项目，我们在典型流域内推广测土配方施肥技术，加大有机肥的施用量，同时推广高效肥和化肥深施、种肥同播等先进技术。针对平缓型农田，实施氮磷净化措施；针对坡耕地，实施氮磷拦截再利用策略，并建设生物拦截带以及径流积蓄再利用设施。此外，我们还推动农药减量控害，推进病虫害专业化统防统治和绿色防控，普及高效低毒农药以及高效植保机械。

3.农膜与农药包装物回收利用项目

针对农膜使用量大且残膜问题严重的地区，我们提倡加快普及加厚地膜和可降解农膜的应用，同时整合并示范推广农田残膜捡拾及回收相关技术。

在此基础上，构建废旧地膜回收站点以及再利用加工厂。此外，还需建立农药包装废弃物处理及风险管理平台。

4.秸秆综合利用项目

具体措施包括实施秸秆机械还田、青黄贮饲料化利用，推进秸秆气化集中供气供电以及秸秆固化成型燃料供热、材料化致密成型等项目。项目还将配置秸秆还田深翻、秸秆粉碎、捡拾、打包等机械设备，以建立健全的秸秆收储运体系为保障。

5.农村环境综合整治项目

采取连片整治方式，全面治理农村环境，建立村庄保洁制度，并建设生活污水、垃圾、粪便等处理与利用设施设备，以保护农村饮用水水源地。同时，实施沼气集中供气，推动农村省柴节煤炉灶炕升级换代，推广清洁炉灶、可再生能源及产品。

（三）农业生态保护修复工程

1.退耕还林还草项目

关于新一轮退耕还林还草项目，我国将在符合条件的地域展开，如25°以上的坡耕地、严重沙化耕地以及重要水源地15°～25°的坡耕地。项目实施将在农民自愿的基础上进行，通过种植树木和草地来实现退耕还林还草的目标。同时，依据适地适树的原则，积极推进木本粮油的发展。

2.草原保护与建设项目的实施

持续推进天然草原退牧还草、京津风沙源草地治理、三江源生态保护和建设等工程，积极开展草原自然保护区建设及南方草地综合治理，构建草原灾害监测预警、防灾物资保障和指挥体系等基础设施。在农牧交错带，实施已垦草原治理，整治弃耕地，打造旱作优质饲草基地，促进草原植被恢复。推进防沙治沙工程，保护现有植被，合理调配生态用水，固化流动和半流动沙丘。

3.石漠化问题

针对石漠化问题，我国在西南地区实施了一系列治理项目。核心措施包括封山育林、人工造林以及草地建设，同时积极改造坡耕地，并配套完善水利水保设施。在石漠化严重的区域,项目还涵盖了农村能源建设以及易地扶贫搬迁等内容,旨在减少人为因素导致的石漠化现象。

4.湿地保护项目

持续推进,加强湿地保护与管理,打造国际重要湿地、国家重要湿地、湿地自然保护区、湿地公园及湿地多用途管理区。采取退耕还湿、湿地植被恢复、栖息地修复、生态补水等方法,对已垦湿地及周边退化湿地进行综合整治。

5.水域生态修复项目

在淡水渔业区,着力推动水产养殖污染减排,对养殖池塘进行升级改造,并为湖泊水库的规模化网箱养殖配备环保网箱以及养殖废水废物收集处理设施。在海洋渔业区,配备海洋渔业资源调查船,同时建设人工鱼礁、海草床等基础设施,发展深水网箱养殖。水源涵养区则采取综合措施,包括截污治污、河湖清淤、生物控制等,以整治生态河道和农村沟塘,改造渠化河道,推进水生态修复。此外,还将开展水生生物资源环境调查监测以及增殖放流活动。

6.农业生物资源保护项目

农业生物资源保护项目旨在加强农业野生生物资源保护,确保生态安全。项目内容包括建设农业野生植物原生境保护区、国家级畜禽种质资源保护区、水产种质资源保护区、水生生物自然保护区以及外来入侵物种综合防控区。此外,还将建立农业野生生物资源监测预警中心、基因资源鉴定评价中心以及外来入侵物种监测网点,以提升农业野生生物资源保护水平。通过上述措施,有望强化农业野生生物资源保护,为我国农业可持续发展奠定坚实基础。

(四)试验示范工程

在综合考虑农业发展基础、资源条件及环境承载力的基础上,我国规划了十大类型的农业可持续发展试验示范区,包括东北黑土地保护、西北旱作区农牧业可持续发展、黄淮海地下水超采综合治理、长江中下游耕地重金属污染综合治理、西南华南石漠化治理、西北农牧交错带草食畜牧业发展、青藏高原草地生态畜牧业发展、水产养殖区渔业资源生态修复、畜禽污染治理以及农业废弃物循环利用等。

通过这些试验示范区，旨在集成并展示农业资源高效利用、环境综合治理及生态有效保护等领域的先进适用技术。这将有助于探索适用于不同区域的农业可持续发展管理与运行机制，进而形成可复制、可推广的农业可持续发展典型模式，构建起可持续发展农业的典范。

四、保障措施

（一）强化法律法规

1.完善相关法律法规和标准

关于土壤污染防治法的修订以及耕地质量保护、黑土地保护、农药管理、肥料管理、基本草原保护、农业环境监测、农田废旧地膜综合治理、农产品产地安全管理、农业野生植物保护等法规规章的制定，我国加大了法治建设的力度，以确保环境保护和农业发展的法治化。此外，农业和农村节能减排的法规体系也得到了完善，各产业节能规范和节能减排标准体系得以建立健全。同时，对耕地质量、土壤环境质量、农用地膜、饲料添加剂重金属含量等标准进行了修订。

2.加大执法与监督力度

完善执法团队建设，整合执法资源，优化执法环境。确保农业资源保护、环境保护和生态维护等相关法律法规的落实，强化跨区域资源环境协作与部门联合执法，对农业资源环境违法行为进行严厉惩处。进行法律法规实施效果的监测与督查，建立健全环境重大事件和污染事故责任追究机制以及损害赔偿制度。

（二）完善扶持政策

1.加大投入力度

完善农业可持续发展投入保障体系，促使投资重心从生产领域向生产与生态并重的方向调整，着重支持国家粮食安全保障、主要农产品供应以及农业可持续发展等领域。充分发挥市场在资源配置中的决定性作用，激励和引导金融资本、社会资本投向农业资源利用、环境保护和生态保育等领域，形成多元化投入格局。

2.健全完善扶持政策

优化草原生态保护补助奖励机制，强化测土配方施肥政策，推进耕地质量保护与提升项目，实施农作物病虫害专业化统防统治和绿色防控补贴政策，加强动物疫病防控工作，以及病死畜禽无害化处理补助措施。此外，还需完善森林、湿地、水土保持等生态补偿制度。进一步建立健全江河源头区、重要水源地、重要水生态修复治理区和蓄滞洪区生态补偿机制。

（三）强化科技和人才支撑

1.加强科技体制机制创新

推动种业创新、耕地地力提升、化学肥料农药减施、高效节水农田生态、农业废弃物资源化利用、环境治理、气候变化、草原生态保护、渔业水域生态环境修复等领域协同发展。创新农业科研组织形式，构建全国农业科技协同创新联盟，整合科研院所、高等院校、企业等多方资源。积极引导社会资本和资源参与农业可持续发展科技创新。

2.促进成果转化

为了促进农业可持续发展，需要建立科技成果转化交易平台，并采取利益共享和风险共担的原则。通过探索现代农业技术集成与示范转化模式，如"项目＋基地＋企业""科研院所＋高校＋生产单位＋龙头企业"，可以更好地推动科技成果转化为实际生产力。同时，对于在农业可持续发展领域有突出贡献的技术人才，也应该给予适当的奖励，以激发创新热情和积极性。

3.强化人才培养

立足于农业科研、推广项目以及人才培训工程，强化资源环境保护领域农业科技人才队伍的建设，培育农村环境监测、生态修复等领域的技术型人才。在新型职业农民培育培训过程中，注重灌输农业可持续发展的理念与实用技术，从而为农业可持续发展奠定坚实的人才基础。

4.加强国际技术交流与合作

优化国内农业资源环境与生态等领域的农业科技合作交流，着力引进、消化、吸收和创新国际先进的环境治理技术。

（四）深化改革创新

1.推进农业适度规模经营

坚定并持续优化农村基础经营体制，维护农民家庭经营主导地位，引导土地经营权合规有序流转，同时扶持种养大户、家庭农场、农民合作社以及产业化龙头企业等。

2.健全市场化资源配置机制

构建完善农业资源有偿使用与生态补偿制度。推动农业新型经营主体壮大，引导多种形式适度规模经营。推进水价改革，鼓励节约用水。设立林业碳汇交易制度，推动低碳经济发展。培育专门从事农业废弃物资源化利用和污染治理的企业与组织，实现市场化有偿服务。

3.树立节能减排理念

全社会应积极倡导勤俭节约、生态环境保护的价值观，进而改变不理智的消费观念与生活方式。提倡科学、健康的饮食习惯，以减少食物浪费。同时，鼓励企业与农户提高节能减排的认识，降低能源消耗，减少污染排放，最大化利用农业废弃物，自觉承担建设节约型社会的主体责任。

4.建立社会监督机制

发挥新闻媒体之宣传及监督功能，确保公众对农业生态环境之知情、参与及监督权益，积极动员社会各界及非政府组织参与农业生态环境保护与监督。逐步实施农业生态环境公告制度，完善农业环境污染举报机制，广泛接受社会公众监督。

（五）用好国际市场和资源

一是科学利用国际市场。根据我国资源环境承载力、生产潜力和农产品需求，确立合适的自给率目标及农产品进口优先级，合理规划进口品种和数量，适度调控进口节奏，以确保国内市场稳定并减轻国内资源环境压力。同时，强化进口农产品的检验检疫和质量监管工作。

二是优化对外开放格局。鼓励国内企业开展境外农业投资，提升国际竞争力。培育具有全球影响力的粮棉油等行业巨头，并支持这些企业走出去，尤其是与周边国家实施互利共赢的农业生产和贸易合作。

（六）加强组织领导

一是构建部门协同机制。强化组织指挥和沟通协作，明确各部门职责与工作任务，以形成整体合力。省级人民政府应聚焦规划目标，进行全面规划与协调，加大政策配套和工程项目的推进力度，确保规划任务得以贯彻落实。

二是健全政绩评估机制。构建农业可持续发展的评价指标体系，将耕地红线、资源利用效率、环境治理成果、生态保护状况纳入地方政府绩效考核标准。建立对生态破坏和环境污染行为的终身追责制度及目标责任制，以促进农业可持续发展并确保长期稳定。

第十章　可持续发展的绿色农业经济政策

第一节　农业政策的定义与特点

在某一特定时期，政府为了解决社会公共问题，实现公共利益的公平分配和有效增加，会制定一系列的行为准则。这些准则是对社会公共利益进行选择、整合、分配和落实的过程中的产物，通常以法令、条例、规划、计划等形式呈现。对于绿色农业的发展而言，这些合理的政策是其重要的基础。

一、农业政策的含义

"政"字，含有"政略""纲要"等意义；"策"字则代表"谋略""计划"等含义。综合来看，政策即为由特定主体发布，对他人产生影响的规定、限制等指令。在现代社会经济背景下，我们可以更精确地解释政策的基本含义：特定的政党或政府为达成特定历史时期的任务与目标，制定用以规范、引导相关社会团体及个人行为的准则与指南。政策是政治的表现形态与实施原则，也是人们利益的具体体现。在阶级社会中，政策反映统治阶级的意志，成为国家政权实施社会管理的基础手段。无论是哪个国家的政府或政党，都是通过制定与执行政策来展现其政治纲领、活动性质、方向及方法。政策的制定、执行、改进、完善过程即当代政治、经济的发展过程。政策的正确与否，小则关系到事业的成败，大则直接影响国家、政党的兴衰。不同性质的国家政权、不同阶级和阶层利益的政党及政治组织，总是从自身利益出发，制定符合自身利益的政策。

农业政策乃是指在特定历史时期，为实现社会、经济及农业发展目标，党和政府对农业发展过程中的关键环节和重要方面所采取的一系列有计划的措施和行动准则的总体。通常情况下，农业政策属于经济政策范畴，作为国民经济政策的重要组成部分，可称之为部门经济政策。鉴于农业与农民、农村之间的紧密关联，农业政策通常亦涉及农业和农村的其他领域，如农业环境政策及农业社会政策等，其范围已远超农业本身。

二、农业政策的特点

（一）与其他政策的相关性

农业是支撑整个国民经济的核心产业，它与其他产业政策如工业政策、财政政策、科技教育政策等都存在着千丝万缕的联系。因此，在制定和实施农业政策时，必须注重与其他宏观政策的协同与配合，确保整个经济体系的稳定和持续发展。

（二）相对的独立性和完整性

农业的独特性使其政策体系呈现出多层次、多维度的特点，具备相对独立性与完整性。在制定和执行农业政策时，需秉持系统思维和全局观念，确保各项措施与农业政策体系的各个环节协调一致，避免失衡。

（三）受条件的制约性

农业政策在制定和实施过程中，必须充分考虑国家经济发展阶段、政治经济形势变化以及地域差异等因素的制约。因此，对于不同时期、不同地域的情况，需要具体问题具体分析，因时因地制宜地进行农业政策的制定和调整。

第二节 绿色农业政策的目标与内容

绿色农业政策是政府为了推动社会、经济及绿色农业的协同发展,针对绿色农业的核心领域和关键节点制定的一系列系统性措施和行动准则。其主要目标在于保障绿色农业经济的持续、稳定生产。

一、绿色农业政策的基本任务

步入21世纪,我国社会经济正处于关键转型阶段,这也是全面构建小康社会的紧要时期。在这一背景下,农业发展面临着推进社会主义新农村建设及加速现代农业发展的重大契机。因此,在新时代背景下,我国绿色农业经济政策应着力完成以下几项基本任务:

一是缓解并逐步消除能源及部分主要工业原材料对经济发展的制约,为未来经济发展创造有利条件;

二是扩大绿色农业劳动力就业容量,提高农村人口承载力,以缓解大量农村人口向城市流动所带来的压力;

三是提高绿色农业经营者和农村居民收入水平,缩小城乡居民收入差距,遏制农民及农村地区的贫困化趋势;

四是强化绿色农业的生态环境保护功能,增强及提高绿色农业的生态平衡调节能力,使其成为我国环境治理与保护的重要力量;

五是巩固绿色农业在国民经济中的基础地位,使其成为国民经济增长的关键驱动力之一。

二、绿色农业政策的具体目标

在绿色农业政策的基本框架下,我国绿色农业发展的长远目标得以明确。这不仅关乎农业本身的进步,更涉及整个国家经济社会的可持续发展。目标的核心在于深度挖掘和利用我国的自然、经济、社会和文化资源，将这些优势与绿色农业紧密结合。通过不断的创新和调整，拓宽农业的经营范围，创建新型的农业形态和活动方式。我们要构建一个庞大而复杂的绿色农业产业化经营系统，以动植物的开发和利用为轴心，将各个相关领域和形态融入其中，形成强大的产业链和生态圈。

这个系统的构建并非一蹴而就，需要在实现绿色农业的高效、快速和可持续发展过程中，不断地进行探索和优化。与此同时，我们要确保其他产业与绿色农业的紧密结合，形成互补和支持的关系。这不仅能增强绿色农业在整个国民经济中的地位和作用，还能进一步提升其在社会发展中的影响力和价值。

更为重要的是，还要在新时期和新经济条件下，为绿色农业的发展探索出全新的模式和可持续的运行机制。这不仅能为我国的绿色农业发展提供强有力的支撑，还能为全球的绿色农业发展提供宝贵的经验和范例。我们深信，在充满活力和希望的绿色农业的推动下，人类将获得更为丰富和多样的回报。具体来说，绿色农业政策的目标包括但不限于以下几个方面。

第一，在绿色农业领域，实现资源的可持续开发与利用至关重要。政策的制定与执行应着眼于拓展生态资源的开发范围，提升其利用效率，并确保经济效益的稳步增长。通过有效的策略，确保所有可利用的绿色农业生态资源得以充分、有效地开发与利用，以促进农业的可持续发展。

第二，绿色农业科技进步成果应用的核心目标在于利用最新涌现的绿色农业高新技术成果，强化绿色农业发展的技术基石。通过有效应用这些高新技术成果，以及不断推动绿色农业的进步，我们能够带动整个绿色农业科学技术研究的深入发展，并逐步改变农业科技进步缓慢及其成果应用滞后的状况。这样的改变不仅能够推动农业科技的进步，更能提升整个绿色农业的发展水平。

第三，在绿色农业的发展过程中，其结构调整与升级的目标主要着眼于农业生产的可持续发展。为了实现这一目标，需要制定和实施一系列绿色农业政策，以拓宽农业生产与经营的活动范围和领域。这不仅包括开发全新的绿色农业行业部门和方式，还涉及对农业产业门类及其活动内容的结合方式和构成形态的调整与改变。促进绿色农业向更为复杂、稳定和高效的方向发展。形成一个信息完整、结构复杂、联系紧密、系统稳定的绿色农业综合体，从而显著提升绿色农业的整体结构和功能。这样的结构调整与升级将有助于推动农业的可持续发展，实现经济效益、社会效益和生态效益的有机统一。

第四，现代农业发展体系的改革与进步，旨在实现绿色农业政策的优化。这一政策的核心目标在于对以机械化、化学化、设施化、经营专业化、单作化、连作化为特点的农业发展体系进行全面改革。通过科学引进和完善植物栽培、动物饲养方式与方法，我们努力降低绿色农畜产品生产的成本和污染程度。这一改革不仅能提高绿色农业生产与经营的经济效益，更能提升农畜产品的安全水平，为农业可持续发展奠定坚实基础。

第五，绿色农业产业化经营的目标在于通过绿色农业政策的制定与实施，改革并调整绿色农业的制度安排。这涉及创新微观生产经营和宏观运营的组织形式，构建微观经营单位与宏观运营组织有机对接的绿色农业产业化经营组织体系和机制。这一努力旨在不断提高绿色农业产业化经营水平，推动其更加高效、有机、可持续地发展。

第六，绿色农业的竞争力正在持续提升。在制定和实施绿色农业政策时，应注重构建高效的市场运作和经营体系，以增强绿色农业生产和经营的市场适应性和竞争力，包括在国际市场上的竞争力和与非农产业部门争夺资本、市场的实力。

第七，在推进绿色农业与工业、城市与乡村的有机整合中，需要确保政策的制定与实施既关注城镇工业与绿色农业的和谐共生，又强调以绿色农业为基石，构建一个城市工业及其产业部门与绿色农业相互依存、相互促进的互动体系。通过这样的方式，我们可以推动农工一体化、城乡一体化经济体系的形成与发展，为农业的可持续发展注入新的活力。

第八，绿色农业政策的关注点在于实现绿色农业增效和农民增收的目标。为此，政策的制定与实施需注重提高绿色农业经营投入产出效益，以确保农民的收入增长与城镇居民同步，且在适度范围内超过或至少不低于城镇居民的收入增长速度。

第九，绿色农业政策的关注点在于实现低投入、环保型、可持续发展的绿色农业价值目标。为此，政策的制定与实施需注重经济价值、生态环境价值和生活价值的有机统一。特别强调开发和发展低投入、环保型的绿色农业项目，以不断提高和增强绿色农业发展的可持续能力。

三、绿色农业政策的基本内容

在社会主义市场经济的大背景下，绿色农业发展面临的核心问题在于，大量的资本、土地和劳动力持续流失，从农业领域流向非农业产业。相较于非农产业，农业在很多方面显示出其难以适应市场的特性：农产品的生产与经营具有长期性、季节性、周期性；农业技术的引入存在局限性和低效性；农业生产受自然条件的严格限制；农业的间接效果具有外部性；农产品的供求关系和价格不稳定。这些因素共同导致农业资本的周转速度慢，回报周期长，风险大，从而使得农业资本的投入利润回报不像工商业那样明确和稳定。因此，资本往往会逃离农业，转而流向非农业产业部门。

资本从农业领域外流，与其所处的经济发展水平息息相关。资本对农业发展的歧视和轻视，源于其追求易于预测、风险较小、保障程度较高的利润的本质。这使得资本极易产生"市场失灵"的现象，从而规避农业投资，导致农业资本外流。理论上，若资本规避农业，过分忽视农业发展，就有必要且可能通过政策调整来影响和干预资本分配。然而，在现行经济体制及运行机制下，所采用的政策手段的科学性和有效性并非完全明智、高度理性、无可置疑，也不能完全解决"市场失灵"问题。

从各国政策干预与影响的实践成果来看，截至目前，多数情况均未达到令人满意的程度。全球各国，包括发达国家，农业发展仍面临诸多问题，进而导致所谓的"政府失灵"。

农业发展中的"市场失灵"和"政府失灵"现象，并不意味着可以忽视政策干预对农业发展的重要性，或者低估市场组织力量在农业中的作用。实际上，农业的发展是自发性的，其发展过程始终遵循市场通过组织作用推动其发展的原则。同时，政策干预也是必要的，因为市场外部的力量可以通过一定的政策干预来影响和调节农业的发展。

"市场失灵"与"政府失灵"的教训要求我们重新审视经济学理论，以及基于这些理论所制定的政策设计。在以市场原理为基础的前提下，应该强调经济发展过程中的自组织与外部干预的有机结合，以形成具有全新概念的绿色农业政策模式及其方法体系。通过这种方式，可以更好地理解农业发展的规律，制定更加符合实际情况的政策，从而促进农业的可持续发展。

遵循市场经济原则，旨在维护市场经济秩序，实施绿色农业与非农业产业平衡发展的政策举措。针对预计出现"市场失灵"的领域，采取必要的指导性措施，并确保政策干预的力度与强度适度。

为解决"市场失灵"问题，绿色农业政策的建设性组合应包括绿色农业投入政策、绿色农业财政政策、绿色农业信贷与农村货币投放政策、绿色农业产业化经营与发展政策、绿色农业土地整治与绿色农业装备政策、绿色农业收入与农村社会福利政策等。这些政策要相互协同，形成协同效应，以达到"1+1>2"的综合效果，有效纠正市场失灵，促进绿色农业可持续发展。

实施多核心、分散型的国土空间装备政策和地域政策。强调以绿色农业和农村为主导，而非城市和工业，促使城乡产业融合。这一策略旨在打破城市工业主导的格局，实现社会福利在城乡和各地区之间的平衡分配，推动可持续的全面发展。

提高财政对绿色农业的扶持力度以及绿色农业产业贷款资金的投放范围和幅度，增加绿色农业及农村地区的货币资金流量。将农民的社会公益劳动及其贡献纳入货币化计量范畴，拓展农民收入来源，促进农村中产阶级的成长。同时，关注以农村中产阶级为核心，追求绿色农业经济和农村社会政策的均衡、公正、平等。

加速调整绿色农业生产结构和进行有效的经营组织改革。关键在于拓展绿色农业活动的范围和产品种类，迅速推动绿色农业向基础原材料产业和产业化经营领域的过渡。这一努力旨在推动绿色农业不断壮大，实现更广泛、更高效的可持续发展。

第三节　绿色农业经济发展政策支持

一、绿色农业产业政策

（一）绿色农业产业结构政策

1.绿色农业种植业结构政策

在确保稳定粮食生产的基础上，构建绿色农业种植结构，大力推进绿色经济作物及其他农作物的种植。首要任务是保障粮食生产的稳定与安全。粮食作为国民经济的基础，关乎社会稳定的政治议题。应调整各类粮食作物比例，持续增加优质粮食的生产量，并提升其在总产量中的占比。同时，其他农作物的生产亦不容忽视。总体而言，经济作物等其他农作物需有进一步的发展，特别是提升其质量。一方面，要稳定传统经济作物如棉花、油料、麻类等的生产，并将其集中至质量较高的产区。另一方面，大力发展蔬菜和水果产品的生产，重点推进大棚种植等设施农业，以满足全年四季的居民需求。在此过程中，以提升品质为主，发展无公害绿色和有机产品。此外，根据地域特点因地制宜地发展特色经济作物或新兴产业。最后，关注合理布局，确保资源充分利用。

2.绿色农业林业结构政策

林业在农业及国民经济中扮演着至关重要的角色，既具备多种经济功能，又具有环境保护的职能。然而，根据第八次全国森林资源清查（2009—2013年）的主要成果显示，我国森林覆盖率仅为21.63%，林业资源遭受不同程度破坏，内部结构亦存在诸多不合理之处。为此，有必要采取创新措施构建绿色林业体系：持续推进植树造林运动，提高森林覆盖率；关注经济林、薪炭林，尤其是防护林的培育与发展，提升其占比；建立合理的采伐与培育结构，严格遵守《森林法》等相关法律法规，切实保障林业资源；在继续关注林木产品生产与发展的同时，加强对各类林木产品及林副产品的开发与综合利用，提高林业经济效益；结合草、灌、乔三种植被，以及长、中、短周期林产品生产，加强林业资源的多层次利用；通过实施拍卖、补贴等政策，激发农民造林的积极性。

3.绿色畜牧业结构政策

畜牧业在农业总产值中的比重，我国相较于发达国家仍有显著差距。因此，在推进绿色农业发展的过程中，必须重视畜牧业的提升。首先，我们要根据我国人多地少、非粮食饲料资源丰富的国情，着力发展耗粮少、转化率高的畜禽产品生产。特别是要增加利用秸秆和草料转化率高的牛、羊、兔、鹅等品种的产量，以大幅度提高食草性动物商品化率。其次，需要根据不同区域的资源特点，建立专业化的畜牧业生产区，以实现资源的优化配置。另外，还要推行健康的养殖方式，加强畜牧业产业链的整合与拓展。最后，对于主要畜禽品种的区域发展，我们需要因地制宜地进行布局。比如，生猪生产要在稳定东部的同时，加强西部地区的发展；肉鸡生产要逐步从发达地区转移至粮食主产区，提高粮食就地转化率。此外，我们还要加快肉羊品种的改良，发展优质细毛羊生产，并保持绒山羊数量的稳定。在长江流域及其以南地区，我们要大力发展水禽产业；而在黄河流域及其以北地区，则要扩大蛋鸡养殖规模，同时减少城市近郊的饲养量，鼓励农村地区适度规模养殖。最后，东北地区的奶牛业养殖也需要得到大力发展，以稳定城市郊区的奶类供应。

4.绿色渔业结构政策

为进一步完善绿色渔业结构，应考虑以下几方面：首先，应保护并合理利用滩涂和水面等适宜的渔业资源，促进品种的升级换代，并发展具有地方特色的名优品种。其次，需要调整育种模式，重点发展高效绿色水产养殖，积极推广高科技工厂化养殖，并根据实际情况发展水库和稻田养殖，采用健康的养殖方式。同时，要稳定近海捕捞，加强对近海渔业资源的保护，优化捕捞制度，严格控制捕捞强度，减少捕捞量。此外，还应积极拓展海外渔业，加强国际合作。最后，要注重水产品的整理、深加工和综合利用，提高产品质量和附加值。这些措施的实施将有助于实现绿色渔业的可持续发展。

（二）绿色农业资金政策

1.保持绿色农业投资政策的系统性、稳定性

在农业投资政策方面，政府应重新审视并整合现有政策，以适应绿色农业发展的需求。同时，新制定的绿色农业政策应相互协调，确保政策的连续性和完整性。为了确保政策体系的稳定性，减少随意性和波动性，避免绿色农业投资的政策性波动，应将绿色农业政策上升到法律层面。

例如，制定《绿色农业投资法》，明确中央和地方政府在绿色农业投资方面的职责和权限，以法律形式规范各级政府的投资管理行为，并确认政策性金融机构的投资权益。通过这种方式，可以建立起一套长期有效的机制，保障绿色农业投资的稳定性和连续性。

2.加大政府财政支持绿色农业发展的力度，明确资金投入的重点

农业作为国民经济的基础产业，一直在稳定经济、支持工业发展、提供就业机会和改善生态环境等方面发挥着不可或缺的作用。然而，农业的外部性和公共性特征使得其并未获得应有的补偿。因此，政府在绿色农业项目上，特别是基础性和公益性项目上，应承担起主导责任，加大投资力度。

政府应将绿色农业投资政策长期化和制度化，避免短期行为和口号化。在实际操作中，各级政府的事权和财权关系应得到明确界定，以建立与分税制财政体制相适应的财政支农新体制和绿色农业投资体制。这包括事权划分、分级管理、专项补助等措施，以及明确各级政府在绿色农业投入方面的职责、权利和义务。

根据政府承担的生产建设与事业发展项目的收益范围大小、外部效果的有无，各级财政支持绿色农业的支出范围应进行合理划分，以充分体现"谁受益、谁负担"的原则。为了确保政府对绿色农业投资政策的落实，需要建立和完善绿色农业投资法律监督和检查制度。这包括在预算、执行、落实、验收、决算等各个环节加强监督和检查，并逐步实现法治化。

同时，应加强社会监督，促进更广泛范围内对财政对绿色农业支出的监督和落实。这有助于及时调整绿色农业投资的重点，确保资金的有效利用和农业的可持续发展。

3.构建微观农业投入机制,激励农户的绿色农业投资积极性

农民长期以来对农业投资保守,尤其是绿色农业。随着社会经济的发展,农户开始更多地考虑家庭资源的最大利用,包括生活消费、非农投资和农业投资。面对农业投资的风险和家庭不确定性,建立激励和保护农户绿色农业投入的微观机制变得至关重要,以确保绿色农业投入保持稳定增长。

为构建农户绿色农业投入的微观机制,应从多个方面入手。其中包括建立有效的利益诱导机制、建立合理的利益共享机制、提高农户绿色农业资金投入的收益水平、提高农户的劳动投入对资本投入的替代程度以及建立绿色农业多要素投入机制。这些措施旨在激发农户投入绿色农业的积极性,提高其收益水平,从而促进绿色农业的可持续发展。

4.建立和完善农村金融体制,拓宽绿色农业融资渠道

在确立农村金融改革目标和原则的基础上,我们应强化对农村信贷服务的政策引导和立法保障,确保绿色农业信贷资金的充足投入。

第一,政府应加大对农村地区的支持力度,通过投入大量财政资金来促进农村金融的发展。

第二,立法应明确金融机构在业务所在地区的经济发展中应承担的责任,要求其提供必要的金融支持和服务,以满足社区及中低收入家庭的信贷需求。

为了更好地监督和评估金融机构在农村地区的业绩,银保监会应制定相应的管理措施,确保农村地区的小企业和农户能够获得足够的贷款支持。

第三,建立健全的贷款抵押担保制度对于农村金融的发展至关重要。我们应优化对担保机构的监管框架,为农户和农村企业提供更加便捷的贷款服务。

在推进国有商业银行改革的过程中,应根据行业和地区特点进行拆分,形成具有行业特色或地域特色的金融机构体系。这包括股份制商业银行、区域性商业银行和地方性商业银行等不同组织形式。

在农村信用合作社的改革中,应明晰产权关系,实现组织形式的多样化。这包括整合内部资源、进行股权和治理结构的改革,以及吸引其他农村信用合作社或金融机构的参与,推动农村信用合作社之间的联合与合作。

(三)绿色农业可持续发展政策

为推动绿色农业的可持续发展,提出三大核心目标:保障供给、富裕农民、环境改善。为实现这些目标,必须深化农村改革,构建适应社会主义市场经济的生产关系。以科教为动力,加大对绿色农业生产的支持力度。同时,建立社会宏观调控和微观协调的复合型生态经济系统,实现经济、社会和资源环境的协调发展,促进区域联动、整体推进,以确保农村经济的稳定与持续发展。

一是根据各地实际情况,因地制宜、分类指导,以保护农地资源为核心,加强绿色农业基础设施和现代化建设、土地地力建设以及绿色农业生态环境治理。旨在提高绿色农业的综合生产能力,增加土地产出率和绿色农业产品总量,确保主要绿色农产品的持续增长,以实现对农产品供给的保障。

二是通过优化绿色农业生产要素组合,以资源优势为基础实行绿色农业生产主导功能分区。这包括保证粮棉油等主要农产品的生产,发展多种经营,推动绿色农业生产布局实现区域化、专业化、基地化,形成绿色农业和农村经济持续发展的基础框架。

三是通过实施科教兴农策略,加大绿色农业科技投入,壮大科技队伍,提升农民科技素养,加强绿色农业科技研究,推动绿色农业迈向科技化、市场化、外向型发展,从而成为绿色农业持续稳定发展的坚实支撑。

四是经由适度调整产业结构,加速乡村城镇化与城乡一体化发展进程,协调第二、第三产业布局,构建支持绿色农业的投入、科技、服务体系,优化绿色农业及农村经济发展的外部环境,从而为绿色农业可持续稳定发展提供坚实保障。

二、绿色农业农民政策

(一)增加农民收入政策

1.积极发展多种经营

在农业内部进行劳动力转移,实现农业资源综合开发,扩大农业资源占有率,并优化绿色农产品供给结构。在确保粮、棉、油等大宗农产品生产稳定的基础上,合理开发和利用资源,推动多元化经营。

2.引导农民进入市场

鼓励农民参与供销、贮运、加工等业务,打破产前产后环节非农集团的市场垄断,使农民能够获得应有的收益。同时,推进种养业与加工储运业的深度融合,提高绿色农产品的附加值,进而提升农民的收入水平。

3.搞好劳务输出

随着劳动力逐渐向城市非农产业转移,农民得以获得与全社会平均水平相当的收入。应千方百计地解决农民增收问题,组织农民外出务工,并坚决维护农民工的合法权益。此外,国家应加大对绿色农业的公共投资力度,使公共财政的阳光普照农村大地。还应进一步增加对绿色农业的财政支持,引导和帮助农民进行生产经营,确保农民收入持续稳步增长。在保障农民合法权益方面,需要从政治制度层面确保农民的决策参与权和公开监督权,防止其经济收入受到侵犯。同时,还应扩大农村基层民主,实施村民自治,并推进农村综合改革。

4.提高绿色农业劳动者的科技文化素质

借助先进科技手段,实现土地替代资源的合理利用,从而提高农业生产效能,保证产品质量,实现科技助力农业增收及效益拓展。同时,提升劳动者的科技文化素养,提高绿色农业中科技成果的转化率。

5.先富带后富,实现共同富裕

倡导一部分人通过诚实劳动与合法经营实现财富积累,彰显收入分配领域效率优先的原则。同时,密切关注避免贫富差距过大,确保农民阶层在适度差异的基础上逐步走向共同富裕。

(二)促进农民就业政策

1.坚持在发展中解决就业问题,千方百计扩大农民就业

首先,针对创业投资环境进行优化,通过实施小额贷款、税费减免等优惠政策,激发农民创业及自谋职业的积极性,从而拓展就业途径,推动多元化就业。其次,大力发展劳动密集型产业,扩大农村劳动力的就业机会。提

高公益性岗位的数量，积极开发和设置劳动保障协管、流动人口协管、治安巡逻、公共卫生保洁、公共环境绿化、公共设施维护、护林员、市场管理员、外国公寓物业管理员，以及文化、教育、体育、托老、托幼服务等公益性岗位，帮助解决就业困难的大龄农民问题。再者，创新教育制度，提升农业转移人口的就业率。尽管大部分就地市民化的农民已逐步融入市民生活，但从文化素质、就业技能、资金资源等方面考量，他们仍属于弱势群体。因此，从长远角度来看，必须将大力发展农村基础教育和义务教育作为提升农村人口素质的核心渠道。重视基础教育与义务教育，因为高质量的职业教育和继续教育无法在不断产生新文盲的背景下实现发展。同时，强化职业教育和继续教育，以提高农民转变为市民后的就业稳定性及正规性。

2.大力开展农民岗位技能培训，提高农民就业创业能力

知识技能不足以成为影响我国当前富余农民劳动力就业的关键因素。为解决这一问题，我们应根据地方经济发展特点和企业用工需求，开展上岗资格等专项就业技能培训。此外，还需推动就业服务体系建设，构建社区就业服务组织网络，鼓励劳务派遣企业的发展，并建立政府支持、社会参与的就业技能培训机制。

为实现这一目标，我们应建立低保与就业的联动机制，加大就业政策宣传力度，确保未就业人员能及时了解和掌握就业动态和信息。同时，市、区政府应对企业招用本区农村劳动力提供财政补贴，并组织农村富余劳动力进行技能培训和意向培训。

此外，加强职业教育和继续教育至关重要。对于未能继续升学的初高中毕业生，我们应分期分批进行就业培训，待学成后直接转移就业，以尽量减少"新农民"的出现。通过上述措施，有望有效提升富余农民劳动力的就业能力和就业质量。

3.重视农村妇女就业问题，提高农村妇女就业率

长期以来，我国农村地区普遍存在男主外、女主内的传统观念，即男性负责外出务工挣钱，女性则承担家务劳动，照顾老人和子女。然而，在市场经济浪潮的冲击以及老龄化、少子化趋势的深刻影响下，农村劳动力已从无限供给转为有限供给，甚至出现民工荒现象。这为农村女性走出家庭，进入

职场提供了契机。

观察城市与农村居民收入的差异，一个显著特点是城市往往是双职工家庭，夫妻双方均参与工作，从而使得城市人均收入高于农村。反之，农村人均收入较低的一个重要原因是劳动力单一。因此，提升农村女性就业数量和就业率，既是加速农村小康进程，又是实现农民就地市民化的有效手段。

为实现此目标，应加大宣传力度，培育农村女性树立新型就业观念，鼓励她们自立、自强、勇于创业，以改变生活。针对农村女性的实际需求，开展针对性强的培训，如刺绣、手工等技能培训，以确保她们能在职场胜任工作。此外，为农村女性创业提供金融支持，通过项目申报小额贷款等方式，帮助她们实现创业梦想。同时，加强社区服务，提升学前教育水平，健全养老院等设施，为农村女性走出家庭创造有利条件。

三、绿色农业资源管理政策

（一）绿色农业土地资源政策

土地资源作为绿色农业生产的基础要素，其稀缺性使得我们务必高度重视土地的合理保护与利用。

1.防止水土流失

水土流失及其引发的各类生态环境问题已成为农业可持续发展面临的最严峻挑战。为解决这一问题，应采取生物和工程措施相结合的方式，同步推进开发与治理，均衡长、中期与近期利益，进行全面的水土流失治理，以保护生态环境。对于已垦复种且生态环境脆弱的区域，应当实施退耕还林政策。对于轻度侵蚀、小坡度的缓坡丘、岗地，应发展经济果林、桑、茶或其他经济作物、饲料作物，同时实行等高开垦种植、构建梯田、挖掘竹节沟等水土保持措施，推广少耕、免耕技术，实施秸秆还田和地面覆盖等耕作措施。

实施保土耕作和增加地表覆盖，是防治坡耕地水土流失的有效手段。首先，通过改变传统的顺坡耕作方式，转变为横向耕作或等高耕作，从而改变微地形，增加地面糙度。借助作物自身的阻拦作用，减缓径流，提升地表的抗侵蚀能力。其次，推广水土保持耕作技术，倡导采用少耕、深耕或免耕策略，根据地域实际情况，实施条带耕作或沟垄耕作，以减少对地表的干扰。最后，根据作物的不同特性和收获期，实行间作套作或休闲轮作，以增强雨季地表覆盖，降低水土流失程度。

水利、交通、工矿、砂石、电力等工程建设，务必力求降低对地貌和植被的破坏，同时须实施土地恢复整理和水土保持措施。滥采林产品、破坏草皮、过度放牧等生产经营方式一律禁止。不合理采伐及林地挖掘亦明令禁止。食用菌培育、烧炭、烧砖、开采矿产、石材开采等副业生产活动，须遵循生产规划，并与水土保持措施相结合。

2.防止土地污染和土质恶化

务必高度重视防止土地污染，针对不当农业实践导致的土壤板结、肥力减退，以及不科学工程建设引发的土壤酸化、盐碱化等问题，务必采取严格措施予以遏制，以确保绿色农业生产基地生态环境的完好。

3.严格控制各种非农业用地

针对《土地管理法》的执行力度，需要进一步加大，以阻止农业用地的任意侵占和滥用。特别要注意对绿色农业示范区内的农田实施全面保护，坚定不移地维护基本农田保护区制度。节约每一寸土地应被视为我国的基本国策。在所有其他建设工程用地方面，都必须秉持经济合理的原则，若有劣地可供利用，则严禁占用农田。

（二）绿色农业森林资源保护政策

"水为生命之源，土为生存之本，林乃大地之衣。"森林作为陆地生态系统的主体，是人类文明的摇篮，守护国土生态安全的屏障，更是经济社会可持续发展的战略性资源。然而，随着我国工业化、城镇化进程的加速以及人口规模的扩大，森林资源保护与经济社会发展的矛盾日趋凸显。

在我国森林资源保护的法律体系中，最高层级的是《中华人民共和国宪法》中有关森林资源保护的条款。宪法第九条明确指出："矿藏、水流、森林、山岭、草原、荒地、滩涂等自然资源，均为国家所有，即全民所有。仅法律规定的集体所有的森林、山岭、草原、荒地、滩涂除外。国家确保自然资源的合理利用，保护珍稀动物和植物。禁止任何组织或个人以任何方式侵占或破坏自然资源。"宪法第二十六条规定："国家保护并改善生活环境和生态环境，防止污染和其他公害。国家组织和鼓励植树造林，保护林木。"此外，《环境保护法》也将森林资源纳入保护范围。

在专门法律方面，1984年9月20日，第六届全国人大常委会第七次会议正式通过了《森林法》，并于1998年进行修订，作为森林资源和林业领域的基本法。在行政法规方面，国务院颁布了一系列相关的林业法规，如《森林法实施条例》《森林防火条例》《森林采伐更新管理办法》《退耕还林条例》等。此外，林业部门还制定并颁布了若干行政规章，如《林木和林地权属登记管理办法》《占用征用林地审核审批管理办法》等。

可见，我国已初步构建了以《中华人民共和国宪法》《环境保护法》为指导，以《森林法》《森林法实施条例》为核心的森林资源保护管理法律体系，对推动造林、护林以及限制乱砍滥伐发挥了关键的保障作用。

鉴于林业生产周期较长、成效缓释、经济效益相对较低的特点，有时在森林保护区内，区域经济收益或许不尽如人意，然而，其对下游地区及整体社会的益处却不容忽视，这体现了林业的生态效益和社会效益兼顾的特点。因此，我国政府应加大对林业的资金支持力度，实施林业产业优惠政策，并积极推进林权制度改革。

（三）绿色农业草地资源保护政策

我国天然草原面积达3.93亿hm^2，占国土面积的41%，超过森林和农田总面积，堪称我国最大的陆地生态系统，草地面积仅次澳大利亚，被誉为世界第二草原大国。草地资源为自然资源，其植物资源可用于放牧或刈割饲养家畜，生产肉、奶、毛、皮张等畜产品，构成草地畜牧业的重要物质基础。部分植物还具备药用、造纸、酿酒、酿蜜等经济生产潜力。

草地除具备经济价值外，还具有调节气候、涵养水源、防风固沙、保持水土、改良土壤、培肥地力、净化空气、美化环境及保护生态环境等生态功能。草地以其丰富多样的形态，构成自然景观，可供人们旅游观赏。同时，草地是众多珍贵野生动物的栖息地，孕育着它们的繁衍生息。

因此，草地资源关乎国家重要自然资源、国土资源、草业生产主要场所、人民生活水平提升的重要物质财富、少数民族地区经济发展主要生产资料、多种经济原料基地、国民经济和生态环境保护的战略资源。在此背景下，草地资源保护显得尤为重要，应从以下几个方面着手。

1. 草地资源的法治化管理

草地资源的法治化管理体现了国家强制力对人与草地关系的重塑，以确保草地在经营管理中保持健康有序的状态。借鉴世界各国草地管理经验及审视我国草地管理现状，法治化管理至关重要且不可或缺。可以说，若缺乏法制管理这一环节，其他管理手段和措施恐难以取得理想成效。因此，法制管理构成了其他管理方式实现的基础保障，而专门的法律和法规则是法制管理的前提与条件。

2. 草地资源政策管理探讨

政策在人类社会活动中发挥着至关重要的引导和规范作用，对宏观产业发展具有显著的调控效应。本议题关注国家与政府政策对草地经营、管理、开发、利用、保护及建设等方面的影响，涵盖正面及负面影响。通过制定策略、方针、政策等手段，引导和规范草地资源管理。

3. 优化草地资源的管理策略

针对草场条件，合理调整畜牧负载，确保畜牧取食量低于牧草生产能力，以保持畜草平衡。同时，运用围栏等措施实施轮封轮牧，实现草场的循环利用。此外，结合圈养、舍养等方法，推广人工植草和采草，构建贮草及草粉加工基地，提升草场的集约化利用水平。

4 实施草场更新改良措施

草场更新改良措施包括耕作管理，选用优质牧草品种，采取飞机播种方式，以实现草场的更新和改良。此外，建设引水灌溉工程，提升草场的生产能力。同时，采取多种策略，控制草原鼠、虫、病害等问题。并构建防护林网，防止草原风沙化和水土流失等现象。

5. 构建完善的草原监护体系

构建完善的草原监护体系，需设立相应机构，配置专业人员，搭建必要设施，强化草原鼠、虫、害的预报与防控，提升草原防火及其他灾害防治能力。划设草原自然保护区，针对关键草地资源实施重点保护和改良。加大《草原法》的宣传力度，实施草原法制管理，完善草场承包经营责任制，激发广大牧民积极参与草原建设与管理。

（四）绿色农业水资源保护政策

我国被联合国认定为"水资源最为紧缺"的13个国家之一。尽管我国水资源总量位居世界第6位，但人均拥有量仅占世界人均水平的四分之一。在时空分布上，水土资源的不均衡状况尤为严重，经济社会发展布局与水资源分布不相适应。水质恶化、地下水超采等问题加剧了水资源短缺，水资源的各种浪费现象依然触目惊心。干旱缺水、洪涝灾害、水污染和水土流失等水资源问题依然突出。近年来，水资源危机日益严重，已成为制约我国经济发展的严重因素之一。据专家估算，受人口增长影响，到2030年，我国人均水资源占有量将从现在的2200立方米降至1700~1800立方米，接近水资源可开发利用量，缺水问题将更加凸显。为此，有必要从以下几个方面加强水资源保护。

（1）坚定实施水体污染防控策略。严格遵守我国《水污染防治法》，遏制一切可能的水体污染行为；针对已受污染的水域，采取有力措施，逐步实现水质改善。秉持预防为主、防治结合的原则，不断增强统一管理和法制管理力度。

（2）坚定贯彻全面节水政策。积极推进计划用水、节约用水，严谨管理，消除浪费。依托科学技术，构建节水型社会经济体系，旨在保护宝贵的水资源。

（3）在水资源的开采与利用方面，我国相关部门及各级政府需进行全面考量，确保河流、湖泊、水库与地下水体之水位保持合理，并维护其自然净化能力。对于工矿区与绿色农业灌溉等领域过度开采地下水的行为，有必要实施管控，并进行地下水补给，以遏制北方地下水位持续下降及海水入侵现象；同时，人工补给地下水时，应避免导致水质恶化。

（五）绿色农业生物资源保护政策

重视生态安全立法工作，构建完善的法律体系，强化生态安全法律法规的宣传普及，持续提升公众的生态安全法律认知，为维护我国生态安全提供法制与制度支持。

遵循构建资源节约型、环境友好型社会的原则，加大环境综合整治力度，提高环境品质，实施清洁生产，积极发展绿色农业和循环经济。

务必尽快构建适用于各类区域和农业类型的绿色农业生态安全预警体系，杜绝生态安全隐患，实现真正意义上的"未雨绸缪"。

秉持以人为本，全面、协调、可持续的发展理念，借力社会主义和谐社会的建设，果断实施有效措施，大力推进绿色生态教育，持续增强全民环境保护意识。

第四节　绿色农业科技发展政策

一、绿色农业科技体制政策

推动现有农业科技体制的深化改革，构建完善的绿色农业科技体系；大力激励农业科研机构、推广机构以及科技人员参与绿色农业科技的研发、承包、咨询、培训以及扶贫等多元化绿色农业科技推广应用活动；积极支持、组织和创建各类绿色农业科研与生产相结合的联合体、绿色农业科技推广联盟；着力培育和发展绿色农业科研与生产相融合的群众性科技组织。

二、绿色农业技术推广政策

（一）绿色农业技术推广的方法

推动绿色农业技术发展的途径繁多，主要包括以下几个方面：首先，绿色农业科技部门应根据自身职责，协调组织绿色农业技术推广项目；其次，绿色农业研究机构及相关学校应针对生产实践中亟待解决的问题开展研究，成果可自行推动，也可由绿色农业技术推广机构协同推进；第三，绿色农业技术的推广须经过试验验证，证实其先进性和实用性；第四，农业劳动者应基于自愿原则应用绿色农业技术，任何组织和个人均不得强迫其采用；第五，绿色农业技术推广机构、科研单位、相关学校及科技人员可通过技术转让、技术服务、技术承包等形式提供绿色农业技术，并可实施有偿服务，其法定收入受法律保护；最后，国家农业技术推广机构向绿色农业劳动者推广绿色农业技术时，应提供免费服务。

（二）绿色农业技术推广体系

绿色农业技术的推广，主要依赖于一套由绿色农业技术推广机构、绿色农业科研单位、相关学校、群众科学组织以及农民技术人员相结合的推广体系。此外，为辅助农业技术推广，鼓励和支持供销社，以及其他企业、社会团体、社会各界和科技人员积极参与绿色农业技术的推广服务。农村地区的各类活动以及技术推广系统的构建，共同构成了绿色农业的发展格局。

农业技术推广体系的技术结构，是根据农业技术类型所构建的系统架构。在我国，农业技术推广体系的技术结构涵盖以下十个方面：农作物综合栽培技术推广体系、良种繁殖推广体系、土壤肥料推广体系、植物保护技术推广体系、畜禽技术推广体系、水产技术推广体系、农业机械技术推广体系、农用物资供应技术推广体系、农产品加工技术推广体系以及林果特蔬技术推广体系。

三、绿色农业科技投入政策

构建绿色农业发展基金，着重加大绿色农业科技的投入，涵盖绿色农业研究、推广及培训等领域，为绿色农业科技提供稳定资金来源，打造技术推广及支持农村地区的平台。国家综合科研计划、科学基金、科研项目及新技术开发项目务必加大对绿色农业科技的扶持力度，确保相应资金投入到各级绿色农业研究与开发项目中。银行等金融机构与农业主管部门在提高绿色农业投入的同时，应推动绿色农业科技在实际生产中的应用。可通过设立专项贷款或降低利率，甚至提供利息补贴，积极吸引外资，提供服务与技术合作，弥补国内资金与技术短板。激励并引导集体经济组织及绿色农业发展服务经济实体，以及其他社会团体与农民参与绿色农业科技的投入，制定相关优惠政策，协助各类绿色农业技术服务机构筹集资金，加大绿色农业科研投入及技术成果推广项目。

第五节　绿色农业产品对外贸易政策

一、调整绿色农业产品进出口贸易的措施

构建契合国际准则的绿色农产品质量标准体系，有力维护国内市场；强化动植物检疫管理，革新检疫制度，实行内外联合检查，严把入境口岸关口；加大进出口检疫科研力度，提升检疫设备水平，充实检疫设备配备；强化人员培训，提高检疫人员素质及检疫能力；加大动植物检疫宣传力度，提升公众自觉保护绿色农业生产环境的意识；加强国内外疫情监测，及时采取预防措施。

完善绿色农业生物技术安全管理法律法规，严格执行转基因产品生产许可证登记制度和销售标识制度；进一步规范进出口贸易秩序，严厉打击走私行为，确保我国绿色农产品市场稳定。

二、扩大优势绿色农业产品的出口

优化绿色农产品的质量提升，以增强其在国际市场的竞争优势；强化绿色农产品出口基地的建设，着重发展具有竞争力的绿色农产品拳头产品，提升绿色农产品的生产及加工水平；改革农产品出口制度，打破少数外贸公司对重要农产品出口的垄断格局，适度放宽粮食、棉花等重要农产品的出口权限；构建出口市场信息网络，确保出口企业能及时获取国际市场信息、产品

市场动态、进口标准以及各国法律法规；强化双边和多边合作谈判，优化贸易环境，消除贸易壁垒。

第六节 绿色农业支持政策

针对WTO农业规则，我国应当构建并完善绿色农业支持与保护体系。通过实施财政资助、税收减免、金融扶持等政策，多方面支持农民及绿色农业生产经营组织发展绿色农业生产。具体包括资金投入、科研与技术推广、教育培训、绿色农业生产资料供应、市场信息、质量标准、检验检疫、社会化服务以及灾害救助等环节。此举将有助于提高农民收入水平。

一、强化对绿色农业的投入支持

绿色农业是一个系统工程，从育种、栽培、加工、仓储到运销等各个环节要求严、成本高，而且绿色食品生产各个环节也需要先进的工艺和设备，仅靠农民自身的投入是不够的。因此，政府部门应该加大对绿色农业的投入力度，对绿色农产品项目优先予以财政扶持、信贷支持、税收减免和产业保险及设立绿色农产品发展基金等优惠条件或措施，结合新农村建设，加大农业基础设施建设。鼓励有条件的地方将获得无公害农产品、绿色食品和有机农产品认证的企业和农户纳入财政支持奖励范围。

二、建立健全绿色农业产品价格支持体系

构建完善绿色农产品价格支持体系，确保绿色农业持续稳定发展。依据世界贸易组织（WTO）的"农业协议"，遵循"微观许可标准"条款。当前，我国农业生产者的"黄箱"政策支持总量尚显不足，无须进行减让。在符合国家财政规定的前提下，政府可继续实施"黄箱"政策措施，以支持绿色农业生产，激发或保护绿色农业生产者的积极性，从而实现保障粮食安全、提

升农民收入的目标。今后工作重点在于提升绿色农产品的价格支持力度以及绿色农业生产资料的补贴。

在此基础上，深化农产品流通体制改革，调整绿色农产品价格，优化补贴结构，提高补贴效益。我们应借鉴国际经验，逐步降低产品流通环节的补贴，将支持与补贴的重点转向绿色农产品的生产环节。

三、建立绿色农业收入支持体系

借鉴国际经验，构建绿色农业收入保障体系至关重要。虽然许多国家通过价格支持和投入补贴来扶持农业，但它们更是通过建立健全的农业收入支持体系，以稳定农业生产者的收入。我国应制定政策，设立绿色农业保险机构，为绿色农业生产者提供保险保障。在自然灾害发生时，通过提供优质补贴的灾害保险，确保绿色农业生产者不会承受过大的经济损失，从而保证其正常运营。此外，应逐步建立农民收入保险制度，确保绿色农民的最低收入水平得到保障。

参考文献

[1]罗必良.农业家庭经营走向分工经济[M].北京：中国农业出版社，2017.

[2]徐其东.城乡一体化视域下我国家庭农场农业经营模式问题研究[M].北京：科学技术文献出版社，2016.

[3]刘修礼.传统农区农业农村现代化发展研究[M].南昌：江西人民出版社，2015.

[4]葛文光，李名威，董谦.农民专业合作社经营管理[M].石家庄：河北科学技术出版社，2010.

[5]张社梅.基于合作社平台的农业技术供需对接机制研究—以四川省为例[M].北京出版社，2017.

[6]邵腾伟.现代农业家庭经营的共享化组织创新研究[M].成都：西南财经大学出版社，2017.

[7]金伟栋.理念引领、制度变迁与现代农业发展农业现代化的苏州路径[M].苏州：苏州大学出版社，2018.

[8]郑建辉，王雄伟.农村劳动力转移过程中的管理与创新研究[M].长春：东北师范大学出版社，2015.

[9]辛岭，胡志全，崔奇峰.农业现代化与新型城镇化研究[M].北京：中国农业科学技术出版社，2016.

[10]郭佳琳.金融借贷资金支持现代农业发展研究[M].重庆：重庆大学出版社，2018.

[11]董晓红.黑龙江现代农业发展中资金保障体系研究[M].北京：中国财政经济出版社，2018.

[12]李江华，赵楠.中国农业信贷资金配置效率测度与地区差异研究[M].

北京：中国统计出版社，2015.

[13]安文，王如燕信息化条件下农业建设资金绩效审计方法、工作模式创新及软件建设[M].大连：东北财经大学出版社，2014.

[14]余航支农惠农资金流失浪费研究基于村庄和农户微观视角 [M].北京：中国农业出版社，2014.